广视角 · 全方位 · 多品种

皮书系列为

“十二五”国家重点图书出版规划项目

社会组织蓝皮书

BLUE BOOK OF
SOCIAL ORGANIZATIONS

中国社会组织评估发展报告（2014）

ANNUAL REPORT ON SOCIAL ORGANIZATIONS EVALUATION IN CHINA (2014)

主　编／徐家良　廖　鸿
副主编／刘　锋　贾　卫　朱　鸣

社会科学文献出版社
SOCIAL SCIENCES ACADEMIC PRESS (CHINA)

图书在版编目（CIP）数据

中国社会组织评估发展报告．2014/徐家良，廖鸿主编．
—北京：社会科学文献出版社，2014.12
（社会组织蓝皮书）
ISBN 978－7－5097－6803－7

Ⅰ．①中…　Ⅱ．①徐…　②廖…　Ⅲ．①社会团体－评估－研究报告－中国－2014　Ⅳ．①C232

中国版本图书馆 CIP 数据核字（2014）第 273105 号

社会组织蓝皮书
中国社会组织评估发展报告（2014）

主　　编／徐家良　廖　鸿

出 版 人／谢寿光
项目统筹／童根兴　杨桂凤
责任编辑／杨桂凤

出　　版／社会科学文献出版社·社会政法分社（010）59367156
　　　　　地址：北京市北三环中路甲 29 号院华龙大厦　邮编：100029
　　　　　网址：www.ssap.com.cn
发　　行／市场营销中心（010）59367081　59367090
　　　　　读者服务中心（010）59367028
印　　装／北京季蜂印刷有限公司

规　　格／开 本：787mm × 1092mm　1/16
　　　　　印 张：19　字 数：304 千字
版　　次／2014 年 12 月第 1 版　2014 年 12 月第 1 次印刷
书　　号／ISBN 978－7－5097－6803－7
定　　价／69.00 元

皮书序列号／B－2013－335

本蓝皮书得到浙江敦和慈善基金会的赞助

敦和基金会
DUNHE FOUNDATION

本书系2011年教育部规划项目“政府购买社会组织公共服务评估机制研究”（11YJA630164）的阶段性研究成果、国家社科基金重点课题“新时期中国社会组织建设研究”（11AZD019）的阶段性研究成果

本蓝皮书是国家民间组织管理局社会组织与社会建设上海交通大学研究基地的研究成果

《中国社会组织评估发展报告（2014）》编委会

主编简介

徐家良 上海交通大学国际与公共事务学院教授、博士生导师，上海交通大学第三部门研究中心主任，民政部民间组织管理局社会组织与社会建设上海交通大学研究基地主任；北京大学政治学博士、北京大学社会学博士后，哈佛大学、香港中文大学、台湾政治大学访问学者。曾任教浙江大学、北京师范大学。国家自然科学基金通讯评议专家、国家社会科学基金项目同行评议专家、教育部留学回国人员科研启动基金评审专家、中国博士后科学基金评审专家；中国社会组织促进会专家委员会委员、上海长三角社会组织发展中心理事长、上海市公共事务管理研究会副会长、上海浦江社会组织创新发展研究院副院长。《中国第三部门研究》主编、《中国非营利评论》学术顾问委员会委员。

研究专长：第三部门与公民社会、公益项目创新、政府购买公共服务、非营利组织评估等。

出版《行业协会组织治理》、《中国社会组织评估发展报告（2013）》、《社会组织的结构、体制与能力研究》、《社会团体导论》、《互益性组织：中国行业协会研究》、《政府评价论》、《制度、影响力和博弈》、《公共政策分析引论》、《公共行政伦理学基础》、《公共事业管理学基础》、《公共行政学基础》等专著和教材11部，翻译出版《热浪：芝加哥灾难的社会剖析》、《判断的艺术——政策制定研究》。在《政治学研究》、《中国行政管理》、《北京大学学报》等杂志上发表学术论文60多篇，主持国家社会科学基金项目、教育部项目、民政部项目、北京市政府项目、上海市政府项目等40多项，其中2011年主持国家社会科学基金重点项目“新时期中国社会组织建设研究”，2014年主持国家社会科学基金重大项目“全面深化改革中政府购买公共服务制度化研究”。

廖　鸿　民政部民间组织管理局副局长（正局级）、副研究员，南京大学服务型政府研究所特聘研究员。1983 年毕业于厦门大学，获文学学士学位；政治学研究生。长期从事社会管理、社会组织的政策研究和行政领导工作，主持多项社会组织发展重大课题的研究，组织参与多项法规规章以及中央重要政策文件的起草工作，主编或编著《中国民间组织评估》、《社会组织评估指引》、《日本非营利组织》、《澳大利亚非营利组织》、《国外非营利组织管理创新与启示》、《中国社会救助体系研究》、《中国社会福利与社会进步报告》等著作，在《长白学刊》、《四川师范大学学报》等核心刊物上发表论文多篇，有的被《人大复印报刊资料》收录转载。

摘　要

《中国社会组织评估发展报告（2014）》是上海交通大学国际与公共事务学院、上海交通大学第三部门研究中心与民政部民间组织管理局、民政部民间组织服务中心合作的研究成果。

本书依据2013年社会组织评估数据，包括全国性社会组织评估数据以及省级社会组织评估数据，分析社会组织评估的特点与趋势，并选择相关社会组织评估个案分析其优势与不足。本报告的特点是数据翔实、完整，观点鲜明，有权威性。

全书内容由总报告、分报告、案例、问题与建议、附录五个部分组成。

总报告包括全国性社会组织评估总报告和省级社会组织评估总报告两部分。第一，全国性社会组织评估总报告概括了2013年全国性社会组织评估活动（2013年3月至2014年5月），包括动员、自评及申报、初评、终评、公示、公告。根据对总体数据和资料的分析，全国性社会组织评估的基本特征包括参评全国性社会组织的数量达历史最高点，全国性社会组织评估过程、指标及结果的标准化水平稳步提高，社会组织评估理论研究与社会组织评估实践互为促进；根据基础条件、内部治理、工作绩效、社会评价具体指标评估得分分析全国性社会组织评估的经验，包括社会组织管理体制为基础条件指标提供了良好的规制环境、财务资产管理成为全国性社会组织内部治理的关注点、以功能建设为核心的工作绩效指标是全国性社会组织建设的难点、社会评价的结果促使第三方评估机制不断完善。因此，完善全国性社会组织评估的政策建议包括：推进评估体系建设，助推社会组织整体能力提升；扩大评估成果的应用，激发社会组织的功能建设活力；强化评估反馈机制，发挥第三方评估公平和高效的优势。第二，省级社会组织评估总报告系统归纳了2013年省级社会组织的活动，包括评估现状和主要做法。省级社会组织评估的基本特征包括各地对评估的重视程度提高、评估进度存在差异、评估内容因地制宜、评估结果的应用多元化、大多采用第三方评估机制。省级社会组织评估的经验包括政府高度重视、动员社会组织参评，积极探索创新、因地制宜推进，重视评估结果、强化挂钩应用，其存在的问题包括评估指标应用存在统一的难度，经费、人力支持不足，部分地区整体参评率较低，评估结果的应用存在问题，社会组织评估效率有待提高。因此，完善省级社会组织评估的政策建议包括：做好顶层制度设计；修订评估指标，加强评估培训；改进工作方式，提高工作效率；发挥第三方评估机构的作用；加强地区间的经验交流与学习。

分报告首先对全国性行业协会商会评估，全国性学术类、公益类和联合类社会团体评估，基金会评估进行了专题数据分析，不同社会组织类型的评估结果显示，它们在基本条件、内部治理、工作绩效、社会评价四个具体指标上存在差异；其次对东部地区省级社会组织评估、中部地区省级社会组织评估、西部地区省级社会组织评估进行了基本资料分析，不同地区社会组织评估的基本情况显示，它们在评估的基本情况、做法、效果、特点、问题等方面存在地区差异。

案例部分以全国性和地域性社会组织类型为标准，分别从基本情况、工作特色与经验、存在问题及完善建议四个方面入手具体分析了 28 个社会组织个案。

问题与建议部分，首先针对社会组织评估中存在的社会组织整体参评率需要提升、社会组织评估指标需要完善、第三方评估机构有待培育、社会组织评估激励机制需进一步完善的评估问题，提出相应对策建议，包括建立社会组织年检与评估的联动机制、加强对社会组织的综合监管，强化评估结果的应用、进一步探索评估激励机制的建立，培育第三方评估机构、建立健全社会组织第三方评估机制，开展社会组织评估研究、推动社会组织评估科学发展。其次，宏观上提出促进社会组织发展的建议，包括：理顺政府与社会组织的关系，发挥社会组织在社会治理中的作用；建立政府向社会组织购买服务的制度，构建政府对社会组织的多元资助体系；加强社会组织人才培养，推动社会组织从业人员的职业化发展；完善社会组织内部治理，加强社会组织能力建设；规范社会组织可持续发展，建立社会组织优胜劣汰的竞争机制。

附录部分，列出了中国社会组织评估大事记，从 2013 年 1 月开始到 12 月止。

Abstract

Annual Report on Social Organizations Evaluation in China is the cooperation working results from the School of International and Public Affairs, Center for the Third Sector, Shanghai Jiao Tong University and the Ministry of Civil Affairs in China.

The report shows the evaluating trend and future direction of Chinese social organizations based upon the analysis of 2013 annual data regarding evaluation including national and provincial social organizations. Furthermore, the report analyses some evaluating cases of social organizations. The report has accurate and complete data, bright and authoritative viewpoints.

The context of the report has five parts which combine two general reports and several sub-reports, cover many case studies, bring up questions and suggestions, and attach appendix at the end.

The general reports analyse the national and provincial social organizations evaluation. Firstly, the general report on national social organizations evaluation summarizes the evaluating activities from March 2013 to May 2014, including mobilization, self-evaluation and declaration, preliminary evaluation, final evaluation, public posting, public announcement. According to the overall data and material, the basic characteristics of national social organizations evaluation have three aspects: The social organizations get involved in the evaluation reach their highest points in the history, the evaluating process and result are standardized steadily, and the evaluating theory and practice promote each other. According to the detailed evaluating data of basic context, internal governance, working efficiency and social assessment, the experience and deficiency of national social organizations evaluation have four aspects: The administration system of social organizations creates a good regulating environment for the basic context, financial asset management is the key of internal governance reform, working performance becomes the focus in the construction of organizations, social assessment and the third party evaluation should be improved continually. So, the suggestions to the national social organizations evaluation including promoting the construction of evaluating system to boost the overall ability of social organizations, expanding the application of evaluating results to stimulate the functional construction of social organizations, strengthening the feedback of evaluation to play the fair and efficient role of the third party evaluation. Secondly, the general report on provincial social organizations evaluation summarizes the evaluating activities from regional perspective. The basic characteristics of provincial social organizations evaluation have five aspects: The degree of importance attached with evaluation is increased, the processes of evaluation are different, the contents of evaluation act according to circumstances, the applications of evaluating results are diversified, most regions adopt the third party evaluation. The experience of provincial social organizations evaluation is: The governments attach great importance to the evaluation and play active role in mobilization, provincial regions innovate actively according to circumstances, and pay much attention to evaluating results and the application. The disadvantages of provincial social organizations evaluation include five aspects: Unifying evaluating index is difficult, fund and manpower support is insufficient, the evaluating rate of some regions is low, the application of evaluating results have problems, the efficiency of evaluation need to be improved. So, the suggestions to the provincial social organizations evaluation include making a good top design, revising evaluating index and strengthening the evaluating training, improving the working methods and efficiency, enhancing the role of third party evaluation and the communication among different regions.

Six sub-reports are included in this report. The first three sub-reports analyze evaluating data thematically on National Trade Association Evaluation, National Scholarly, Welfare and Joint Association Evaluation, National Foundation Evaluation, which study the details of basic context, internal governance, working efficiency and social assessment based on different types of social organizations. The next three sub-reports analyze evaluating text thematically on provincial social organizations evaluation from the eastern, central and western regions of China, which study the regional differences of overall evaluating situation, method, effect, characteristics and problem.

There are 28 case study reports from national and provincial social organizations evaluation, which study the basic condition, practicing characteristics and expericence, problems and suggestions.

The end of this report provides several suggestions and put forward some significant questions. Firstly, the problems of social organizations evaluation include the overall participating rate needs to be improved, the evaluating index needs to be more perfect, the third party cvaluation needs to be cultivated, the incentive mechanism needs to be improved. According to the problems, the suggestions to social organizations evaluation include establishing the linkage of annual inspection and evaluation, strenthening the comprehensive regulation; improving the application of evaluating results, exploring the incentive mechanism further; cultivating the third party evaluation organizations, establishing perfect mechanism of the third party evaluation; carrying out the research, promoting the scientific development of social organizations. Secondly, the suggestions to social organizations development broadly include building a healthy relationship between governments and social organizations, functioning the role of social organizations in social governance; building up purchasing services system and constructing financial aid system from governments to social organizations; improving personnel training, promoting occupational development of practitioners in social organizations; improving the internal governance of social organizations, developing ability construction of social organizations; stricting the development of social organizations, establishing mechanism of the survival of the fittest.

The appendix provides the historical events of Chinese social organizations evaluation from January 2013 to the end of 2013.

前　言

2013 年 3 月，温家宝总理在《政府工作报告》中强调："当前社会结构、社会组织形式、社会利益格局发生深刻变化，社会矛盾明显增多。我们必须把保障和改善民生作为政府一切工作的出发点和落脚点，放在更加突出的位置，着力加强社会建设。"把社会组织形式的多样性与社会建设有机联系起来，体现出它在社会建设中的重要性。在此基础上，要改革社会组织管理体制，通过各种方式和途径，引导社会组织健康、有序发展。

2013 年 11 月，十八届三中全会通过《中共中央关于全面深化改革若干重大问题的决定》，再次肯定了社会组织的积极作用，允许社会组织在农村兴办各类事业，拓宽社会组织的协商渠道，加强社会组织民主机制建设。通过正确处理政府和社会的关系，加快实施政社分开，推进社会组织明确权责、依法自治、发挥作用。适合由社会组织提供的公共服务和解决的事项，交由社会组织承担，激发社会组织活力，促进政府、市场与社会均衡发展。

2014 年 3 月，李克强总理在《政府工作报告》中提出，"推进社会治理创新。注重运用法治方式，实行多元主体共同治理。健全村务公开、居务公开和民主管理制度，更好发挥社会组织在公共服务和社会治理中的作用"。通过社会治理创新，重视社会组织在公共服务和社会治理中的作用，把社会组织作为与政府和企业一样重要的主体对待，反映出社会组织的社会功能不可或缺。

2014 年 10 月，中国共产党十八届四中全会通过《中央关于全面推进依法治国若干重大问题的决定》，不仅肯定了社会组织的作用和地位的重要性，而且更系统、更全面地把社会组织发挥作用的领域一一列举出来，把公益类组织提供公共服务的功能具体化，特别关注行业协会商会的自律功能与专业服务特色："发挥人民团体和社会组织在法治社会建设中的积极作用。建立健全社会组织参与社会事务、维护公共利益、救助困难群众、帮教特殊人群、预防违法犯罪的机制和制度化渠道。支持行业协会商会类社会组织发挥行业自律和专业服务功能。发挥社会组织对其成员的行为导引、规则约束、权益维护作用。加强在华境外非政府组织管理，引导和监督其依法开展活动。”

政府非常需要社会组织扮演重要的角色，而社会组织在积极发挥作用的同时，也要采取诸多措施完善社会组织内部治理结构，加强社会组织能力建设。这就有必要借助社会组织评估机制，通过评估活动，发现问题，及时纠偏，树立社会组织传递正能量的社会形象。

民政部民间组织管理局、民政部民间组织服务中心在2007～2012年社会组织评估工作的基础上，2013年继续开展社会组织评估活动。在其开展全国性社会组织评估的同时，有关省市也继续推进社会组织评估工作，这就为编写《中国社会组织评估发展报告（2014）》创造了非常有利的条件。

有鉴于此，我们决定继续撰写《中国社会组织评估发展报告（2014）》。2014年5月成立编委会，民政部民间组织管理局副局长廖鸿担任主任，民政部民间组织服务中心副主任刘峰和上海交通大学徐家良教授担任副主任，相关人员担任编委。

本蓝皮书是上海交通大学与民政部民间组织管理局、民政部民间组织服务中心共同合作、集体研究的成果。编委会通过成立“中国社会组织评估发展报告”蓝皮书课题组，着手收集资料和构思写作，重点做了两个方面的工作：第一，整理全国性社会组织评估材料，收集2013年全国性社会组织评估档案材料；第二，与有关省级民政部门联系，由他们提供2013年的评估材料和社会组织个案，做好省级社会组织评估资料的梳理工作。

上海交通大学国际与公共事务学院、上海交通大学第三部门研究中心的研究团队承担了书稿初稿的写作工作，具体分工如下：B1（徐家良、薛美琴），B2、B27（郝斌），B3、B4（沈文伟），B9、B10、B11、B12、B13、B14、B15、B16、B17、B18、B19、B20、B21、B22、B23（郝斌、沈文伟），B5、B24、B25、B26（殷洁），B6、B7、B8、B39（刘春帅），B27（郝斌），B28、B29、B30、B31、B32、B33、B34、B35（郝斌、徐勇）、B36（郝斌、赵璐），B37、B38（徐家良、许源）。卢永彬博士、侯志伟博士后提出了不少建议性的修改意见。

民政部民间组织服务中心项目主管朱鸣与课题组多次讨论书稿的修改事宜，增补书稿的相关内容。

在本书编写过程中，得到了民政部民间组织管理局局长王建军的大力支持。廖鸿副局长对本书的框架设计、资料收集和写作方法给予了多方指导。民政部民间组织服务中心副主任刘锋、贾卫处长、齐桂国、朱鸣、张成刚、戴东海、赵娜、毛启凡，以及黄一谷处长等倾注了大量心血，提供了第一手原始评估资料。

浙江敦和慈善基金会秘书长张志洲和项目官员杨沅泽对“中国社会组织评估发展报告”非常重视，一直默默地给予关注和支持。南都公益基金会刘洲鸿秘书长每次开会见到我，不仅会谈到“中国社会组织评估发展报告”的编写出版，还关心交大第三部门研究中心的发展。

上海交通大学国际与公共事务学院院长钟杨教授、曹友谊书记为蓝皮书的写作提供了诸多的便利。感谢学校胡近副书记，文科处叶必丰处长、常河山副处长的支持和关心。

感谢北京、上海、天津、安徽、宁波、青岛、云南、甘肃、辽宁、内蒙古等省区市地方社会团体管理局（民间组织管理局）的领导和承担评估工作的单位，他们寄来了自己2013年的评估申报材料和评估结论。按照计划，20多个省区市提供从3A到5A等级的社会团体、民办非企业单位、基金会各一个个案的材料，我们从中选择进行编写。这次特别感到有点遗憾的是，各地在寄送材料的时候，出现了或者是评估申请材料不全、没有评估结论，或者是寄来的材料年份不符等问题。为了统一体例和格式，我们只选取了2013年评估申报材料和评估结论齐全的材料，列入“案例”部分。今年由于这样那样的原因好多省区市的评估个案没有被收入“案例”部分，争取明年增加地方评估的个案，多介绍地方评估的经验。

在此，特别感谢社会科学文献出版社谢寿光社长的大力支持。编辑杨桂凤对书稿内容、风格提出了非常好的建议，对每一个细节都仔细认真地核对，非常负责，我为社会科学文献出版社拥有这样的编辑感到骄傲，出版社的专业性值得信赖。

从2014年6月13日开始，连续几天，我家姑娘徐子沫都去民政部民间组织管理局档案室查阅全国性社会组织评估档案，还将众多的资料用手机一张一张地拍下来，为研究收集了第一手材料。对一个尚未毕业的高中生来说，拍几天的照片有点枯燥单调，但她没有一句怨言，照片的质量非常高，后面补拍的基本没有，我从心底里敬佩“90后”的孩子，话不多，但干事很实在。

感谢所有帮助、关心和支持社会组织评估的业内专家和各界人士。

我们相信，通过努力，“中国社会组织评估发展报告”的内容会越来越丰满，能够全面记录中国社会组织健康成长的点滴过程，真实地展示社会组织评估各方面的情况，为推动中国社会组织治理能力的提升和治理体制的现代化建设添砖加瓦，尽一份力。

由于时间仓促，水平有限，本书难免挂一漏万，存在这样那样的问题和不足，恳请有关学者和广大读者批评指正。

徐家良

2014年11月10日

目录

𝔹Ⅰ 总报告

𝔹Ⅱ 分报告

BⅢ 案例

BⅣ 问题与建议

BⅤ 附录

皮书数据库阅读使用指南

CONTENTS

B I General Reports

B II Sub-Reports

B III Case Studies

BⅣ Questions & Suggestions

BⅤ Appendix

总 报 告

General Reports

B.1 全国性社会组织评估总报告

一 2013年全国性社会组织评估工作概述

2013年3月6日，民政部以民函〔2013〕69号发出《关于开展2013年度社会组织评估工作的通知》，开始启动2013年全国性社会组织评估工作（见资料1），其中对2010年12月31日前在民政部登记成立未参评的全国性行业协会商会、全国性公益类社团、基金会及民办非企业单位的参评工作做出了硬性规定，要求这四类社会组织均须参加2013年度社会组织评估。2013年度社会组织评估的总体目标是业务主管单位所管符合参评条件的全国性行业协会商会、全国性公益类社团、基金会及民办非企业单位的参评率要达到100%，全国性学术类社团、全国性职业类社团和全国性联合类社团的参评率须达到50%。

资料1　民政部关于开展2013年度社会组织评估工作的通知①

民函〔2013〕69号

各全国性社会组织业务主管单位：

根据《社会组织评估管理办法》和全国性社会组织评估的相关规定，民政部决定开展2013年度社会组织评估工作。现将有关事项通知如下：

一、评估对象

（一）2010年12月31日前在民政部登记成立，未参加过评估的全国性行业协会商会、全国性公益类社团、基金会和民办非企业单位，均须参加2013年度社会组织评估。符合评估条件未参加评估的上述社会组织，均为无评估等级。

（二）2010年12月31日前在民政部登记成立，未参加过评估的全国性学术类社团、全国性职业类社团和全国性联合类社团等社会组织，应积极申请参加本年度社会组织评估。

（三）2011年度在民政部登记成立的全国性公益类社团和基金会可自愿申请参加本年度社会组织评估。

（四）有以下情形之一的，不予评估：

1. 未获得2012年年度检查结论；

2. 2012年年度检查结论为基本合格或不合格；

3. 2012年度受到有关政府部门行政处罚或行政处罚尚未执行完毕；

4. 正在被有关政府部门或司法机关立案调查；

5. 不符合评估条件的其他情形。

（五）参加评估的社会组织在评估期间发生与宗旨严重背离的事件，或者其活动在社会上产生不良影响的，评估机构将取消其评估资格，已经完成实地考察和初评的，同时取消初评成绩。

二、评估内容

社会组织评估按照社会组织的不同类型分类实施。评估机构依照参评社会

---

① 资料来源：中国社会组织网，http：//www.chinanpo.gov.cn/2351/61946/index.html，最后访问时间：2014年8月22日。

组织所属类型的评估指标，从基础条件、内部治理、工作绩效和社会评价四个方面，对参评社会组织进行综合考察。

三、时间安排

（一）2013年6月30日前，参加评估的各类社会组织，对照评估指标，进行自评，网上填写《社会组织评估申报书》，准备申报材料，并将《社会组织评估申报书》和申报材料一并装订成册（正、副本各一份），报送民政部民间组织服务中心进行资格审核。

（二）2013年7月至12月，民政部民间组织服务中心组织评估专家对参评社会组织进行实地考察，提出初评意见。

（三）实地考察和初评完成后，全国性社会组织评估委员会进行终评，确定评估等级并公示、公告。

四、评估材料

《社会组织评估申报书》、各类社会组织评估指标和社会评价调查表，请登录中国社会组织网（www. chinanpo. gov. cn），从“社会组织评估”专栏中申报、下载。评估申报系统登录地址：http：//pgsb. mzngo. org。

五、评估要求

社会组织评估是加强对社会组织规范管理的重要举措，也是落实各项培育扶持政策的基础。2013年，各业务主管单位所管的符合参评条件的全国性行业协会商会、全国性公益类社团、基金会和民办非企业单位的参评率要达到100%，全国性学术类社团、全国性职业类社团和全国性联合类社团的参评率要达到50%。请各业务主管单位积极动员，广泛宣传，精心组织，督促符合条件的各类全国性社会组织积极参加评估。符合评估条件的全国性社会组织应根据本组织的宗旨和业务范围，对照评估指标，明确申报类型，按照通知的各项要求，认真准备材料，做好自评和参评工作。

民政部

2013年3月6日

2013年全国性社会组织评估工作基本按照此规范性文件进行，并于2014

年4月25日召开了全国性社会组织评估委员会会议。社会组织评估专家代表分别对全国性社会团体、基金会和民办非企业单位的初评情况进行了汇报，部分参评社会组织负责人做了工作情况介绍并回答了委员们提出的问题，评估委员会委员对初评结果进行了审核终评，相关初评情况如下。

第一，全国性行业协会商会的初评情况。2013年，115家全国性行业协会商会参加了评估，除4家因不符合评估条件退出评估外，实际评估111家。通过评估专家组现场考察评估，111家参评全国性行业协会商会的初评等级情况为：5A等级10家、4A等级50家、3A等级45家、2A等级4家、1A等级2家。

第二，全国性学术类社团、联合类社团、公益类社团的初评情况。2013年，17家全国性学术类社团、14家全国性联合类社团、6家全国性公益类社团参加了评估。其中，全国性学术类社团的最高初评等级是4A，具体结果为4A等级7家、3A等级6家、2A等级2家、1A等级2家；全国性联合类社团中，中国中小企业协会获得5A等级，其余13家全国性联合类社团的初评等级情况为4A等级3家、3A等级7家、2A等级2家、1A等级1家；全国性公益类社团的初评等级情况为4A等级1家、3A等级5家。

第三，基金会的初评情况。2013年，28家基金会参加了评估，其中公募基金会12家、非公募基金会12家、涉外基金会4家（非公募）。经过评估专家组实地考察，28家基金会的初评等级情况为：5A等级3家、4A等级9家、3A等级15家、2A等级1家。

第四，民办非企业单位的初评情况。2013年，1家民办非企业单位参加了评估，这个参评的单位是中润社会影视制作中心，初评为3A等级。

根据《社会组织评估管理办法》和民政部《关于开展2013年度社会组织评估工作的通知》的相关规定，2013年度对全国性行业协会商会、全国性学术类社团、全国性联合类社团、全国性公益类社团、基金会、非内地居民担任法定代表人的基金会和民办非企业单位的等级评估工作，经过初评、终评、公示（2014年4月28日）三个环节全部完成，以“民政部公告第315号”的形式，将它们的评估等级结果于2014年5月19日在中国社会组织网公告（见资料2）。

资料2　2013年度全国性社会组织评估等级结果公告①

民政部公告第315号

根据《社会组织评估管理办法》和民政部《关于开展2013年度社会组织评估工作的通知》要求，2013年度全国性行业协会商会、学术类社团、联合类社团、公益类社团、基金会、非内地居民担任法定代表人的基金会和民办非企业单位的等级评估工作，经初评、终评、公示，已全部完成。现将评估等级结果公告如下：

全国性行业协会商会评估等级结果

5A等级

中国施工企业管理协会
中国教育国际交流协会
中国期货业协会
中国家用电器协会
中国黄金协会
中国皮革协会
中国家具协会
中国康复辅助器具协会
中国照明电器协会
中国橡胶工业协会

4A等级

中国工程爆破协会
中国眼镜协会
中国氮肥工业协会
中国羽绒工业协会
中国生物发酵产业协会
中国锅炉水处理协会
中国电力规划设计协会
中国印刷技术协会
中国商业联合会
中国水产流通与加工协会
中国出版协会
中国氯碱工业协会
中国机械工业质量管理协会
中国缝制机械协会
中国勘察设计协会
中国社区卫生协会
中国口腔清洁护理用品工业协会
中国塑料加工工业协会
中国磷肥工业协会
中国长丝织造协会
中国建设工程造价管理协会
中国安全生产协会

① 资料来源：中国社会组织网，http：//www.chinanpo.gov.cn/2351/77126/index.html，最后访问时间：2014年8月23日。2013年度全国性社会组织评估中，没有职业类社团申请参评。

中国水运建设行业协会
中国工艺美术协会
中国医院协会
中国香料香精化妆品工业协会
中国特种设备检验协会
中国电石工业协会
中国房地产业协会
中国海洋工程咨询协会
中国合成橡胶工业协会
中国环保机械行业协会
中国礼仪休闲用品工业协会
中国安装协会
中国化工环保协会
全国城市农贸中心联合会
中国教育装备行业协会
中国纺织规划研究会
中国物资再生协会
中国石油企业协会
中国焊接协会
中国节能协会
中国汽车维修行业协会
中国旅游协会
中国设备监理协会
中国石油和石油化工设备工业协会
中国旅游饭店业协会
中国膜工业协会
中国企业国有产权交易机构协会
中国水利企业协会

3A 等级

中国轻工业勘察设计协会
中国对外服务工作行业协会
中国罐头工业协会
中国石油工程建设协会
中国渔业协会
中国建设监理协会
中国腐植酸工业协会
中国城市燃气协会
中国机械通用零部件工业协会
中国人才交流协会
中国文教体育用品协会
中国水泥协会
中国农村卫生协会
中国工业节能与清洁生产协会
中国煤炭职工思想政治工作研究会
中国纺织勘察设计协会
中国有色金属加工工业协会
中国机械工业金属切削刀具技术协会
中国炼焦行业协会
中国机械制造工艺协会
中国游艺机游乐园协会
中国化工装备协会
中国医药工业科研开发促进会
中国旅行社协会
中国印刷及设备器材工业协会
中国同位素与辐射行业协会
海峡两岸航运交流协会
中国计量协会

中国职工教育和职业培训协会
中国灌区协会
中国保税区出口加工区协会
中国化工情报信息协会
中国水利职工思想政治工作研究会
中国建筑材料企业管理协会
中国藏毯协会
中国聚氨酯工业协会
中国化工机械动力技术协会
中国机械工业安全卫生协会
中国轻工业企业管理协会
中国建材市场协会
中国氟硅有机材料工业协会
中国化工企业管理协会
中国智能交通协会
中国中小商业企业协会
中国集装箱行业协会

2A 等级

中国医药企业管理协会
中国化学试剂工业协会
中国新华书店协会
中国机电产品流通协会

1A 等级

中国旅游车船协会
中国核工业勘察设计协会

全国性学术类社团评估等级结果

4A 等级

中国中文信息学会
中国食品科学技术学会
中国煤炭经济研究会
全国预算与会计研究会
中国针灸学会
中国照明学会
中国石油和石化工程研究会

3A 等级

中国社会学会
中国钱币学会
中国劳动教养学会
中国图书评论学会
中国动画学会
中国地市报研究会

全国性联合类社团评估等级结果

5A 等级

中国中小企业协会

4A 等级

中国开发区协会
中国世界民族文化交流促进会

中国民族卫生协会

3A 等级

中国城乡发展国际交流协会
吉林大学校友会
山东大学校友会
中国少年儿童报刊工作者协会
中国人口文化促进会
中国女企业家协会
中国工业合作协会

全国性公益类社团评估等级结果

4A 等级

中国性病艾滋病防治协会

3A 等级

中华基督教女青年会全国协会
中华基督教青年会全国协会
中国对外文化交流协会
中国生命关怀协会
中国学生营养与健康促进会

基金会评估等级结果

5A 等级

神华公益基金会
中国文学艺术基金会

4A 等级

瀛公益基金会
泛海公益基金会
中国下一代教育基金会
中国绿色碳汇基金会
四川大学教育基金会
中国光彩事业基金会
北京理工大学教育基金会
河南大学教育发展基金会
中国华文教育基金会

3A 等级

中华社会文化发展基金会
中华少年儿童慈善救助基金会
詹天佑科学技术发展基金会
中国航天基金会
孙冶方经济科学基金会
中国绿化基金会
援助西藏发展基金会
中国生物多样性保护与绿色发展基金会
中国少数民族文化艺术基金会
中国交响乐发展基金会
比亚迪慈善基金会
华侨茶业发展研究基金会

2A 等级

周培源基金会

非内地居民担任法定代表人的基金会评估等级结果

5A 等级

华润慈善基金会

3A 等级

黄奕聪慈善基金会　　顶新公益基金会

余彭年慈善基金会

民办非企业单位评估等级结果

3A 等级

中润社会影视制作中心

在2013年度全国性社会组织评估工作中，141家社会团体、28家基金会、1家民办非企业单位获得评估等级（见表1）。通过分析评估结果，不同类型社会组织的评估峰值情况不同，全国性行业协会商会的峰值是4A等级，全国性学术类社团的峰值是4A等级，全国性联合类社团的峰值是3A等级，全国性公益类社团的峰值是3A等级，基金会的峰值是3A等级，非内地居民担任法定代表人的基金会的峰值是3A等级，民办非企业单位的峰值是3A等级。

表1　2013年全国性社会组织评估等级分布

单位：家

评估等级	社会团体(141)				基金会(28)		民办非企业单位(1)
	全国性行业协会商会	全国性学术类社团	全国性联合类社团	全国性公益类社团	基金会	非内地居民担任法定代表人的基金会	
5A	10	0	1	0	2	1	0
4A	50	7	3	1	9	0	0
3A	45	6	7	5	12	3	1
2A	4	2	2	0	1	0	0
1A	2	2	1	0	0	0	0
合计	111	17	14	6	24	4	1

资料来源：中国社会组织网，http：//www. chinanpo. gov. cn/2351/77126/index. html，最后访问时间：2014年8月23日。

至此，由民政部民间组织服务中心推动的2013年度全国性社会组织评估工作全部完成，相关时间轴如图1所示。

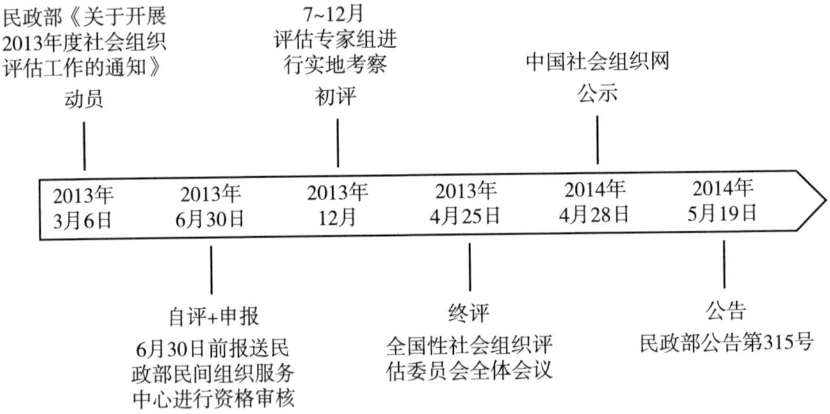

图1　2013年度全国性社会组织评估工作时间轴

整个社会组织评估的相关规范化程序和时间安排如下。

第一，动员阶段。2013年3月6日动员工作开始，其标志是向各类社会组织业务主管单位发布民政部《关于开展2013年度社会组织评估工作的通知》，对评估对象、评估内容、时间安排、评估材料、评估要求做了基本规定，为评估工作的开展奠定了基础。

第二，自评和申报阶段。2013年3月6日至6月30日进行自评和申报工作，参加评估的各类社会组织需对照评估指标进行自评并将申报材料报送民政部民间组织服务中心进行资格审核。

第三，初评阶段。从2013年7月开始到12月结束的初评活动，民政部民间组织服务中心成立评估专家组对参评社会组织进行现场考察、听取情况介绍和查阅相关材料，提出初评意见。

第四，终评阶段。2014年4月25日召开全国性社会组织评估委员会全体会议进行终评工作，确定最后的等级。

第五，公示阶段。2014年4月28日在中国社会组织网上对评估委员会全体会议的终评结果进行公示，接受社会评议，包括意见和反馈，便于复查。

第六，公告阶段。2014年5月19日以“民政部公告第315号”的形式在中国社会组织网上进行公告，最终确定评估等级。

二　2013 年全国性社会组织评估的基本特征

（一）参评全国性社会组织的数量达历史最高点

2007 年，民政部陆续开展评估工作，到 2013 年底，评估全国性社会组织的总数超过 900 家，占符合参评条件的全国性社会组织总数的 70%。其中，符合条件的基金会、民办非企业单位全部参加了社会组织评估，全国性行业协会商会的参评率也有所上升，已参评全国性行业协会商业占全国性行业协会商会总数的 80%。全国性社会组织评估工作的稳步推进与业务主管单位的高度重视有直接关系。各业务主管单位在接到评估通知后，做了许多准备工作，积极部署，广泛动员，把评估作为有效管理社会组织的重要环节。据统计，2013 年，有 41 个业务主管单位的社会组织参加评估，包括国资委 70 家，教育部 7 家，中国科协、交通运输部、民政部、卫生部、文化部、新闻出版广电总局、住房和城乡建设部各 6 家。有一些业务主管单位所管的社会组织数量尽管不多，但是参评比例较高，国家旅游局主管的 6 家社会组织，有 4 家参加评估，参评率达到总数的 67%。同时，除全国性社会组织评估外，民政部也推进地方社会组织评估工作全面展开。

截至 2013 年底，在 900 多家参评的全国性社会组织中，共有 791 家获得评估等级并在中国社会组织网上进行公示。如图 2 所示，已获得评估等级的社会组织数量大致呈波浪上升趋势，其中 2009 年、2012 年是两个波谷期，分别有 74 家、123 家全国性社会组织获得评估等级；2008 年、2011 年是两个波峰期，分别有 90 家、153 家全国性社会组织获得评估等级；2013 年获得评估等级的全国性社会组织共 170 家，达到历史最高点。从各等级全国性社会组织的发展趋势来看，3A 等级全国性社会组织的发展趋势与整体发展趋势几乎完全吻合，其数量也是各等级中最多的。4A 等级全国性社会组织的数量仅次于 3A 等级全国性社会组织，但其发展没有 3A 等级全国性社会组织那样波动大，除 2009 年略有下降外基本呈平缓的上升趋势，两个具有上升跳跃性的年份是 2011 年和 2013 年。5A 等级全国性社会组织的发展趋势与整体发展趋势在

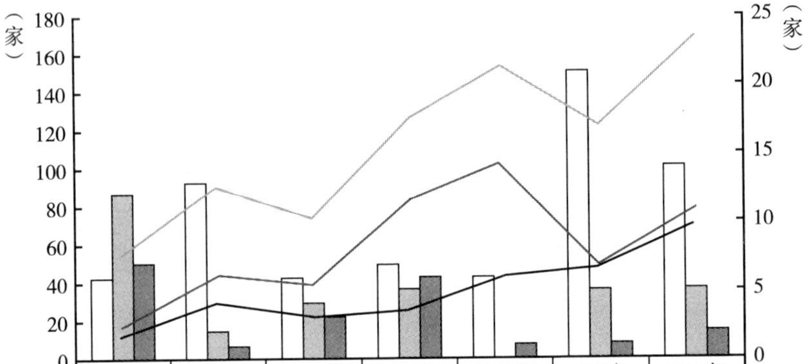

	2007年	2008年	2009年	2010年	2011年	2012年	2013年
5A	6	13	6	7	6	21	14
2A	12	2	4	5	0	5	5
1A	7	1	3	6	1	1	2
4A	11	29	21	25	43	48	70
3A	19	45	40	83	103	48	79
合计	55	90	74	126	153	123	170

图 2　全国性社会组织评估等级分布双轴线趋势图

资料来源：根据中国社会组织网有关页面综合而成，http：//www. chinanpo. gov. cn/index. html，最后访问日期：2014 年 10 月 13 日。

2010 年及之前是步调一致的，但从 2011 年开始，两者发展方向相反，特别是 2012 年 5A 等级全国性社会组织的数量达到历史最高（21 家），2013 年获得 5A 等级的全国性社会组织的数量在整体上升的背景下却下降为 14 家，这也反映了随着评估工作全面展开，对全国性社会组织的评估要求不断提高。2A 和 1A 等级全国性社会组织的数量大致呈现下降的趋势，都在 2007 年初次评估时达到最高值，其中 2A 等级全国性社会组织的数量从 2009 年开始维持在 4～5 家的水平、1A 等级全国性社会组织的数量从 2011 年开始维持在 1～2 家的水平。

（二）全国性社会组织评估过程、指标及结果的标准化水平稳步提高

标准是一种规范、秩序，是人类文明的一种标志。法学家用他们的谨慎观

点去对抗民主的好大喜功，用他们对规范的爱好去对抗民主对制度的轻视，用他们处事沉着的习惯去对抗民主的急躁（托克维尔，1991：309）。托克维尔推崇法制正是因为法制具有规范性、秩序性，这正是法学家在对法律进行研究和实践过程中所必然获悉的。在法制中习得的规范和秩序是指导人们一切活动的有益之物，无论是政治活动、市场活动还是社会活动都会因其而受益。标准化对社会组织评估来说既是目的也是手段：正是通过标准化的评估结果使公众对社会组织的现状有清晰的了解，也是通过标准化的评估过程使评估结果更有公信力。2013 年已经是全国性社会组织评估工作开展的第七年，无论从评估结果还是评估过程来看评估标准化水平都在提高，尤其是评估过程的标准化直接影响评估结果的标准化，因而是评估标准化的核心。

2013 年全国性社会组织评估过程的标准化水平稳步提高，主要体现在以下几个方面。

第一，在前期准备阶段，对全国性行业协会商会、学术类社团、联合类社团、职业类社团的评估指标做了进一步的改进和完善，并在全国性行业协会商会、全国性学术类社团、基金会的评估指标中增加了“特色工作”这个新的指标以鼓励创新发展。

第二，在前期动员阶段，在 2013 年 6 月举办社会组织专家培训班期间邀请已获 5A、4A 等级的社会组织负责人交流经验，鼓励其树立参评信心，并在中国社会组织网上公布全国性社会组织评估委员会委员和评估专家的名单以便接受社会监督。

第三，在中期考察评估阶段，建立退出机制，反向激励实地评估专家严格遵守公平的打分规范；升级评估管理系统，实现了现场收集信息、现场评判、自动汇总初评分值等功能。经过 7 年的工作，从业务主管单位、高等院校、会计师事务所和社会组织中聘请 400 多位评估专家，专业化程度逐步提高，对指标和标准的把握更加精准。参与实地考察和初评的专家严格按照评估程序和评估标准进行评判，通过查阅资料、现场沟通核实情况，指出问题并给出建议，实事求是地评判打分，最后汇总得出初评结论。

2013 年全国性社会组织评估指标的标准化水平也稳步提高。全国性行业协会商会、基金会评估的一级指标总分有所变动，尤其是全国性行业协会商会评估的一级指标总分变动较大——基础条件、内部治理总分分别下降20分，社会评价总分下降10分，工作绩效总分上升50分；基金会的基础条件总分下降10分，工作绩效总分上升10分。表2显示，2013年除非内地居民担任法定代表人的基金会、民办非企业单位外，全国性社会团体、基金会评估的一级指标总分完全一致，使得社会组织类型间评估得分的可比性提高。

表2　2012年和2013年全国性社会组织评估一级指标总分的变化情况

单位：分

社会组织类型	基础条件		内部治理		工作绩效		社会评价	
	2012年	2013年	2012年	2013年	2012年	2013年	2012年	2013年
全国性行业协会商会	100	80↓	390	370↓	400	450↑	110	100↓
全国性学术类社团	80	80	370	370	450	450	100	100
全国性联合类社团	80	80	370	370	450	450	100	100
全国性公益类社团	80	80	370	370	450	450	100	100
基金会	90	80↓	370	370	440	450↑	100	100
涉外基金会	90	90	370	370	440	440	100	100
民非	120	120	360	360	420	420	100	100

注：（1）2012、2013年全国性社会组织评估四项一级指标总分都为1000分。

（2）涉外基金会——非内地居民担任法定代表人的基金会；民非——民办非企业单位，民非的“工作绩效”指标为“业务活动与诚信建设”。

2013年全国性社会组织评估结果的标准化水平稳步提高。2013年与2012年全国性社会组织评估得分均值的对比显示（图3），评估总分略有提高，均值从730.54分提高到739.77分。其中，一级指标基础条件得分均值从74.35分略微下降为74.16分、内部治理得分均值从262.57分提高到278.89分、工作绩效得分均值从315.05分下降到303.15分、社会评价得分均值从79.01分提高到82.90分。另一方面，从2013年和2012年一级指标得分均值占指标满分的比率（即得分比）来看，具体比率显示了全国性社会组织的优势与弱势：基础条件是得分比最高的，稳定在93%，2012年为92.94%、2013年为92.71%；社会评价次之，得分比从2012年的79.01%上升到2013年的82.90%；内部治理相对较弱，得分比从2012年的70.97%上升到2013年的75.37%；工作绩效的得分比最低，且出现下滑，从2012年的70.01%下降为

2013 年的 67.37%。因此，内部治理和工作绩效是全国性社会组织的薄弱环节，尤其是工作绩效。但总体来讲，全国性社会组织的发展情况还是良好的，总得分比较稳定并略有上升，从 73.05% 上升到 73.98%。

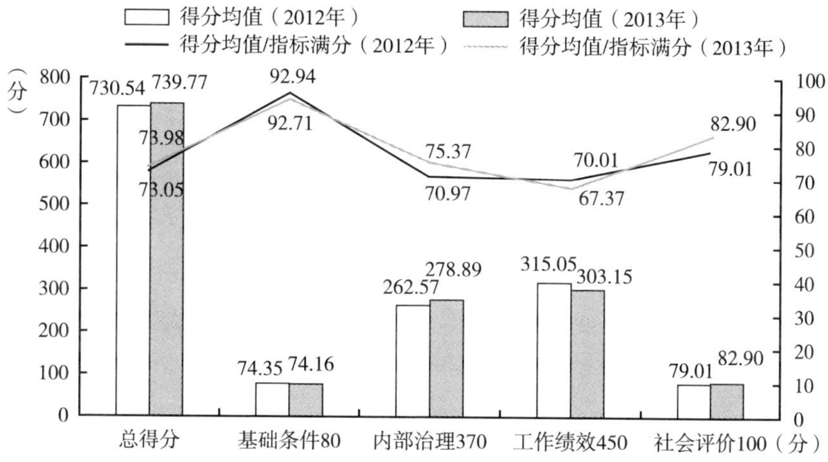

图 3　2013 年和 2012 年全国性社会组织评估得分均值对比

注：为了使各类全国性社会组织的得分具有可比性，本图数据是以 2013 年度评估所使用的全国性社会团体、基金会一级指标及其得分为基准分数（即基础条件满分 80 分、内部治理满分 370 分、工作绩效满分 450 分、社会评价满分 100 分），根据基准分数将 2013 年度非内地居民担任法定代表人的基金会及民办非企业单位一级指标的得分、2012 年度全国性社会组织一级指标的得分进行标准化处理。

（三）社会组织评估理论研究与社会组织评估实践互为促进

中国社会组织评估相关研究文献的数量从 2005 年开始增长较为迅速并持续到 2009 年，经过 2 年的回落后 2012 年迅速增长并首次超过 300 篇发文量，2013 年的发文量保持较为均衡的发展，发文量维持在 300 篇以上的水平（图 4）。社会组织评估理论研究与全国性社会组织评估实践的历程有一定的重合：2005 年民政部民间组织管理局开展有关民间组织评估理论、指标与实践的研究，将社会组织评估工作正式提上议事日程；2007 年 8 月民政部民间组织服务中心正式启动社会组织评估工作（徐家良、廖鸿，2013）。总体上，经过理论研究和实践的积累，社会组织评估逐步科学化、标准化、规范化，成为信息使用者的客观依据。

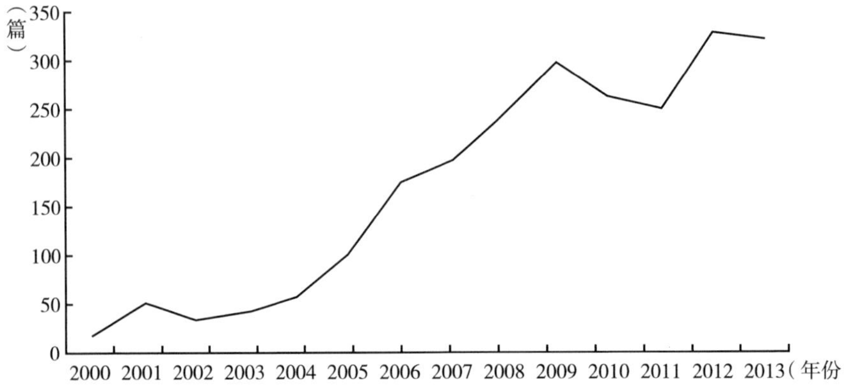

图 4　中国社会组织评估理论研究情况

资料来源：万方数据。

注：检索表达式：主题：（社会组织 or 民间组织 or 非营利组织 or 非政府组织 or 社会团体 or 行业协会 or 基金会 or 民办非企业单位） and 评估 * Date：2000 - 2013。

根据社会组织评估工作的需要，2012 年民政部民间组织服务中心编写并出版《社会组织评估指引》，全面梳理社会组织评估工作涉及的基本概念、原理和程序，关注社会组织评估工作的重点和难点，对全国性行业协会商会、全国性学术类社团、全国性公益类社团、全国性职业类社团、全国性联合类社团、民办非企业单位、基金会、非内地居民担任法定代表人的基金会的评估指标逐一进行解读。为了了解 2007 ~ 2013 年社会组织评估工作的情况，徐家良、廖鸿编写出版《中国社会组织评估发展报告（2013）》，概括出社会组织评估的十一大特点与发展趋势：一是社会组织评估覆盖面越来越广；二是社会组织评估的作用越来越大，同登记、年检、培育、执法一起成为整个社会组织管理系统中的有机组成部分；三是对社会组织评估结果的应用受到重视；四是社会组织评估指标科学化和程序规范化；五是逐步探索第三方评估机制；六是社会组织评估逐渐得到社会认可，其实践价值已经显现；七是全国性行业协会商会评估进展良好；八是全国性学术类社团评估进展迅速，专业特色突出；九是基金会评估基本实现全覆盖，规范化评估对基金会的发展起到良好的示范效应；十是全国性民办非企业单位有较强的组织硬实力，积极、主动地参加评估工作；十一是全国性公益类社团、职业类社团、联合类社团评估在探索中推进。

三 2013 年全国性社会组织评估的经验

（一）社会组织管理体制为基础条件指标提供了良好的规制环境

社会组织评估共有四个方面的指标：一是基础条件指标；二是内部治理指标；三是工作绩效指标；四是社会评价指标。2013 年全国性社会组织评估结果中，相对来说，基础条件是四个一级指标中最有优势的，其得分比为 92.71%（见图 3），这与我国“统一登记、各司其职、协调配合、分级负责、依法监管”的社会组织管理体制紧密相关。从中国共产党第十八届中央委员会第二次全体会议（2013 年 2 月）通过又交付中华人民共和国第十二届全国人民代表大会第一次会议（2013 年 3 月）审议通过的《国务院机构改革和职能转变方案》，到中国共产党第十八届中央委员会第三次全体会议（2013 年 11 月）通过的《中共中央关于全面深化改革若干重大问题的决定》都明确提出，行业协会商会类、科技类、公益慈善类和城乡社区服务类四类社会组织，可以依法直接向民政部门申请登记，不再经由业务主管单位审查和管理。四类社会组织直接登记的管理政策是对“双重管理”审批登记制度（成立社会组织需要经过业务主管单位和登记管理机关的批准）的重大修改，从准入关口开始放松对这四类社会组织的管制，激发社会组织的活力，降低社会组织获得合法性的门槛。当然，无论是“双重管理”还是直接登记下的社会组织“统一登记”政策都在社会组织获得合法性的过程中设置了登记条件，这些登记条件正是社会组织评估中一级指标基础条件内容设置的依据，而一旦成为具有合法性的社会组织必然要遵守法律以及相关政策的规定。全国性社会组织正是通过“双重管理”审批登记制度而获得合法性的社会组织，我国社会组织管理体制为全国性社会组织在基础条件指标上获得高分提供了良好的规制环境。

全国性社会组织评估基础条件指标下二级指标中得分比最高的是“年度检查/遵纪守法”，得分比为 96.46%；得分比最低的是“章程”，为 91.16%；得分比介于二者之间的是“登记和备案”（92.96%）以及“法人资格”（91.72%）（见图 5）。全国性社会团体评估基础条件下二级指标得分比的变化趋势同总体得分比的情况稍有区别，得分比最高和最低的指标相同，其他两个二级指标得分比的高低正好相反。具体而言，得分比由高到低分别为“年度检查/遵纪守法”（97.70%）、“法人资格”（92.86%）、“登记和备案”（92.50%）、“章程”（91.16%）。全国性社会团体在四项二级指标上的得分比与总体得分比相比，除“登记和备案”指标略低外，其他三项二级指标的得分比均高于总体得分比，其原因主要是受到基金会在这四项二级指标上的得分比变化趋势影响。基金会的四项二级指标的得分比由高到低分别为“登记和备案”（95.32%）、“遵纪守法”（90.11%）、“章程”（88.79%）、“法人资格”（85.87%）。需要注意的是，在“年度检查/遵纪守法”这一指标下，基金会的四项二级指标的得分比较低的主要原因与该指标下三级指标的设置有关。基金会的“遵纪守法”二级指标除包括同全国性社会组织相同的“年度检查”外，还包括“遵守国家法律法规和政策”与“重大事项报告”两个三

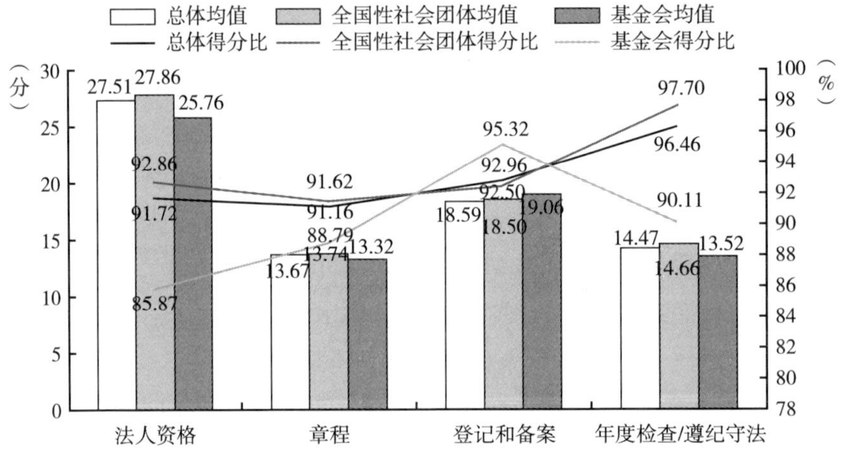

图5 2013年全国性社会组织基础条件二级评估指标得分

注：（1）为了使各类全国性社会组织的得分具有可比性，本图数据是以2013年度评估所使用的全国性社会团体基础条件下二级指标及其得分为基准分数（即法人资格30分、章程15分、登记和备案20分、年度检查/遵纪守法15分），根据基准分数将2013年度基金会、非内地居民担任法定代表人的基金会和民办非企业单位二级指标的得分进行标准化处理；（2）由于2013年度只有1家民办非企业单位获得评估等级，故不单独做均值与得分比图例；（3）得分比=该指标实际得分均值/该指标满分；（4）在第四项上，全国性社会团体、民办非企业单位为“年度检查”；基金会为“遵纪守法”，“年度检查”包含在此项内；（5）图例中全国性社会团体包括全国性行业协会商会、全国性学术类社团、全国性联合类社团、全国性公益类社团，基金会包括基金会、非内地居民担任法定代表人的基金会。

级指标。可以推断，正是这两个三级指标拉低了基金会“遵纪守法”的得分比，因而这两项也是基金会需要完善的地方。

从指标看，全国性社会团体、基金会和民办非企业单位都有提升的空间——尽管各类社会组织略有不同。对全国性社会团体和民办非企业单位来说，需要总结在“年度检查/遵纪守法”上的宝贵经验、寻找“章程”中的不足、继续完善“登记和备案”以及“法人资格”的有关内容，最终使全国性社会团体和民办非企业单位的“基础条件”得分有较大的提高，为社会组织能力建设打下扎实的基础。对基金会来说，需要根据自身特点，总结“登记和备案”的经验、寻找“法人资格”上的不足、继续完善“遵纪守法”以及“章程”的相关内容。对全国性社会团体来说，基金会的“登记和备案”指标得分较高，值得学习。而对基金会来说，也可以从全国性社会团体的指标中借鉴有益的东西，完善相关指标。

（二）财务资产管理成为全国性社会组织内部治理的关注点

相比于基础条件、社会评价两个一级评估指标，内部治理在2013年全国性社会组织评估中处于相对弱势的地位，其平均得分比为75.37%（见图3）。全国性社会组织评估内部治理下二级指标的得分比由高到低分别为：“发展规划”87.30%、“档案证章管理”82.12%、“领导班子建设”80.08%、“组织机构”78.02%、“人力资源”75.94%、“财务资产”66.96%（见图6）。其中，全国性社会团体内部治理下二级指标的得分比高低排序与总体得分比的高低排序一致，且得分比极为接近，由高到低分别为“发展规划”87.30%、“档案证章管理”81.19%、“领导班子建设”80.05%、“组织机构”77.77%、“人力资源”75.58%、“财务资产”67.01%；基金会内部治理下无“发展规划”、“领导班子建设”二级指标，其余四项二级指标的得分比高低排序与总体得分比的高低排序一致，除“财务资产”得分比与总体得分比极为接近外，其余指标得分比均高于总体得分比，得分比由高到低分别为“档案证章管理”87.41%、“组织机构”80.18%、“人力资源”78.36%、“财务资产”67.23%。

因此可以判断，对全国性社会组织来说，需要总结“发展规划”指标得

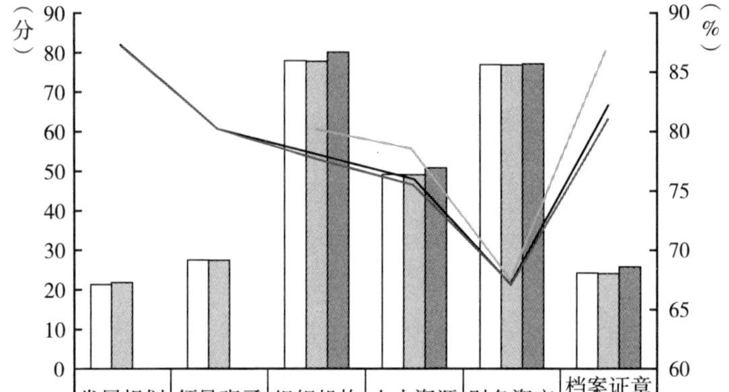

	发展规划	领导班子	组织机构	人力资源	财务资产	档案证章管理
总体均值	21.82	28.03	78.02	49.36	77.00	24.64
全国性社会团体均值	21.82	28.02	77.77	49.13	77.06	24.36
基金会均值			80.18	50.93	77.32	26.22
总体得分比	87.30	80.08	78.02	75.94	66.96	82.12
全国性社会团体得分比	87.30	80.05	77.77	75.58	67.01	81.19
基金会得分比			80.18	78.36	67.23	87.41

图6　2013 年全国性社会组织内部治理二级评估指标的得分均值及得分比

注：（1）为了使各类全国性社会组织的得分具有可比性，本图数据是以 2013 年度评估所使用的全国性社会团体内部治理下二级指标及其得分为基准分数（即发展规划 25 分、领导班子建设 35 分、组织机构 100 分、人力资源 65 分、财务资产 115 分、档案证章管理 30 分），根据基准分数将 2013 年全国性学术类社团、全国性公益类社团、全国性联合类社团、基金会、非内地居民担任法定代表人的基金会、民办非企业单位二级指标的得分进行标准化处理；（2）由于 2013 年只有 1 家民办非企业单位获得评估等级，故不单独做均值与得分比图例；（3）得分比 = 该指标实际得分均值/该指标满分；（4）基金会、非内地居民担任法定代表人的基金会无“发展规划”及“领导班子建设”二级指标；（5）图例中全国性社会团体包括全国性行业协会商会、全国性学术类社团、全国性联合类社团、全国性公益类社团，基金会包括基金会、非内地居民担任法定代表人的基金会。

分比高的经验，发现“档案证章管理”、“领导班子建设”指标存在的问题，寻找“组织机构”、“人力资源”指标得比分低的原因，解决“财务资产”指标得分比暴露出来的问题，最终提高全国性社会组织在内部治理指标上的得分。

首先，有关“档案证章管理”指标和“领导班子建设”指标。全国性社会组织一般都有较为完善的组织形式，拥有优良的档案证章管理传统，社会活动较为广泛，从而对档案、证书和印章管理都提出了更高的要求。由于全国性社会组织成立时间较久，不同的社会组织领导人对档案证章管理的重视程度不同，因此，有部分社会组织档案证章管理不规范，而且标准化程度较低，随意性大。同时，“领导班子建设”指标得分比相对而言较高，这与全国性社会组织与政府关系密切、其领导人的候选人素质较高有密切关系。全国性社会组织一般都能严格按照规定进行领导班子建设，不过，社会组织负责人履职情况、秘书长年度绩效考核情况还有提升的空间。

其次，有关“组织机构”和“人力资源”指标。“组织机构”和“人力资源”这两项指标的得分均值仅次于“财务资产”的两项指标，尤其是“组织机构”与“财务资产”的指标得分均值相差不大。“组织机构”和“人力资源”是密切相关的两个指标，其中“人力资源”是较容易衡量的。与地方社会组织相比，全国性社会组织在组织规模上有一定发展优势，不过由于社会组织的非营利性使其人事制度无法与企业和政府的人事制度相比，人事制度始终是其薄弱环节。尽管“组织机构”指标得分均值较高，但是与社会组织的承担的任务和职能相比有一定差距，无法满足公众日益增长的需求。

最后，有关“财务资产”指标。“财务资产”是内部治理评估中得分均值第二大的二级指标，却也是总体得分比最低的二级指标（66.96%），与其他几项二级指标的差距非常大，比得分比排名第五的“人力资源”（75.94%）还要低近9个百分点。即使是在基础条件、内部治理、社会评价指标上得分都较高的基金会，也在“财务资产”上同其他全国性社会组织一样表现得不够理想。

因此，是否可以得出这样的推论：全国性社会组织“内部治理”中最薄弱的环节就是“财务资产”，值得各类社会组织予以高度关注。而从理论研究与现实角度看，由于社会组织的非营利性，使得组织运行的经费主要依赖外部资助。一方面，私人捐款有利于社会组织维持独立性，但仅仅依靠它将阻碍社会组织的成长；另一方面，虽然通过商业活动或从政府/外国捐款者那里筹集资金更加简单，但社会组织常常不得不为了获得这笔收入而改变它们的任务和性质（王绍光，2002）。社会组织的经费既关乎资助者的利益，也与社会组织自身的性质紧密相联。其中，社会组织的资助者无论是私人、企业、政府还是其他组织，从本质上说都是一种非个人行为，是涉及公共利益的。因此，“财务资产”作为社会组织经费的最好的衡量指标，其评估结果直接关系到全国性社会组织的合法性、有效性和正当性。

（三）以功能建设为核心的工作绩效指标是全国性社会组织建设的难点

2013 年全国性社会组织评估结果中，工作绩效是相对反映较差的一级指标，其得分比为 67.37%（见图 3）。工作绩效作为一个社会组织活动能力的集中体现，与基础条件、内部治理和社会评价相比是最具组织类型特色的指标。此外，八类全国性社会组织的二级评估指标有较大差异。由于不同社会组织在功能、结构上各有自己的特点，因此在比较过程中出现了三个新的指标——“功能建设”、“社会影响”、“特色工作”指标（见表 3），以便衡量各类社会组织的“特色”，显示一个社会组织与其他社会组织的不同。

表 3　2013 年全国性社会组织工作绩效二级评估指标归类表

单位：分

全国性社会组织	功能建设		社会影响		特色工作
	内容(分值)	总分	内容(分值)	总分	内容(分值)
全国性行业协会商会	• 提供服务(175) • 反映诉求(50) • 规范行为(85)	310	• 行业影响力(65) • 社会宣传(25)	90	特色工作(50)
全国性公益类社团	• 公益支出(130) • 公益项目(90) • 公益服务(80)	300	• 公益推广(40) • 信息公开(60)	100	特色工作(50)
全国性联合类社团	• 交流活动(95) • 咨询研究(70) • 会员工作(140)	305	• 宣传推广(95)	95	特色工作(50)
全国性学术类社团	• 学术活动(160) • 建议咨询(60) • 人才建设(70)	290	• 科普公益(60) • 国际交流与合作(50)	110	特色工作(50)
全国性职业类社团	• 业务活动(145) • 自律协调(95) • 队伍建设(90)	330	• 宣传推广(70)	70	特色工作(50)

续表

全国性社会组织	功能建设		社会影响		特色工作
	内容(分值)	总分	内容(分值)	总分	内容(分值)
基金会	• 社会捐赠、募集和政府购买服务(70) • 公益活动规模和效益(160) • 项目开发与运作(95)	325	• 信息公开与宣传(95)	95	特色工作(30)
非内地居民担任法定代表人的基金会	• 社会捐赠和政府购买服务(70) • 公益活动规模和效益(190) • 项目开发与运作(100)	360	信息公开与宣传(80)	80	无
民办非企业单位	• 业务活动(125) • 专业队伍建设(30) • 提供服务(140)	295	• 信息公开(80) • 国际交流(20) • 社会宣传(25)	125	无

2013 年全国性社会组织在功能建设上总体表现得相当好，得分比为 65.65%；社会影响次之，得分比为 62.02%；特色工作的表现相对较弱，得分比为 51.67%（见图 7）。具体到各类社会组织，工作绩效中各部分的指标的表现与总体趋势一致（即“功能建设”指标的表现优于“社会影响”指标，“社会影响”指标的表现又优于“特色工作”指标）的社会组织类别有全国性公益类社团、基金会；而全国性行业协会商会、联合类社团、学术类社团工作绩效中的“功能建设”指标的表现均弱于“社会影响”指标；2013 年新增加的二级评估指标“特色工作”指标在各类社会组织中均表现较弱，得分比均低于“功能建设”和“社会影响”指标：一方面可能是由于“创新性强、业绩突出的工作”难以衡量，另一方面也反映出全国性社会组织在实践创新方面的不足。另外，对于没有“特色工作”指标的非内地居民担任法定代表人的基金会、民办非企业单位，其“功能建设”指标的表现均优于“社会影响”指标。

总之，2013 年全国性社会组织的工作绩效指标，有以下几个方面的特点：第一，“功能建设”指标的得分比由高到低的社会组织类型为全国性公益类社团（71.33%）、非内地居民担任法定代表人的基金会（71.04%）、基金会（70.32%）、全国性行业协会商会（68.45%）、民办非企业单位（61.36%）、全国性联合类社团（60.56%）、全国性学术类社团（56.47%），其中低于总

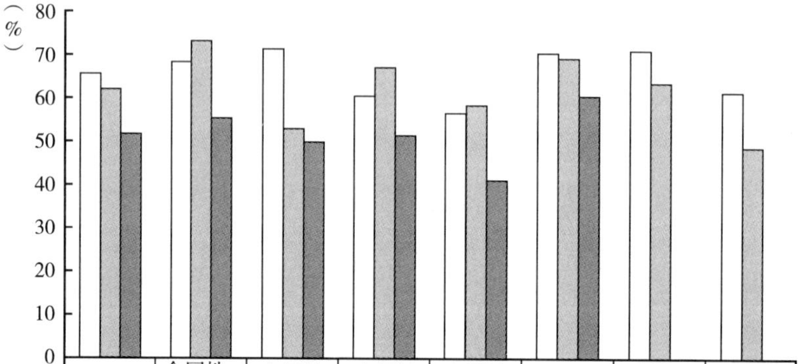

	总体	全国性行业协会商会	全国性公益类社团	全国性联合类社团	全国性学术类社团	基金会	涉外基金会	民办非企业单位
□ 功能建设	65.65	68.45	71.33	60.56	56.47	70.32	71.04	61.36
▨ 社会影响	62.02	73.26	53.00	67.22	58.56	69.52	63.75	48.80
■ 特色工作	51.67	55.33	50.00	51.43	41.18	60.42		

图 7　2013 年全国性社会组织工作绩效二级评估指标的得分比

注：本图数据是在表 3 的基础上计算得出的；涉外基金会即非内地居民担任法定代表人的基金会。

体得分比（65.65%）的是民办非企业单位、全国性联合类社团和全国性学术类社团。第二，“社会影响”指标的得分比由高到低的社会组织类型为全国性行业协会商会（73.26%）、基金会（69.52%）、全国性联合类社团（67.22%）、非内地居民担任法定代表人的基金会（63.75%）、全国性学术类社团（58.56%）、全国性公益类社团（53.00%）、民办非企业单位（48.80%），其中低于总体得分比（62.02%）的是全国性学术类社团、全国性公益类社团和民办非企业单位。第三，“特色工作”指标的得分比由高到低的社会组织类型为基金会（60.42%）、全国性行业协会商会（55.33%）、全国性联合类社团（51.43%）、全国性公益类社团（50.00%）、全国性学术类社团（41.18%），其中低于总体得分比（51.67%）的是全国性联合类社团、全国性公益类社团、全国性学术类社团。

综上所述，尽管工作绩效是全国性社会组织评估中的核心指标，但是其评估效果显得不是非常突出。这样的结果既反映出全国性社会组织在工作绩效方面有一定的发展机遇（哪个机构的工作绩效指标的得分高，它的评估等级就高，机会就会增加)，也说明其在提高工作绩效的过程中面临巨大的挑战。“功能建设”指标作为工作绩效的核心，它的提升既是“社会影响”的基础，也需要由“特色工作”建设支撑。从某种意义上讲，“功能建设”是拓展社会组织发展空间的关键。在2013年全国性社会组织评估中，各类社会组织“功能建设”指标的得分比相比于本次评估中的其他二级指标处于较高的水平，这也说明“社会影响”与“特色工作”指标的得分比偏低。因此，依据全国性社会组织评估的结果，可以发现未来社会组织建设的关键在于社会组织自身功能的提升，而差异化的“功能建设”正是“特色工作”的本质所在。

（四）社会评价的结果促使第三方评估机制不断完善

社会评价指标是2013年全国性社会组织评估中表现较好的一级指标，得分比为82.90%（见图3），虽仅次于基础条件的得分比（92.71%），但还是相差近10个百分点。2013年全国性社会组织评估的社会评价指标主要用“内部评价”和“外部评价”两个二级指标来评估，其中“外部评价”包括管理部门评价和公众评价。

对社会评价二级指标的说明如下：第一，“内部评价”即社会组织内部相关成员对社会组织的评价，其得分随社会组织类型的不同而不同。“内部评价”满分由高到低分别为全国性行业协会商会（50分)、全国性学术类社团及全国性联合类社团（40分)、民办非企业单位（30分)、全国性公益类社团及基金会（20分)、非内地居民担任法定代表人的基金会（10分)。第二，“管理部门评价”即登记管理机关、业务主管单位和有关部门对社会组织各项活动的评价，为社会评价的核心指标。非内地居民担任法定代表人的基金会的管理部门评价满分为60分，其余6类全国性社会组织的管理部门评价满分均为50分。第三，“公众评价”指标属于社会评价的非核心指标，主要从社会组织功能和直接参与的公众出发而非完全从所有公众的视角出发。三级指标“新闻媒体”也属于公众评价，社会评价满分（100分）中除“内部评价”和“管理部门评价”外的得分即“公众评价”得分，因此，“公众评价”得分随社会组织类型的不同而不同，由高到低分别为全国性公益类社团、基金会和非内地居民担任法定代表人的基金会，民办非企业单位，全国性联合类社团和全国性学术类社团，全国性行业协会商会无“公众评价”得分。

2013 年全国性社会组织评估中社会评价的具体结果如图 8 所示。“公众评价”指标表现最好，其得分比为 89.08%；“内部评价”指标表现次之，其得分比为 83.26%；“管理部门评价”指标表现较差，其得分比为 80.45%。首先，“内部评价”指标的得分比从高到低分别为民办非企业单位（96.67%）、基金会（88.96%）、全国性联合类社团（84.11%）、全国性学术类社团（83.68%）、全国性行业协会商会（82.72%）、全国性公益类社团（81.67%）、非内地居民担任法定代表人的基金会（65.00%），其中低于总体得分比（83.26%）的是全国性行业协会商会、全国性公益类社团和非内地居民担任法定代表人的基金会。其次，“管理部门评价”指标的得分比由高到低分别为民办非企业单位（86.00%）、全国性行业协会商会（85.21%）、非内地居民担任法定代表人的基金会（82.50%）、全国性公益类社团（79.33%）、全国性联合类社团（79.00%）、全国性学术类社团（77.76%）、基金会（73.33%），其中得分比低于总体得分比（80.45%）的是全国性公益类社团、

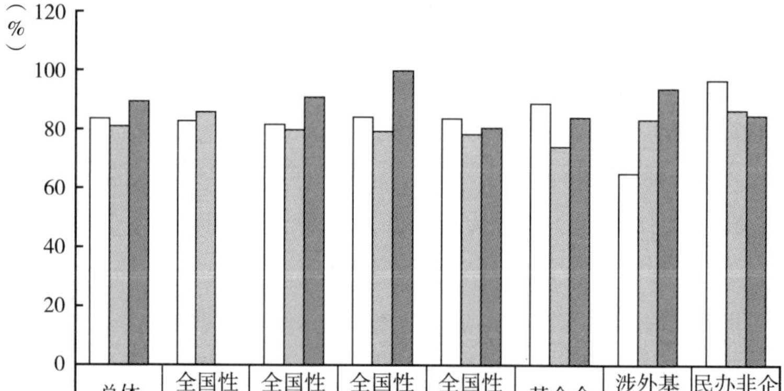

	总体	全国性行业协会商会	全国性公益类社团	全国性联合类社团	全国性学术类社团	基金会	涉外基金会	民办非企业单位
□ 内部评价	83.26	82.72	81.67	84.11	83.68	88.96	65.00	96.67
▨ 管理部门评价	80.45	85.21	79.33	79.00	77.76	73.33	82.50	86.00
■ 公众评价	89.08		90.56	100.00	80.59	84.17	94.17	85.00

图 8　2013 年全国性社会组织社会评价二级评估指标的得分比

注：涉外基金会即非内地居民担任法定代表人的基金会。

全国性联合类社团、全国性学术类社团和基金会。最后，“公众评价”指标的得分比由高到低分别为全国性联合类社团（100.00%）、非内地居民担任法定代表人的基金会（94.17%）、全国性公益类社团（90.56%）、民办非企业单位（85.00%）、基金会（84.17%）、全国性学术类社团（80.59%），其中得分比低于总体得分比（89.08%）的是民办非企业单位、基金会和全国性学术类社团。

社会评价指标得分的高低最终还是取决于社会组织在基础条件、内部治理和工作绩效指标上的表现。而在2013年全国性社会组织评估中，八成得分（见表2）集中在内部治理和工作绩效指标上，因此，理论上所理解的内部治理和工作绩效指标的表现成为社会评价的事实内核。2013年全国性社会组织的评估结果显示，社会评价得分比为82.90%，高于内部治理7.53个百分点，且高于工作绩效15.53个百分点。

从上面的阐述中，可以得出如下几个方面的结论：首先，社会评价与其事实情况出现较大的偏差，其原因之一是公众对社会组织功能评价的认识不足，所以在指标的权重上缺乏考量；其次，社会评价中很大一部分是组织内部进行评估，这样，在一个缺乏有效的第三方评估机制的情况下容易高估；最后，“管理部门评价”往往由于制度考核的压力使得分偏高。

四 完善全国性社会组织评估的政策建议

在全面深化改革的背景下，全国性社会组织评估对社会组织发展的意义重大，包括提供政社合作信息来源、促进政府社会管理完善、提升社会组织自身能力以及推进社会公益发展等。虽然2013年参评全国性社会组织的数量达历史最高点，全国性社会组织评估过程、指标及结果的标准化水平稳步提高，社会组织评估理论研究与社会组织评估实践互为促进，但对全国性社会组织评估结果的分析显示，同样有需要继续完善和改进的地方。

（一）推进评估体系建设，助推社会组织整体能力提升

首先，突出关键指标。全国性社会组织需要以“特色工作”指标建设为

创新发展的突破口，并协调好“特色工作”指标与基础条件、内部治理、社会评价指标和“功能建设”指标的关系，使指标体系完备，突出关键指标，使评估指标形成一个有机的体系，最终成为评估全国性社会组织最有效的工具和方法。通过评估指标体系建设，推动社会组织以评估指标为导向，完善结构，提升能力。现阶段，全国性社会组织的基础条件由于自身发展的需要以及社会组织管理体制不断完善而处于良好状态，比较规范的社会组织已经具备基本的自我生存能力，但是要从具有局部性的社会组织拓展为辐射范围较广的社会功能载体，就需要不断强调特色工作建设。通过特色工作建设，使社会组织提供多样化的服务，也是社会组织创新发展的突破口。

其次，加强制度建设。完善《社会组织评估管理办法》以及相关社会组织管理条例，从顶层设计上推进评估体系建设。

作为社会组织评估工作的指导性文件，民政部部门规章《社会组织评估管理办法》（2010 年 12 月 20 日），对评估对象和内容、评估机构和职责、评估程序和方法、回避与复核、评估等级管理做了具体规定，但在政府以评估创设完整的社会组织激励和规制体系方面、以评估促进社会组织自身发展方面还需要根据社会实践的发展而加以完善，有必要增加以下两个方面的内容：一是第三方评估机构的相关规定。第三方评估在社会组织评估中发挥了不可或缺的作用，需要通过第三方评估规范评估工作，提高监管水平，逐渐明确哪些机构可以成为第三方评估机构，哪些机构不能成为第三方评估机构，使第三方评估机构有法可依，有标准供参考。二是评估结果的应用。对评估结果的应用，《社会组织评估管理办法》规定得不够详细，如对获得较高评估等级的社会组织做出明确的奖励规定，确保其在承接政府职能和购买服务中享有优先权，享受政府特殊政策。

同时，结合修订《社会团体登记管理条例》、《民办非企业单位登记管理暂行条例》和《基金会管理条例》，适当增加评估内容，作为评估活动的总依据，使评估规范由中央政府部门规章上升到行政法规，提高评估的法律权威性。

（二）扩大评估成果的应用，激发社会组织的功能建设活力

2013 年全国性社会组织评估结果显示，工作绩效作为全国性社会组织评

估中的核心指标，评估效果并不突出，“功能建设”作为工作绩效的核心缺乏活力。评估在“登记、年检、培育、评估、执法”五位一体的社会组织管理模式中居于动态衔接的位置（徐家良、廖鸿，2013），要把评估成果与政府扶持（如政府职能转移和政府购买服务）、年检体制改革、信用体系建设相关联，扩大评估成果的应用，才能真正发挥评估的作用，激发社会组织的功能建设活力。

第一，把评估纳入社会政策。根据我国政府管理的现状，可将评估等级纳入相关部门已施行的社会政策中，完善与社会组织评估相关的配套政策，使评估在社会组织管理中的作用真正得到发挥。

第二，加强评估结果的应用与公益性捐赠税前扣除之间的联系。2008 年，财政部、国家税务总局和民政部联合发布《关于公益性捐赠税前扣除有关问题的通知》，关于申请公益性捐赠税前扣除资格中仅规定“基金会在民政部门依法登记3 年以上（含3 年）的，应当在申请前连续2 年年度检查合格，或最近 1 年年度检查合格且社会组织评估等级在 3A 以上（含 3A）；登记 3 年以下 1 年以上（含 1 年）的，应当在申请前 1 年年度检查合格或社会组织评估等级在 3A 以上（含 3A）”，有必要对基金会和其他慈善组织的公益性捐赠税前扣除资格加以修改补充，可否由原来的 3A、4A、5A 等级，放宽到 2A 等级，以调动社会组织的积极性，使其踊跃参加社会组织评估，提高社会组织的参评率。

第三，评估结果与承接政府职能和政府购买服务有机结合。2013 年 9 月，国务院办公厅发布《关于政府向社会力量购买服务的指导意见》，其中对承接主体做出了较具体的规定：“承接政府购买服务的主体包括依法在民政部门登记成立或经国务院批准免予登记的社会组织，以及依法在工商管理或行业主管部门登记成立的企业、机构等社会力量。承接政府购买服务的主体应具有独立承担民事责任的能力，具备提供服务所必需的设施、人员和专业技术的能力，具有健全的内部治理结构、财务会计和资产管理制度，具有良好的社会和商业信誉，具有依法缴纳税收和社会保险的良好记录，并符合登记管理部门依法认定的其他条件。承接主体的具体条件由购买主体联合财政部门根据购买服务项目的性质和质量要求确定。”《关于政府向社会力量购买服务的指导意见》中有关承接政府购买服务的社会组织资质标准的规定，是对民政部民间组织服务中心社会组织评估结果的应用，同时也调动了社会组织参加评估的积极性，减轻了政府向社会力量购买服务的监管压力，较好地利用了第三方评估机构。

第四，把评估结果纳入社会组织信用体系建设。评估结果能否成为社会组织信用体系建设的一个有机组成部分，既需要以社会组织的物质条件为基础，也需要以社会组织的精神需求为支撑。除了与社会组织评估相配套的政策措施外，有必要把社会组织评估等级纳入社会组织信用体系建设，确保信息透明化和社会组织的公信力、能力建设和服务内容等情况向社会公开，让公众了解单个社会组织尤其是全国性公益类社团的基本运行状况，使公众通过了解社会组织的评估等级，就可以做出是否捐款的正确选择（王建军，2014，转引自包颖，2014：24～27）。

（三）强化评估反馈机制，发挥第三方评估公平和高效的优势

第一，强化评估反馈机制，形成包括评估等级反馈、各级评估指标反馈在内的有概况、有细节的评估反馈体系。评估等级作为全国性社会组织评估的直接成果，为政府、社会组织、公众等提供了概况性的社会组织信息来源。在此基础上，还需要建立细节性的各级评估指标反馈机制，如以发展报告等出版物形式、课题研究等公开项目形式深度发掘评估结果的细节，以使社会各方对社会组织发展的详细信息有所了解。唯有建立全面、系统的评估反馈机制，才能使以评估规范并培育社会组织、以评估创设完整的社会组织激励和规制体系、以评估完善社会政策并培育健康的公民社会等社会组织发展政策有章可循。

第二，继续完善第三方评估机制，反映社会组织在基础条件、内部治理和工作绩效等方面的真实发展内核。全国性社会组织评估工作委托的第三方是民政部民间组织服务中心。作为事业单位，民政部民间组织服务中心可以被视为“自上而下成立的第三方评估机构”（徐家良、廖鸿，2013）。现阶段，第三方评估机制在建设过程中存在制度缺失、信息不对称、资金依赖以及评估不专业等问题（潘旦、向德彩，2013）。随着行政体制改革的进一步深化，需要加强“独立第三方评估机构”建设。因此，要抓紧研究制定《关于建立健全社会组织第三方评估工作机制的指导意见》，逐步运行第三方评估机制，启动行之有

效的第三方评估工作（廖鸿，2014）。

第三，将评估标准上升为国家标准。首先，为进一步规范全国性社会组织评估工作，加强社会组织评估标准化建设，推动社会组织评估健康持续发展，需要在进一步完善社会组织评估指标和标准的基础上，争取把社会组织评估标准上升为国家标准（廖鸿，2014）。其次，当前正在进行的社会组织评估只是一种初级评估，是按照基础条件、内部治理、工作绩效和社会评价进行的一般性评估，是对社会组织资质的评级，但初级评估完成后应向高级评估发展，也就是要从一般性评估过渡到对社会组织在社会建设中的特殊作用和能力进行评估，因此，需要对评估的方法和标准进行调整，以反映社会组织的社会动员能力、社会参与能力以及在社会管理和社会服务中发挥的作用，实现从初级评估向高级评估、从一般性资质评估向特殊性能力评估的转变（温庆云，2013）。最后，自全国性社会组织评估工作开展以来，需要根据评估实践所发现的问题和社会组织发展的需要修改完善评估指标结构和评估指标内涵，在评估指标修改过程中提高各评估主体的参与程度，共同协商完善社会组织评估指标。

参考文献

包颖：《〈中国社会组织评估发展报告（2013）〉蓝皮书发布，让评估等级成为公众捐赠指南》，《中国社会组织》2014 年第 2 期，第 24～27 页。

陈振明、李德国、蔡晶晶：《政府社会管理职能的概念辨析——“政府社会管理”课题的研究报告》，《东南学术》2005 年第 4 期，第 5～11 页。

国家民间组织管理局编《中国民间组织评估》，北京：中国社会出版社，2007。

廖鸿主编《社会组织评估指引》，北京：中国社会出版社，2012。

廖鸿：《2013 年度社会组织评估在不断规范化与标准化中扎实推进》，《中国社会组织》2014 年第 10 期，第 24～26 页。

刘宏、何霞萍：《推进社会组织评估体系建设的实践与思考——以广西为例》，《中国社会组织》2013 年第 11 期，第 45～48 页。

卢玮静、赵小平、陶传进、朱照南：《基金会评估：理论体系与实践》，北京：社会科学文献出版社，2014。

潘旦、向德彩：《社会组织第三方评估机制建设研究》，《华东理工大学学报》（社会科学版）2013 年第 1 期，第 16～22 页。

托克维尔：《论美国的民主》，董果良译，北京：商务印书馆，1991，第309页。

王浦劬、莱斯特·萨拉蒙：《政府向社会组织购买公共服务研究：中国与全球经验分析》，北京：北京大学出版社，2010。

王绍光：《金钱与自主——市民社会面临的两难境地》，《开放时代》2002年第3期，第6~21页。

温庆云：《对社会组织评估工作的再认识》，《中国社会组织》2013年第2期，第21~24页。

吴忠民：《从平均到公正：中国社会政策的演进》，《社会学研究》2004年第1期，第75~89页。

徐家良：《政府评价论》，北京：中国社会科学出版社，2006。

徐家良、廖鸿主编《中国社会组织评估发展报告（2013）》，北京：社会科学文献出版社，2013。

Harrison, S. M. 2009. *An Examination of Evaluation Plan Quality in Human Service Nonprofit Organizations.* Bowling Green State University.

Herman, R. D. & Renz, D. O. 1998. Nonprofit organizational effectiveness: Contrasts between especially effective and less effective organizations. *Nonprofit Management and Leadership*, 9 (1): 23 - 38.

Wholey, J. S., Hatry, H. P., & Newcomer, K. E. 2010. *Handbook of Practical Program Evaluation.* John Wiley & Sons.

B.2

省级社会组织评估总报告

一　2013年省级社会组织评估工作概述

（一）省级社会组织评估现状

省级社会组织，又称省直社会组织、省属社会组织，是指在省、自治区、直辖市、新疆生产建设兵团以及国家社会与经济发展计划单列市等的民政部门登记成立的各类社会组织。省级社会组织不仅能在一定程度上弥补省级区域政府的失灵，又能在一定范围内弥补省级区域的市场失灵，在构建社会主义和谐社会、促进省级区域社会经济发展中具有不可替代的作用和独特的优势。

各省区市①为贯彻落实《关于推进民间组织评估工作的指导意见》（民发〔2007〕127号），根据民政部《社会组织评估管理办法》（民政部令〔2010〕第39号），结合自身社会组织发展情况，积极开展社会组织评估工作，并取得了良好的效果。主要表现为：强化了对社会组织的监督管理，促进了社会组织的规范化发展。截至2013年底，各省、区、市共有社会组织35700多家，其中有3814家社会组织参加并完成了评估，占所有省级社会组织总数的10.7%。

表1　2013年全国省级社会组织评估情况一览表

单位：家

省级社会组织总数	已评估的省级社会组织总数	2013年省级社会组织评估数量
35766	9261	3814

① 本章的“省区市”包括省、自治区、直辖市、新疆生产建设兵团以及大连、青岛、宁波、厦门和深圳五个国家社会与经济发展计划单列市，但不包括港澳台地区。

在所有省区市中，青岛有582家社会组织参加评估，位居各省区市之首，其次是福建、贵州和甘肃，分别有330家、328家和221家（见表2）。青海、湖南、广东（不包括深圳市，下同）和新疆生产建设兵团在2013年参评社会组织数量为0，其中，青海已经完成省级社会组织评估357家，占省级社会组织总数的72.0%。总体来看，省级社会组织评估工作卓有成效。新疆生产建设兵团没有省级社会组织（数量为0），因而也就不存在省级社会组织评估工作；不过，湖南省和广东省的社会组织评估工作进展相对缓慢，目前已经参加过评估的社会组织数量分别为55家和69家，仅占省级社会组织总数的7.0%和4.6%，因此两省的后续评估任务艰巨。

表2　2013年省级社会组织评估数量排名前十的省区市情况一览表

单位：家，%

排名	省区市	2013年度社会组织评估数量	占省级社会组织已评估总数的比例	占省级社会组织总数的比例
1	青岛	582	91.7	31.4
2	福建	330	35.8	23.2
3	贵州	328	68.0	57.7
4	甘肃	221	49.8	24.1
5	北京	197	22.0	14.6
6	大连	197	42.5	16.2
7	上海	162	53.1	12.9
8	天津	144	43.1	11.2
9	安徽	136	62.4	19.0
10	河南	115	79.1	71.9

随着2013年社会组织评估工作的结束，目前大多数省区市省级社会组织评估的覆盖范围均有不同程度的扩大，其中贵州、青海、北京的省级社会组织参评率位列前三名，分别为84.8%、72.0%、66.4%（见表3），而江苏、广东和山东（不包括青岛市，下同）的参评率则比较低，分别为3.5%、4.6%和6.0%，陕西和湖南的参评率也低于10%。

（二）省级社会组织评估工作的主要做法

在各地社会组织管理部门的精心组织、全力协调下，省级社会组织评估工

表3　各省区市省级社会组织评估情况一览表

单位：%

排名	省区市	评估率	排名	省区市	评估率
1	贵　州	84.8	6	西　藏	59.3
2	青　海	72.0	7	甘　肃	48.5
3	北　京	66.4	8	内蒙古	39.0
4	福　建	65.0	9	大　连	38.0
5	厦　门	62.0	10	宁　夏	35.4

注：本表中的评估率是指已评估的省级社会组织数量除以省级社会组织总数然后乘以100%。

作卓有成效。尽管各省区市按照民政部的要求，结合各地区实际情况，形成了众多存在一定差异的社会组织评估工作体系，但是通过对省级社会组织评估工作的梳理，仍然可以归纳出省级社会组织评估工作的主要做法，为社会组织评估体系建设提供宝贵的经验。总体上讲，各省区市社会组织评估工作的主要做法主要有以下几个方面。

第一，明确评估负责机构。省级社会组织评估工作一般由省级社会组织评估委员会具体负责。省级社会组织评估委员会是由省级民政部门主导成立的，是由业务主管单位、社会组织、会计师事务所等的代表和专家学者共同组成的。该机构一般主要负责组织协调社会组织评估工作，通过召开专题会议，对省级社会组织评估结果进行终审。省级社会组织评估委员会与全国性社会组织评估委员会在人员构成方面有一定的相似性，即政府工作人员、社会组织负责人、专家学者和专业技术人员。政府工作人员可以从管理与服务的角度，深入了解社会组织的管理经验，为以后政策创新和科学规制提供实践经验支持。专家学者可以凭借自身专业的知识，通过参与评估过程，为政府决策和社会组织变革提供理论支持。具有代表性的社会组织负责人加入评估委员会，可以更加全面、广泛、真实地反映社会组织的需求，起到沟通政府机构与参评社会组织的桥梁作用，监督评估过程，确保公正公开。注册会计师以及其他专业技术人才的加入，可以充分发挥其专业优势，客观、公正地评价社会组织的财务绩效。根据《2013年北京市市级社会组织评估工作方案》的要求，北京在社会组织评估期间成立了非常设机构——社会组织评估委员会，负责评估工作的具体实施。社会组织评估委员会由有关政府部门、研究机构、社会组织、会计师事务所、律师事务所等单位人员组成，人数为 7 ~ 15 人。

除了成立社会组织评估委员会外，目前部分省、自治区、直辖市以及计划单列市也同时成立了复核委员会。复核委员会为专司社会组织评估的复核和对举报进行裁定的专门性机构，由此建立了较为完整的评估组织体系。根据山东省《关于成立省管社会组织评估委员会和评估复核委员会的通知》，除成立了以山东泰山管理研修学院院长为主任的山东省省管社会组织评估委员会，负责省管社会组织评估的工作指导和评估审定外，还成立了以青岛科技大学副校长为主任的山东省省管社会组织评估复核委员会，专门负责社会组织评估的复核和对举报的裁定工作。上海市在成立了以民政局副局长为主任的社会组织规范化建设评估委员会的同时，按照《社会组织评估管理办法》的要求，成立了以民政局局长为主任的社会组织规范化建设复核委员会，

第二，积极组织动员。在成立社会组织评估委员会、确定社会组织评估主体之后，在社会组织评估活动开展之前，登记管理机关通常会借助召开专门会议与下发政策文件的形式，协调动员各个业务主管单位配合评估工作，敦促各类符合条件的社会组织主动参加评估活动。省级登记管理机关主要是民政厅（局），业务主管单位包括政府各部委办局和其他相关部门。一般情况下，民政部门会召开专门会议，强调开展社会组织评估的重要意义，讨论社会组织评估指标的设置，动员各业务主管单位支持社会组织评估工作，全面部署社会组织评估工作。黑龙江省为进一步做好全省性社会组织评估工作，召集省级学术性社会团体、省级行业性社会团体、省级基金会、省级体育类民办非企业单位等社会组织的业务主管单位，就社会组织评估工作进行了部署安排；接着，全省召开专门会议，旨在推动社会组织评估工作，填补社会组织评估空白。

另外，民政部门通常会制定全省性社会组织评估工作实施办法，下发关于开展有关社会组织评估工作的通知，明确评估时间、条件、程序、范围、标准和方式等。这些文件制定与出台的主要依据是民政部《关于推进民间组织评估工作的指导意见》（民发〔2007〕127 号）和《社会组织评估管理办法》（民政部令〔2010〕第 39 号），也有部分地区在此基础上，获得了省级党委办公厅、省级政府办公厅相关文件的支持，有力地促进了社会组织评估工作的开展。福建省

委办公厅、福建省政府办公厅联合下发《关于进一步培育发展和规范管理社会组织的意见》（闽委办发〔2013〕9号），明确要求完善社会组织等级评估体系，进一步细化、统一和完善评估指标，提高评估工作的科学性和准确性。更高层级政府正式文件的出台，为社会组织评估工作的开展和落实提供了有力支持。

第三，完善评估内容。民政部在2006年构建了全国性行业协会商会、全国性公益类社团、全国性学术类社团、全国性联合类社团、基金会和民办非企业单位共计6类社会组织评估指标的基本框架；2007～2009年间，民政部在此基础上分别制定了基金会、全国性行业协会商会、民办非企业单位评估指标，另外，民政部还制定了全国性学术类社团和非内地居民担任法定代表人的基金会的评估指标；2012年民政部对全国性学术类社团评估指标进行了修订，并制定了全国性公益类社团、全国性联合类社团的评估指标。至此，全国性社会组织评估指标体系基本建成，这也为省级社会组织评估指标体系的建立提供了重要参考依据。

因此，各省区市为了使评估指标更有概括性和区分性，增强评估结果的科学性和有效性，一般会在民政部评估指标的基础上，结合各地区社会组织的实际情况，组织专家学者、第三方评估机构和社会组织的负责人，按照社会组织的不同类别，制定不同类型的社会组织评估指标。一般情况下，省区市的社会组织评估分数总分为1000分，评估内容包括基础条件、内部治理、工作绩效和社会评价四个方面，社会组织评估指标划分类别与全国性社会组织评估指标划分类别相同，即基金会评估指标、行业协会商会评估指标、民办非企业单位评估指标、学术类社团评估指标、非内地居民担任法定代表人的基金会评估指标、公益类社团评估指标、联合类社团评估指标、职业类社团评估指标八类评估指标。

第四，规范评估流程。一般来说，省级社会组织评估流程与全国性社会组织评估流程基本相似，包括成立专门负责机构、制定下发政策文件、召开会议部署动员、组织人员培训、社会组织自评、实地考察和初评、评估委员会终评、社会公示（复核）、授予牌匾证书等环节，其中最核心的环节是实地考察。实地考察是评估专家组亲临社会组织办公场所，采用“听、看、查、问、议”等手段，全面了解社会组织运行情况，严格按照评估标准打分，形成社会组织评估初步意见，并与参评社会组织就评估初步意见进行交流，以实现“以评促建”的目的。安徽省在社会组织评估过程中，坚持采用“听、查、看、访”等手段：一是“听”，即听取参评社会组织的简要汇报，掌握该组织的基本情况；二是“查”，即查阅参评社会组织提供的文件材料和资产、财务凭证、账目等，对照评估指标，逐项审核打分；三是“看”，即现场查看参评社会组织的办公条件、档案管理、规章制度、人财物等软硬件基础条件建设、内部治理情况，对照标准据实评分；四是“访”，即访问该社会组织的会员、理事、业务主管单位等，征求各方对受评单位的评价意见，汇总后按标准评分。省级社会组织评估专家组采取发放调查问卷和随机电话访问的方式，听取会员、理事、业务主管单位对受评单位的评价意见。

必须指出的是，初评的实施主体在不同的地区可能不同。部分省区市的初评是由业务主管单位完成的，如黑龙江省；部分地区的初评是由社会组织评估专家组通过实地考察做出的，如湖南省、北京市等。

第五，扩大评估结果的应用。将社会组织评估结果与社会组织的培育和监督工作有效衔接，有利于激励社会组织规范化发展。一般情况下，获得3A（部分地区为4A）及以上等级的社会组织，可以获得政府的鼓励和支持。各省区市主要将评估结果应用在简化年检程序、捐赠税前扣除、评选先进集体、政府职能转移、购买社会服务、社会组织培育等方面。福建省已经落实对获得较高评估等级的社会组织简化年检程序的激励措施。福建省委办公厅、福建省政府办公厅还进一步提出，将评估结果作为政府向社会组织转移职能、购买服务的重要依据，达到3A等级的社会组织，优先成为政府职能转移和购买服务的对象。部分地区甚至将评估结果与社会组织退出机制紧密联系起来，如北京市规定2A等级以下的社会组织由登记管理机关下发限期整改通知书，逾期未见成效的，第二年年检结果定为不合格。

二　省级社会组织评估的基本特征

（一）各地对评估的重视程度提高

评估同注册登记、年度检查、培育扶持和执法监督等监管手段与激励方式共同构成整个社会组织管理体系。它不仅是评估工作再上新台阶的重要举措，而且是完善社会组织管理体系并改善社会组织制度生态不可或缺的重要步骤。政府部门和社会组织高度重视社会组织评估等级，普遍认为社会组织评估是民政部适应政府职能转向公共服务的内在要求。它以“优化发展环境，促进社会组织规范发展”为出发点，在法定检查之外采取的行政监管手段，也是民政部创新社会组织服务管理、与时俱进的理性选择。

对政府而言，它的独特之处在于，社会组织评估为培育扶持社会组织和执法监督提供重要依据，为政府职能转变和购买社会服务、创新社会治理模式提供重要支持，同时通过社会组织评估工作，提升相关部门管理人员的服务水平，增进业务主管单位与登记管理机关的合作关系，加深政府部门和其他相关机构对社会组织的理解，提高认同，更好地了解和深刻把握社会组织建设与管理的规律，从而进一步提高社会组织管理与服务的水平。福建省明确要求到2015 年全面完成全省社会组织的评估工作，也体现出这一点。

对社会组织而言，它的贡献在于，社会组织评估可以使社会组织通过对照评估标准自评，发现自身在管理制度、组织架构、功能作用、活动开展方面的问题和不足，从而促进社会组织强化自身建设，增强服务意识，提升社会公信力，推动社会组织规范化、有序化发展。

（二）评估进度存在差异

根据民政部提供的数据，不同省区市省级社会组织评估的覆盖范围存在较大的差异。从参评率上看，贵州、青海、北京的省级社会组织参评率位列前三名，分别为84.8%、72.0%、66.4%。

截至2013 年，从尚未参加评估的社会组织数量的角度来看，陕西、江苏、广东、山东、河南、青岛、四川、河北的数量较多，均在1000 家以上，其中陕西、江苏和广东的数量在1400 家以上；而贵州、西藏尚未参加评估的社会组织数量均不超过100 家。

因此，从全国范围来看，省级社会组织评估进度不一。评估进度缓慢的省区市，面临较大的工作压力和较多的任务，但部分省区市的社会组织评估任务相对较少。不过，整体而言，评估内容涉及广泛，评估进度较快的省区市在未来将面临评估结果应用等问题。

（三）评估内容因地制宜

在社会组织评估分类方面，各省区市以民政部社会组织评估分类为基础，结合当地社会经济发展水平和社会组织发展情况，做出更具区域特色的社会组织评估分类。北京市教育培训需求旺盛，与此相应，教育类民办非企业单位得到快速发展；同时，北京作为首都，行政资源丰富，异地商会成立于此，可以更加方便地表达利益诉求，维护区域利益。为了更好地区分社会组织类别，考虑到北京的教育类民办非企业单位和异地商会大量存在，北京市在民政部社会组织评估分类的基础上，将民办非企业单位分为教育类和非教育类两类，将商会与行业协会加以区分，单独将异地商会作为一类进行考核。

上海处于对外开放的前沿，国际化水平高，外资机构众多，其中有许多涉外民办非企业单位；上海经济发达，为大量非公募基金会的产生提供了肥沃的土壤，因此，上海市在进行社会组织分类的时候，充分考虑上海社会组织发展情况，把基金会分成公募基金会和非公募基金会两类，将民办非企业单位划分为民办非企业单位与涉外民办非企业单位两种。

以从事公益性事业为主旨的社会组织获得社团身份的困难较大，但以民办非企业单位的形式登记成立却比较方便；以学术研究为宗旨的社会组织，以民办非企业单位的形式注册成立，更有利于其使命的达成。在这种情况下，这两种形式的社会组织在具有包容性和创新精神的深圳市得到迅速发展。因此，深圳市提出学术研究类和公益类民办非企业单位两种新的分类，以解决评估实践中存在的问题，更好地反映这两种社会组织的绩效。

在宁波市，以工作技能提升为目标的培训需求旺盛，而民办非企业单位这种组织形式适合培训类社会组织发展，所以宁波市存在许多以劳动职业教育培训为使命的民办非企业单位。为凸显社会组织评估的科学性和客观性，引导支持和规范管理社会组织的发展，宁波市将民办非企业单位划分为教育、劳动职业培训类和其他民办非企业单位两个独立类别进行考核。

在评估内容方面，部分地区根据自身管理经验，结合国家和其他省区市的经验，对评估内容进行了调整。福建省民政厅在《福建省社会组织评估暂行办法》中明确规定，社会团体、基金会把重点放在综合评估上，而民办非企业单位则开展诚信评估。两者的差别在于第三部分评估内容：社会团体、基金会强调工作绩效，而民办非企业单位则重视自律与诚信建设，其他部分评估内容相同。

（四）评估结果的应用多元化

社会组织评估的目的在于"以评促改"、"以评促建"。发挥社会组织评估的作用，需要大力提高评估吸引力，促使更多的社会组织参加评估，做到对社会组织的全覆盖。提高社会组织评估的魅力，其中一个很重要的因素就是评估结果的应用性。评估结果的应用范围与此密切相关，否则不仅将严重挫伤社会组织参加评估的积极性，而且也可能导致社会组织评估人员轻视甚至忽略评估工作。

大多数省区市的政府部门意识到以评估结果为依据培育扶持社会组织的重要性。根据民政部《社会组织评估管理办法》，对本地区不同等级的社会组织享有的权利和应受的惩罚进行规定，并在评估过程中探索应用。目前，评估结果的应用向多元化发展。大多数省区市对获得3A及以上等级的社会组织给予年度检查、公益性捐赠税前扣除资格认定、评选先进集体、公益创投扶持项目申报、政府职能转移、政府购买社会服务、社会组织培育等优惠扶持政策。部分省区市社会组织业务主管单位对获得较高评估等级的社会组织予以现金奖励。这些举措极大地提高了社会组织评估的吸引力。

（五）大多采用第三方评估机制

随着政府社会管理职能转变和社会组织管理制度创新，各省区市政府对社会组织评估工作大多采用政府购买（委托）公共服务的形式，委托给具有评估专业知识、具备良好社会信誉的第三方机构。采用第三方评估，一方面可以确保评估结果的客观性，增强评估的专业性，提高社会组织的组织绩效，促进社会组织承担起公共责任，提升社会组织的社会公信度；另一方面也可以减轻民政部门的工作压力，提高业务登记机关的工作效率。北京市社会组织评估工作的负责机构，充分发挥其高校智力资源的优势，委托北京大学公民社会研究中心、北京师范大学社会公益研究中心、华北电力大学人文学院社会企业研究中心等高等院校研究中心以及北京互联社会组织发展中心等社会专门研究机构进行评估。广西壮族自治区通过政府购买服务的方式，委托广西资产评估协会组织等9家社会评估机构的专家学者对参评社会组织进行评估，形成专家初评报告，报评估委员会讨论审定，以确保严密性和公正性。

三　省级社会组织评估的经验与存在的问题

当前，社会组织评估作为一种崭新的社会组织监管机制被人们认识，并被寄予新的期望。社会组织评估既积累了宝贵的经验，也存在一些问题。

（一）省级社会组织评估的经验

1. 政府高度重视，动员社会组织参评

政府重视社会组织评估工作是推进评估工作落实的重要基础。一般来说，政府重视主要是通过主要领导担任关键职务、召开专门会议、制定专项政策文件、纳入目标责任制考核和大力宣传等形式表现出来的。例如，内蒙古自治区民政厅非常重视社会组织评估工作，其厅长和副厅长亲自出任内蒙古社会组织评估委员会和复核委员会的主要负责人，自治区发改委、教育厅等部门领导也参加上述两个委员会，下发文件和聘书，建立会议制度，设立评估工作办公室，加强对社会组织评估工作的领导。北京市在2013年初召开了社会组织评估工作动员会，强调社会组织评估的重要意义，并对2013年的社会组织评估工作进行了详细部署；同时出台《2013年北京市级社会组织评估工作方案》以及基金会、社会团体和民办非企业单位三类社会组织评估分方案，并下发了《北京市民政局关于开展2013年社会组织评估工作的通知》。江苏省、广西壮族自治区等的民政部门不仅联合业务主管单位召开社会组织评估工作专门会议，而且借助网站、报纸、专业杂志等进行广泛宣传，引导社会组织积极参与。

除此之外，政府高度重视还可以体现在评估指标的制定程序方面。各省区市通常会参考民政部评估标准，邀请相关政府管理部门、专家学者和社会组织代表，召开专题研讨会，制定评估标准，设置分值，以确保评估内容符合地区

实际情况，最终形成具有可操作性的评估指标体系。2013 年初浙江省民间组织管理局向浙江省质量技术监督局申请立项《社会组织建设规范（省级地方标准)》，后者批复同意这一立项，由省民间组织管理局、省民间组织服务中心、省社会组织促进会和浙江禾晨信用管理有限公司作为主要起草单位，同年 7 月，浙江省民间组织管理局在杭州组织召开了《社会组织建设规范》（省级地方标准）制定工作座谈会，省、市、区三级社会组织登记管理机关、省级社会组织业务主管单位、11 类社会组织以及有关评估机构代表共 30 多人参加了座谈，充分体现了浙江省实事求是、高度重视评估标准的制定工作。

2. 积极探索创新，因地制宜推进

民政部开展的全国性社会组织评估工作的实践，可以为各省区市进行省级社会组织评估工作提供借鉴和依据。然而，不同层级社会组织的发展阶段不同，在工作内容、主要功能、服务对象等方面存在差异。因此，各地区在参考全国性社会组织评估经验的同时，也必须紧密联系自身实际情况，制定更加科学、更加本土化的社会组织评估工作内容。例如，北京市存在大量的异地商会和教育类民办非企业单位，为了更好地反映北京地区的实际情况，真实地反映不同类别社会组织的发展现状，在参考民政部评估标准的基础上，北京市社团办将异地商会与行业协会、教育类民办非企业单位和非教育类民办非企业单位进行了区分，这种类别划分有助于促进社会组织评估的科学化、规范化，能够调动社会组织参评的积极性。

许多省区市引入了第三方评估，但第三方主体却是不统一的。比如，广东、云南、天津等地先后成立社会组织评估中心，北京、上海、广西等地将评估工作交由专业评估机构负责，甘肃、青岛、宁夏等地则将相关工作交给社会组织负责。这也体现了各省区市在探索社会组织评估的过程中，能够根据地区基本情况，因地制宜地推动政策发展。

在评估指标的设计、确定方面，也体现出特殊性。一般情况下，社会组织评估指标的设计和确定应该由民政部门负责。然而部分地区在指标设计方面存在差异，比如福建省行业协会商会的评估指标，是由福建质量技术监督局发布的。后者的《福建省行业协会（商会）评估规范》地方标准，规定了行业协会（商会）评估的术语和定义、总则、等级及标识、评分要求和划分等级依据。江苏省自然科学类社会团体的评估指标，是由民政部门与科协部门联合制定的。

3. 重视评估结果，强化挂钩应用

假设社会组织评估结果得不到政府支持，那么不仅将挫伤社会组织参加评估的积极性，而且也可能导致社会组织评估人员忽视和放松评估工作。只有社会组织评估结果得到实实在在的应用，才可能实现“以评促建”的功能。因此，注重评估结果的应用是提高社会组织评估吸引力的重要路径。评估结果的应用范围越广泛，评估结果的应用内容越重要，社会组织参加评估的积极性就越高。

社会组织参评数量大的省区市，其评估结果的应用内容比较有实质意义。比如北京对等级评估结果的应用，不仅涉及年度检查、先进集体评选、示范基地建设、政府职能转移和购买公共服务等奖励措施，而且还涉及社会组织退出机制这一惩罚性措施。这种有奖有罚的等级评估结果的应用，不仅为社会组织规范化发展提供了强大的动力，而且也为社会组织评估工作的开展提供了方便。福建省民政厅出台《关于确定具备承接政府职能转移和购买服务资质的社会组织目录的指导意见》，明确评估等级在3A及以上的社会组织优先承接政府职能转移和购买服务，同时将该意见抄送省财政厅、省编办等相关部门，以便它们在制定政府职能转移和购买服务相关配套政策时也能充分考虑到社会组织评估结果的具体应用。

（二）省级社会组织评估存在的问题

1. 评估指标应用存在统一的难度

依照各省区市现行的评估指标，就社会组织类型而言，不同类型的社会组织业务范围不同，因而评估指标内容也应有所区别，不过其主要权重在内部治理和工作绩效两个方面。然而，就同类型的社会组织而言，其评估指标是一样的；而不同的社会组织因组织形式、业务范围、工作内容等不同，在具体指标评分方面存在不公正现象。福建省在社会组织评估过程中，发现联合类社团中的校友会，由于工作绩效方面的很多指标与其关联性不足，因此可能存在不公平现象。又如学术类社会团体、具有政府背景的组织和具有民间背景的组织，两者在经费、人员、职能、办公场所以及政府委托或购买服务等方面不可同日而语，具体表现为评估指标得分相差悬殊。这种现象仅就指标而言是公平的，但就评估功能和评估目的而言，就显得有失公平了。在这种情况下，部分社会组织在对照评估指标自评之后，可能会产生自身不达标的想法，从而放弃或者抵制社会组织评估。再比如，上海市在评估工作实践中发现，修订的《上海市社会组织规范化建设评估指标》（2012 年版）中的部分评估指标与上海市社会组织的发展情况存在脱节的现象，尤其是某些具有专业性的行业领域，现有指标无法完全客观、科学地衡量该领域社会组织的实际发展情况。同时，第三方评估机构在评估过程中，对评估指标的理解和把握也存在差异，面对同样的问题，不同的第三方评估机构的评分尺度不一致，这种情况导致评估机构的自由裁量权过大，因此对参评的社会组织造成了不公平。

2. 经费、人力支持不足

根据民政部《社会组织评估管理办法》的明确规定，评估工作不得收取费用，所需经费从本级民政管理经费中列支。部分地区如福建省、上海市、甘肃省、宁波市等地区将社会组织评估经费纳入年度财政预算，河南省则从福利彩票公益金中划拨 100 多万元用于支持社会组织评估工作，贵州则通过将部分经费纳入财政预算实现、部分经费通过升级福利彩票公益金补充。然而，多数地区评估经费尚无保障。因此在评估工作开展过程中，这些地区发现经费不足问题突出，以至于影响整个工作的顺利开展。

今后社会组织评估将成为常态化工作，每年需要评估的社会组织数量又比较庞大，然而登记管理机关一方面编制较少，人员严重不足，另一方面又要承接多项业务，工作压力大，因此在这种情况下，社会组织评估工作给登记管理机关造成巨大压力。登记管理机关担心同时承担多项业务，使其可能不能做到每项业务首尾相顾，从而影响工作效果和人员的积极性。例如湖南省将经费有限和时间缺乏作为无法开展大规模社会组织评估工作的原因。

3. 部分地区整体参评率较低

社会组织评估是提升社会组织能力和创新社会组织管理体制的重要手段和有效路径。一方面，评估专家能够全面、深刻、科学地考察社会组织的发展现状，由此形成的评估意见为组织寻找内部管理漏洞、降低财务风险、激活业务发展思路等提供强有力的支撑和指导，为社会组织参加评估提供了内部动力机制。另一方面，评估指标具有较强的引导性。获得较高评估等级的社会组织为其他社会组织树立了榜样，结合评估结果应用的奖优罚劣规则，为社会组织的发展提供外部动力。然而，社会组织发展的内外部动力的形成，依赖于较高的社会组织参评率。

然而，尽管我国大多数省区市通过2013年在社会组织评估上做出的努力，其省级社会组织参评率得到较大提升，评估范围得到拓展，然而部分地区的参评率比较低，尚未参加评估但符合评估条件的社会组织的数量还比较大，难以形成社会组织发展压力机制，不利于提升社会组织规范化水平、提高其服务社会的能力，也影响到政府培育扶持和监督管理社会组织创新政策的落实。目前，大多数省区市社会组织的参评率尚未达到社会组织总量的一半，因而整体参评率较低的部分地区需要进一步加强对社会组织评估工作的领导与组织，积极动员符合条件的社会组织参加评估。

4. 评估结果的应用存在问题

一般而言，评估结果的应用，将提高社会组织参加评估的积极性，有利于引导和激励社会组织规范化建设及社会组织服务能力的提升。目前，社会组织评估结果的应用范围日益广泛，对社会组织而言，这是一种积极的信号，而对登记管理机关而言，这是一种协调压力增大的信号，尤其是在国家积极推进政社分开改革的时期。目前，给予较高评估等级的社会组织在年度检查、公益性捐赠税前扣除资格认定、评选先进集体、公益创投扶持项目申报、政府职能转移、政府购买社会服务、社会组织培育等多项优惠扶持政策。其中，简化年度检查申请资料、评选先进集体等激励措施，可以由民政部门单独制定，然而政府职能转移、政府购买社会服务、公益性捐赠税前扣除资格认定等优惠政策的制定和落实，需要民政部门与财政部门、编制部门以及社会组织的业务主管单位进行多次沟通，这无疑增加了登记管理机关的协调压力，对社会组织评估结果在更大范围内的应用可能产生一定的消极影响。另外，业务主管单位与社会组织相互分离，更加重了民政部门推广评估结果应用的压力。

5. 社会组织评估效率有待提高

评估等级的确定和公布是社会组织评估工作即将完成的一个重要标志，也是考察社会组织评估效率的时间节点。随着社会组织评估工作的常态化和正规化，社会组织数量不断增加，但社会组织登记管理机关人员不足，及时、准确地发布社会组织评估等级信息，已经对民政部门构成较大压力。另外，许多社会组织的负责人在年度述职过程中，都明确地将组织获得社会组织评估等级作为年度工作计划的重要内容；然而，由于社会组织评估信息发布时间滞后，导致许多社会组织负责人无法及时给组织做出明确回复，影响社会组织参评的积极性。改进评估工作方式，提高评估效率，是社会组织登记管理机关开展社会组织评估工作需要解决的重要问题之一。

四　完善省级社会组织评估的政策建议

（一）做好顶层制度设计

顶层制度设计事关全局工作。具有可操作性和创新性的顶层制度设计，可以为政府政策制定和工作推进节省资源，赢得时间。目前，社会组织评估工作存在的经费不足、部分地区整体参评率较低等问题，可以通过顶层制度设计得以解决。因此，民政部积极协调推动相关部门，在制定社会组织各类扶持政策时，将社会组织评估作为前置条件或优先条件，从而提高社会组织参与评估的积极性，增强社会组织参与评估的主动性。

首先，在解决社会组织评估经费不足这一问题上，建议民政部从全国福利彩票公益金中，向省区市民政部门拨付一定的社会组织评估专项资金，作为评估工作的基本运行经费；同时，建议民政部与财政部联合下发文件，将社会组织评估经费纳入财政列支项目，从顶层制度设计上解决评估经费不足的问题，保障评估工作平稳、顺利、持续地开展。以上两项措施的制度化，可以加快解决社会组织评估工作经费不足的问题。

其次，评估结果的应用范围较广，但部分优惠措施已经超出民政部门的职权范围。比如，政府职能转移和购买公共服务，民政部需要与中央机构编制委员会办公室等部门协商。如果能够联合出台更多的政策文件，就可以极大地减轻不同层级的民政部门和相应的其他政府管理部门的协调压力，方便登记管理机关积极落实依据评估结果制定的优惠措施，充分发挥社会组织评估的导向作用，激励更多的社会组织主动参与评估。

最后，建立民政系统目标责任考核机制。部分地区社会组织参评率过低，严重影响评估工作的推进，不符合社会组织监管手段从事前监督转移到事中事后监督的公共政策发展趋势。黑龙江省在这一方面做得比较好，其民政厅将社会组织评估工作纳入目标责任考核机制，相应地做了具体规定。因此，民政部应考虑将社会组织评估纳入目标管理，对各省区市开展社会组织评估工作形成外部压力。

（二）修订评估指标，加强评估培训

社会组织评估等级结果的确立，与评估指标的科学性和客观性、评估人员对评估标准的理解和运用有密切联系（石国亮、李培晓，2013：113～115）。首先，针对评估指标在评估实践过程中所体现出的问题和不足，各登记管理机关有必要组织专家学者、社会组织评估机构负责人、社会组织负责人等，讨论评估指标的设置，修正评估指标的不足，细化评分标准，尽可能地使评估指标符合各地区社会组织的实际发展情况，真实反映社会组织自身的发展情况，同时减少指标的模糊性、随意性，避免赋予评估人员过多的自由裁量权。

其次，社会组织评估人员对评估标准的理解和把握是影响社会组织评估等级公平性和权威性的重要因素。由于社会组织评估人员对具体指标评分的自由裁量权过大，可能对评估产生消极影响。为此，民政部门邀请专家学者、政府官员和社会组织代表，采用举办专门培训班等形式，组织评估人员认真学习民政部《关于推进民间组织评估工作的指导意见》、《社会组织评估管理办法》以及各省区市出台的政策措施，进一步提高社会组织评估人员的责任感和公正意识，确保评估指标得分的客观性，还评估对象的真实性。

（三）改进工作方式，提高工作效率

随着社会组织评估逐渐成为登记管理机关的日常工作、社会组织的数量日

渐庞大，登记管理机关面临的评估工作压力也将日益增大。为此，改进和创新社会组织评估工作方式成为提高评估工作效率的重要手段。其中，充分利用网络即时无间隔的特征，增加评估委员会委员参加评审的次数是其中的重要方式。

首先，充分利用网络，提高审批速度。福建省尝试网络评估新手段，通过开发利用福建民间组织信息网资源，使评估工作与网上年检和审批等常态化工作有机结合，确保评估信息及时公布，使过程透明、结果真实、工作高效。其次，增加评估工作频次，缩短评估等级公布时间。上海市为适应参评社会组织数量过多的情况，充实、调整社会组织评估委员会，并将一年一度的评估委员会会议调整为一年两次，以便能够及时审定社会组织评估等级，强化社会组织评估委员会工作职责，提高社会组织评估工作效率。

（四）发挥第三方评估机构的作用

实施第三方评估是社会组织获取合法性、杜绝内部人控制以及避免权力滥用的必然选择（潘旦、向德彩，2013）。目前，第三方评估机构的独立性、专业性和评估方式是影响第三方评估的重要因素。独立性不仅是政府放权与信任的结果，而且是评估机构对自身工作负责的前提、评估结果客观性的重要保障，更是充分发挥评估机构专业能力和评估人员积极性的必要条件。专业性是评估机构发挥作用的保证，是评估结果有效性的基础。深圳市社会组织评估工作由深圳企业评估协会和深圳恩派非营利组织发展中心具体负责。两者均为专业性的社会组织评估机构，拥有丰富的评估经验和专业知识，在评估实践过程中独立性特征日益明显，这为评估工作的组织与实施、评估结果的客观性和有效性提供了有力支持。

评估方式直接关系到评估结果的形成。科学、规范的评估方式，有利于得到更加接近真实的评估结果。创新第三方评估机构参与社会组织评估的方式也是重视第三方评估制度的重要内容。比如，社会评价分为外部评价和内部评价，主要是以业务主管单位、登记管理机关、会员理事以及员工等主体给出的评价作为评估依据。为保证评价信息的真实性、客观性、公正性，广东省在社会组织评估实践中，采用由第三方评估机构直接邀请业务指导单位、登记管理机关直接填写评价表的方式，从不同层面和内容对参评社会组织的工作情况做出评价；采用直接由评估专家组随机抽取，确定会员名单，然后由参评社会组织向选定的会员、理事发放评价表，后者填写好评价表后直接将评价表送给第三方评估机构进行汇总；采用现场直接填写问卷、直接收回的方式，按照实际满意度情况进行总结。第三方评估机构直接介入社会组织的社会评价环节，以直接邀请、随机抽取、现场填写等方式，确保社会评价的真实客观性。

（五）加强地区间的经验交流与学习

不同地区民政部门在推进社会组织评估工作的过程中积累了丰富的经验，也有不少教训，相互交流、取长补短是迅速完善自身评估工作的重要路径。许多地方出台了内容不同的创新性政策措施，比如天津拓展执法监察工作的外延，加强评估工作的对接。通过强化执法监察职责，以执法监察或者评估复核委员会的名义，采取评估等级回访、定期检查等形式，实现对获得4A、5A等级的社会组织的实地走访，巩固社会组织评估等级。通过这种实地走访的形式，政府可以掌握获得较高评估等级的社会组织落实评估建议的情况，了解社会组织评估工作“以评促建”功能发挥的效果，并与这些组织交流意见，接受反馈建议，促使评估工作科学开展、有效落实。

部分省区市在地区间的交流中获得解决问题的方法，比如天津市社会组织评估工作缺乏经费保障，通过与兄弟省区市的交流，决定尝试与财政局接洽，争取获得财政支持，为开展评估工作奠定经费基础。湖南省在开展社会组织评估工作的过程中，遇到时间和经费的问题而导致无法进行大规模评估。针对这个问题，可以从兄弟省区市那里找到解决方案，比如从福利彩票公益金中拨付资金解决经费不足问题，可以将评估工作交由第三方机构负责，这样做不仅可以减轻登记管理机关的工作压力，而且能提高社会组织评估的客观性和专业性。因此，做好省区市间的交流与合作，可以节省解决问题的成本，提高解决问题的效率，尽快完成自身的社会组织评估任务。

参考文献

包颖：《全国社会组织评估工作成效明显但发展不平衡》，《中国社会报》2013 年 3 月 20 日。

包颖：《评估覆盖面越来越宽　评估结果应用受到中央和地方重视》，《中国社会报》2014 年 1 月 8 日。

顾磊：《第三方评估机制待完善》，《人民政协报》2014 年 1 月 15 日。

纪颖：《民间组织评估模式的国际比较及成因探析》，《学会》2008 年第 6 期，第 38 ~ 42 页。

李彭源：《规范化评估与评估规范化——社会组织评估实践断想》，《社团管理研究》2012 年第 3 期，第 42 ~ 44 页。

廖鸿：《依法推进社会组织评估工作》，《中国社会报》2011 年 1 月 27 日。

廖鸿：《2013 年度社会组织评估在不断规范化与标准化中扎实推进》，《中国社会组织》2014 年第 10 期，第 24 ~ 26 页。

宁小花：《评估社会组织评估：元评估理论的探索性应用》，《中国社会组织》2013 年第 7 期，第 46 ~ 48 页。

潘旦、向德彩：《社会组织第三方评估机制建设研究》，《华东理工大学学报》（社会科学版）2013 年第 1 期。

石国亮、李培晓：《在社会组织评估指标体系中增设特色指标的思考与建议》，《理论与改革》2013 年第 5 期，第 113 ~ 115 页。

王春英：《浅议我国 NGO 管理中的第三方评估机制》，《学会》2009 年第 6 期，第23 ~ 26 页。

王永奎：《社会组织评估需重点把握的几个原则》，《社团管理研究》2010 年第 10 期，第 24 页。

易继明：《社会组织退出机制研究》，《法律科学》（西北政法大学学报）2012 年第 6 期，第 80 ~ 90 页。

于水波、曹堂哲：《社会组织能力评估的系统权变观》，《云南行政学院学报》2011 年第 6 期，第 33 ~ 36 页。

分 报 告

Sub-Reports

B.3 全国性行业协会商会评估专题数据分析

一 2013 年全国性行业协会商会评估总体情况

2007 年 8 月，民政部出台《关于推进民间组织评估工作的指导意见》和《全国性民间组织评估实施办法》，当年即落实基金会评估工作，全国性行业协会商会的评估工作于次年启动。自 2008 年起，社会组织评估依据《行业协会商会评估指标》（以下简称评估指标）、《行业协会商会评估评分标准》（以下简称评分标准）和评估工作程序逐年开展，由民政部民间组织服务中心组织来自登记管理机关、业务主管单位、会计师事务所、行业协会商会、高等院校等不同组织的评估专家对当年度自愿参评的全国性行业协会商会开展实地调查和资料审阅等评估工作。

（一）参评全国性行业协会商会的情况

2013 年全国性行业协会商会踊跃参评，111 家全国性行业协会商会获得评估等级，1 家全国性行业协会商会完成二次评估。自 2008 年起，全国性社会组织评估委员会逐年开展评估工作，所有全国性行业协会商会自愿提交材料报名参评，已获评估等级的全国性行业协会商会不重复参评。截至 2013 年底，已有 425 家全国性行业协会商会接受评估，超过全国性行业协会商会总登记数量的一半以上。2013 年，有 115 家全国性行业协会商会报名参加评估，除 4 家因不符合评估条件退出评估外，实际参评 111 家。由于评估及等级评定结果的有效期为 5 年，故在 2008 年首批参与评估的全国性行业协会商会可以申请参加二次评估。2008 年参评的 92 家全国性行业协会商会中，有 1 家申请参加二次评估，中国康复器具协会成为首家二次参评的全国性行业协会。

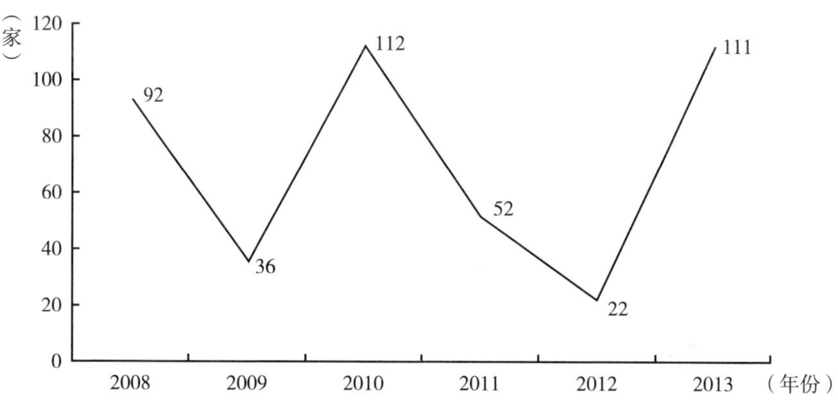

图 1　2008～2013 年全国性行业协会商会历次参评规模

参评全国性行业协会商会在固定资产、办公面积与人才队伍等方面均有良好基础，能够为组织发挥协会功能、提升组织绩效提供基础性保障。参评的全国性行业协会商会中，获评 5A 等级的全国性行业协会商会平均拥有专职工作者 37 人，其中拥有本科以上学历者占比约 87%；4A 等级全国性行业协会商会平均拥有专职工作者 20 人。办公面积与资产状况方面，获评 5A 等级的全国性行业协会商会平均办公面积达 1030 平方米，平均年末净资产达 4134 万元；获评 4A 等级的全国性行业协会商会平均办公面积达到 417 平方米，平均年末净资产为 1580 万元；获评 3A 等级的全国性行业协会商会平均办公面积达到 237 平方米，平均年末净资产为 411 万元。

（二）评估指标变化

继2011年评估指标修订之后，2013年全国性行业协会商会评估指标在内容和结构上再次调整。首先，基础条件、内部治理、工作绩效和社会评价四大指标比重发生了变动，基础条件占总分比从原来的10%降低至8%；内部治理比重下调2%，降为37%；工作绩效所占比重上升5%，占比达45%；社会评价占比下降为10%。其次，基础条件和常规性监管等指标的比重下降，参检实践、年检结论和法定代表人产生程序三个基础条件类指标的占比下降。再次，对会计核算的要求提高，如执行《民间非营利组织会计制度》的情况和会计电算化、会计档案管理等指标的比重上升。最后，对参评全国性行业协会商会工作绩效的考察增加了一项特色工作，调整之后，参评全国性行业协会商会不仅需要在提供服务、反映诉求、规范行为、扩大行业影响力和注重社会宣传等方面继续发挥组织作用，还需要注重相关工作的创新性，强调组织的突出业绩。评估指标的具体变化情况见表1。

表1　2013年全国行业协会商会评估指标变化情况一览

指标名称	指标等级	变化说明	占总分比重的变化(%)
基础条件	一级	总分100分改为80分	-2
年度检查	二级	总分30分改为15分	-1.5
法定代表人	三级	总分10分改为5分	-0.5
内部治理	一级	总分390分改为370分	-2
理事会、常务理事会	三级	总分30分改为25分	-0.5
会计人员和会计机构	三级	总分12分改为8分	-0.4
会计核算	三级	总分20分改为22分	+0.2
财务管理	三级	总分48分改为39分	-0.9
财务公开和监督	三级	总分20分改为16分	-0.4
工作绩效	一级	总分400分改为450分	+5
特色工作	二级	增加指标，总分50分	+5
社会评价	一级	总分110分改为100分	-1
会员评价	三级	总分40分改为30分	-1

（三）评估结果概述

获评4A及以上等级的全国性行业协会商会占比超过50%，3A及以上等级全国性行业协会商会占比约95%。111家参评全国性行业协会商会中，获评5A等级的10家（9.0%，111），4A等级的50家（45.0%，111），3A等级的45家（40.5%，111），2A等级的4家（3.6%，111），1A等级的2家（1.8%，111）。具体分布见图2。二次参评的中国康复器具协会，获评等级由2008年的4A等级上升为5A等级，评估得分由754.4分提高为858分，在各项评估指标得分比上，基础条件指标得分比由2008年的94.0%提高为98.8%，内部治理指标得分比由2008年的83.9%提高为87.6%，工作绩效指标得分比由2008年的67.6%提高为80.2%，社会评价指标得分比由2008年的60.9%提高为94.0%。五年间，中国康复器具协会在各方面的表现都有显著提高。

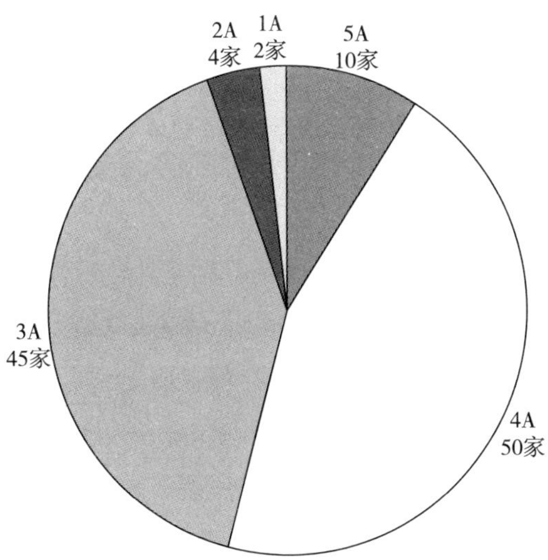

图2　2013年全国性行业协会商会评估等级结果

2013年参评全国性行业协会商会的平均得分约为758分，较2012年的平均得分有所下降，但仍高于其余各年。2013年，获评5A等级的全国性行业协会商会平均得分为862.5分，较2012年和2011年的平均得分有所下降；获评4A等级的全国性行业协会商会平均得分为793.7分，高于2011年的平均得分；获评3A等级的全国性行业协会商会平均得分为700.1分，仅低于2008年首批参评全国性行业协会商会的平均得分，高于其余历年3A等级全国性行业协会商会的平均得分。

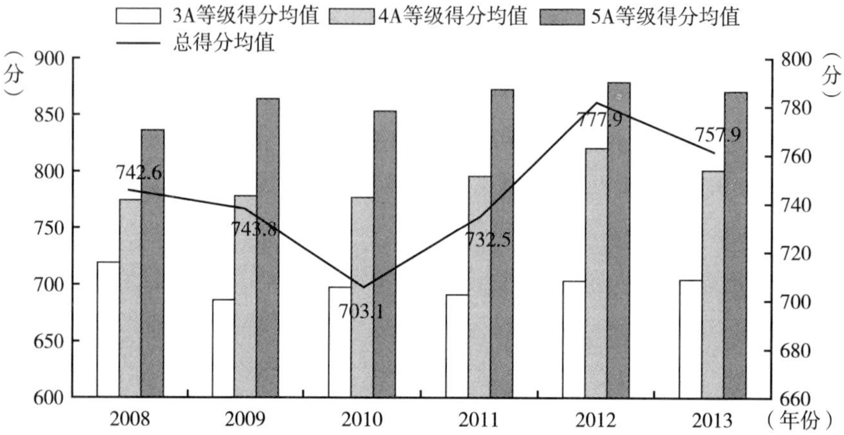

图 3　2008～2013 年全国性行业协会商会评估得分均值

二　2013 年参评全国性行业协会商会评估结果的统计分析

全国性行业协会商会的评估指标包括基础条件、内部治理、工作绩效和社会评价 4 个一级指标，其中工作绩效和内部治理权重最大，参评全国性行业协会商会在这两方面的发展现状在评估中发挥作用较大。评估结果采取等级评定的方式，对结果设定绝对分值，分值越接近满分，表明全国性行业协会商会的行为越符合民政部的要求。

从表 2 与表 3 可以看出，相较 2012 年，2013 年参评全国性行业协会商会整体实力较强。除去工作绩效指标因内容变动无法比较之外，2013 年参评全

表 2　2013 年参评全国性行业协会商会评估总得分

单位：分

指　标		基础条件	内部治理	工作绩效	社会评价	等级对应的百分区间
指标权重		8%	37%	45%	10%	
总体得分均值		94.16	76.98	68.10	83.9	
评估等级	1A	86.88	60.14	41.78	83.00	0～59.9
	2A	87.19	58.78	52.44	80.25	60.0～64.9
	3A	92.61	72.38	61.97	79.34	65.0～74.9
	4A	95.38	80.96	73.52	86.98	75.0～84.9
	5A	99.12	87.92	79.49	90.20	85.0～100.0

国性行业协会商会在基础条件方面得分略胜一筹，但在内部治理和社会评价这两个重要方面的得分均有显著提高。此外，就全国性行业协会商会的发展均衡性而言，各等级的全国性行业协会商会都在基础条件和社会评价两个方面表现较好，在内部治理方面表现一般，在工作绩效方面则需要重点加强。

表 3 2012 年参评全国性行业协会商会评估总得分

单位：分

指　标		基础条件	内部治理	工作绩效	社会评价	等级对应的百分区间
指标权重		10%	39%	40%	11%	
总体得分均值		95.55	76.05	75.35	76.69	
评估等级	1A	0	0	0	0	0～59.9
	2A	86.00	61.28	54.00	58.18	60.0～64.9
	3A	92.13	67.21	67.31	69.32	65.0～74.9
	4A	98.29	81.36	77.18	80.26	75.0～84.9
	5A	98.50	84.10	87.50	85.45	85.0～100.0

说明：表格内均值统计量已进行百分制计算。

（一）“基础条件”评估结果描述

从评估结果（表4）来看，2013 年参评全国性行业协会商会均有良好的基础条件，平均得分比在 91% 以上。其中获评等级为 1A 的全国性行业协会商会平均得分为 69.5 分，2A 等级的全国性行业协会商会平均得分为 67.8 分，3A 等级的全国性行业协会商会平均得分为 74.1 分，4A 等级的全国性行业协会商会平均得分为 76.3 分，5A 等级的全国性行业协会商会平均得分为 79.3 分。从总体得分比来看，参评全国性行业协会商会合法运行的基础条件均已具备。

表 4 2013 年参评全国性行业协会商会基础条件指标得分均值

单位：分

	评估等级					指标总分
	1A	2A	3A	4A	5A	
基础条件	69.5	67.8	74.1	76.3	79.3	80

说明：表格内均值统计量已进行百分制计算。

具体而言，基础条件包括 4 个二级指标——法人资格、章程、登记和备案以及年检，分别对全国性行业协会商会的法律身份、资金基础、内部治理基础以及常规性监督管理配合度进行考察。从图 4 可知，多数参评全国性行业协会商会均具备符合规定的法人资格，在登记和备案、年检等日常监督管理的参与和配合上也基本不存在问题，相比之下，与章程相关的评估结果在不同等级的全国性行业协会商会之间存在较大差异，5A 等级全国性行业协会商会在章程方面得分较高，而等级较低的全国性行业协会商会在章程方面则存在不符合规定之处，问题较多。

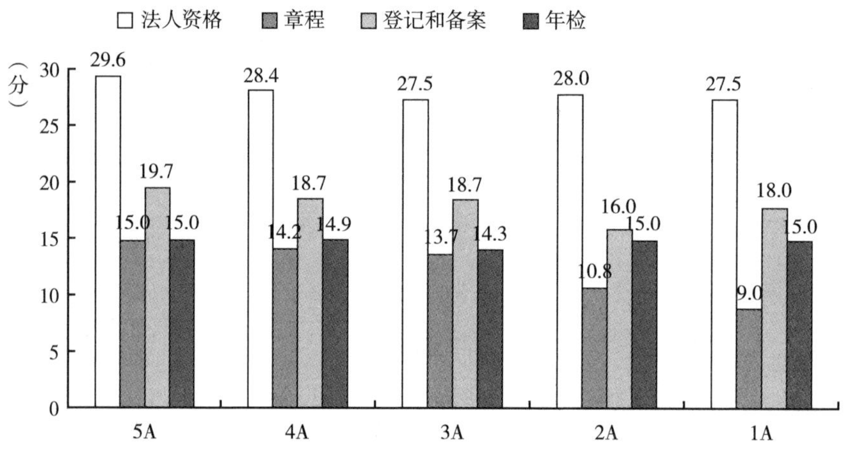

图 4　2013 年参评全国性行业协会商会基础条件 4 项指标评估结果

1. 法人资格相关指标评估结果描述

《社会团体登记管理条例》要求全国性行业协会商会法定代表人依据章程规定产生，年末净资产不得低于注册资金额，设立合法合规的银行账户，名称牌匾的悬挂符合有关规定，同时办公条件满足运行需求。从评估结果来看，在法定代表人产生方面，多数参评全国性行业协会商会的法定代表人能够依据章程规定产生，但往往在提供产生过程的相关会议纪要等证明材料方面存在问题。名称牌匾的悬挂是较为基础的方面，参评全国性行业协会商会中只有中国职工教育和培训协会、中国水产流通与加工协会、中国集装箱行业协会、中国建筑材料企业管理协会及中国同位素与辐射行业协会因为牌匾未随协会名称变化更换或仅将牌匾摆放在办公场所内而被扣去2～5分。在活动资金和办公条件方面，全部111家参评全国性行业协会商会均可保证年末净资产不低于注册资金，同时拥有符合有关规定的办公用房和满足工作需要的办公设备。具体而言，获评5A等级的全国性行业协会商会平均办公面积达1030平方米，平均年末净资产达4134万元；获评4A等级的全国性行业协会商会平均办公面积达到417平方米，平均年末净资产为1580万元；获评3A等级的全国性行业协会商会平均办公面积达到237平方米，平均年末净资产为411万元。

2. 章程相关指标评估结果描述

本次评估与章程相关的指标包括章程制定及修改程序和章程核准两项。依照民政部制定的《社会团体章程示范文本》，章程须在全国性行业协会商会成立之初交由相关部门核定，而对章程的修改，则需要经理事会表决后报会员大会或会员代表大会审议通过。此外，在会员大会或会员代表大会通过后15日内，修订的章程须经业务主管单位审查同意，并报社团登记管理机关核准后生效。

从评估得分来看，获评等级越高的全国性行业协会商会，在这两项指标上的得分越高。10家获评5A等级的全国性行业协会商会在这两项指标上的得分比均为100%，4A和3A等级全国性行业协会商会的得分比相差不大，分别为95%和91%，而2A和1A等级的全国性行业协会商会则表现不佳，得分比分别为72%和60%，后者在章程核准方面的平均得分仅为5.0分（总分10分）。从评估报告来看，多数参评全国性行业协会商会在制定章程和章程核准时都能遵循上述程序，但往往在相关会议纪要等资料的规范性和保管方面存在不合规定之处，被评审专家扣分。章程制定（修改）程序是全国性行业协会商会规范化运作的重要环节，虽不会直接影响全国性行业协会商会提供服务等功能的发挥，也由于比重较小不会影响到评估得分，但却会最终影响到全国性行业协会商会日后承接政府购买服务的可能性，影响全国性行业协会商会未来的发展，需引起重视。

3. 登记和备案、年检相关指标评估结果描述

年检指标包括参检时间和年检结论两项，全部参评全国性行业协会商会都能够按时参加年检，年检结论证明也较少存在问题，111家参评全国性行业协

表 5　2013 年参评全国性行业协会商会章程相关指标评估结果

单位：分

评估等级	章程	章程制定及修改程序	章程核准
5A	15.0	5.0	10.0
4A	14.2	4.4	9.8
3A	13.7	4.4	9.3
2A	10.8	3.3	7.5
1A	9.0	4.0	5.0

会商会的平均得分比超过 98%。登记备案和变更指标评估参评全国性行业协会商会负责人、办事机构、印章、银行账户、会费标准等办理备案的情况，以及当上述重要信息发生调整时对调整情况的备案情况。从评估结果来看，获评等级越高的全国性行业协会商会，在登记和备案方面评估得分越高，不符合规定之处越少。在登记变更一项上，5A 等级的全国性行业协会商会得分比为 100%，2 家 4A 等级、1 家 3A 等级及 1 家 2A 等级的全国性行业协会商会由于办公场所变更未办理登记而被扣去 10 分。在备案这一指标上，中国集装箱协会由于未能就负责人及会费标准等重大事项的变化进行备案而获评最低得分 3 分，另外 36 家参评全国性行业协会商会因为未就办公场所等事项进行备案而被扣分，其余 74 家参评全国性行业协会商会都能做到备案和变更登记符合要求。

（二）“内部治理”评估结果描述

从评估结果来看，各等级全国性行业协会商会的内部治理得分均值差异较大，5A 等级全国性行业协会商会的得分均值为 325.3 分，达到满分分值的 87.9%；2A 等级全国性行业协会商会得分最低，均值为 217.5 分，仅为满分分值的 58.8%，未达到对应等级要求的 60% 的标准；4A、3A 和 1A 等级全国性行业协会商会的得分比分别为 81.0%、72.4% 和 60.1%。可见，一方面，相较于工作绩效，内部治理已不再是全国性行业协会商会进行等级评定的重要障碍，本次评估中除 2A 等级全国性行业协会商会的得分均值低于标准外，其余 1A 至 5A 等级全国性行业协会商会的得分比均已超过对应等级所要求的最低标准。另一方面，各等级全国性行业协会商会在内部治理方面的差距依然存在，内部治理指标的得分仍然是决定参评全国性行业协会商会最终等级评定结果的重要指标，需要在日后工作中改善内部治理。

表 6　2013 年参评全国性行业协会商会内部治理指标得分均值

单位：分

	评估等级					指标总分
	1A	2A	3A	4A	5A	
内部治理	222.5	217.5	267.8	299.6	325.3	370

具体而言，内部治理包括 6 个二级指标，分别是发展规划、组织机构、人力资源、领导班子建设、财务资产和档案、证章管理。从二级指标的评估得分来看（图 5），获评等级高的全国性行业协会商会在分项指标上的得分仍然具有优势，不同等级的全国性行业协会商会在内部治理上的差距在各个方面均有反映。

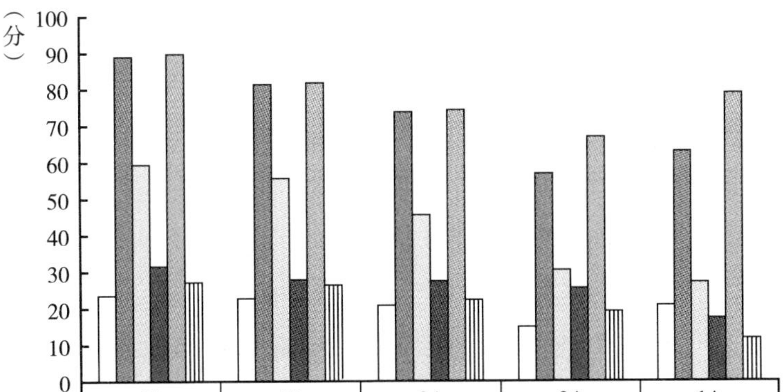

	5A	4A	3A	2A	1A
□ 发展规划	24.2	23.3	21.5	15.5	21.5
■ 组织机构	89.5	81.7	73.8	57.5	63.5
□ 人力资源	59.5	56.1	46.2	31.3	27.5
■ 领导班子建设	32.1	28.4	28.1	26.3	18.0
■ 财务资产	90.2	82.2	74.7	67.5	79.5
Ⅲ 档案、证章管理	27.6	26.7	22.9	20.0	12.5

图 5　2013 年参评全国性行业协会商会内部治理 6 项指标评估结果

1. 发展规划相关指标评估结果描述

发展规划指标考察参评全国性行业协会商会在组织战略管理方面的程序规范性和执行效果，包括“发展规划和落实情况”、“年度工作计划和总结”以及“重大业务活动方案”三项下级指标，各项指标满分分别为10、9、6分。从评估得分均值来看（详见表7），获评等级与指标得分均值存在相关性，除个别情况外，获得等级越高的全国性行业协会商会的发展规划相关工作越完善：5A等级的全国性行业协会商会此项指标得分均值为24.2分（N=10），得分比高达96.8%；2A等级全国性行业协会商会得分均值最低，为17分（N=4），得分比仅为68%；1A等级全国性行业协会商会（N=2）得分均值与3A等级全国性行业协会商会（N=45）得分均值相当，均为21.5分，得分比为86%。获评1A等级的中国核工业勘察设计协会在发展规划指标上获得满分25分，抬高了1A等级全国性行业协会商会的得分均值。获评2A等级的中国化学试剂工业协会在该指标上仅得11分，为所有参评全国性行业协会商会最低。该协会虽然制定了详尽的发展规划，但规划落实情况一般，重大业务活动、会议、展览等均没有具体方案。此外，还有3家获评3A等级的全国性行业协会商会出于上述同样原因在“重大业务活动方案”指标上被扣6分。从评估结果可见，多数参评全国性行业协会商会已经开始重视发展规划和年度工作计划的制订与落实，但等级较低的全国性行业协会商会仍需要注意在开展重大业务活动前进行活动方案的设计和论证，以提高活动的规范性。

表7　2013年参评全国性行业协会商会发展规划相关指标评估结果

单位：分

评估等级	发展规划	发展规划和落实情况	年度工作计划和总结	重大业务活动方案
5A	24.2	9.4	8.8	6.0
4A	23.3	8.8	8.8	5.7
3A	21.5	8.3	8.5	4.6
2A	17.1	6.5	6.8	3.8
1A	21.5	8.0	9.0	4.5

2. 组织机构相关指标评估结果描述

组织机构是内部治理的重要硬件基础，评估专家组从决策机构、决策程序、办事机构与党建等方面对参评全国性行业协会商会进行了考察。在会员（代表）大会、理事会（常务理事会）等决策层级的治理结构方面，总体而言，获评等级越高的全国性行业协会商会治理结构越完善，但2A等级全国性行业协会商会得分均值低于1A等级全国性行业协会商会。在民主程序方面，得分均值与获评等级正相关，等级越高，评估结果越好。在办事机构、分支机构和代表机构的管理运行方面，除个别参评全国性行业协会商会外，同样存在等级高的全国性行业协会商会的管理水平高于等级低的全国性行业协会商会的现象。与前述趋势类似，获评等级高的全国性行业协会商会在党建方面也表现出得分优势。具体得分情况详见表8。

表8 2013年参评全国性行业协会商会组织机构6项指标评估结果

单位：分，%

指标		会员（代表）大会	理事会（常务理事会）	民主程序	办事机构	分支机构和代表机构	党组织建设
满分分值		10	25	15	20	20	10
总体得分均值		8.35	19.18	8.62	17.55	15.66	8.69
总体得分比		83.6	76.7	57.5	87.7	78.3	86.9
评估等级	5A	10.0	21.3	10.5	19.6	18.1	10.0
	4A	8.7	19.7	8.7	18.6	16.7	9.4
	3A	7.8	18.4	8.3	16.7	14.6	8.0
	2A	6.0	16.8	8.0	10.0	11.8	5.0
	1A	8.5	18.0	5.5	15.0	9.0	7.5

（1）决策层级的治理结构。111家参评全国性行业协会商会中，79家（71%）参评全国性行业协会商会在会员（代表）大会的召开方面完全合规并能提供相关记录证明，获得满分10分的评价；14家（13%）参评全国性行业协会商会获评7分，未建立会员代表产生机制或缺少会员（代表）大会的会议纪要；11家（近10%）参评全国性行业协会商会由于会员（代表）大会未按时召开、会员（代表）大会出席人数未达章程规定且缺漏会议纪要重要内容等被扣去10分，其中4家4A等级、6家3A等级、1家2A等级全国性行业

协会商会。在理事会（常务理事会）等常设的重要事项决策机构方面，参评全国性行业协会商会的表现劣于其在会员（代表）大会方面的表现，平均得分比仅为77%，仅有15家（近14%）参评全国性行业协会商会获得满分，其中5A等级2家、4A等级9家、3A等级4家。由此可见，无论获评等级高低，大多数参评全国性行业协会商会在理事会（常务理事会）这一重要决策层级的机构设置和运行方面都存在较多问题，理事会（常务理事会）在产生程序、会议召开次数、会议纪要的规范性、会议决策的有效性等方面均有改进空间。

（2）民主程序。民主程序是参评全国性行业协会商会得分比最低的一项，得分比最高的5A等级全国性行业协会商会的得分比也仅为70%，没有任何一家参评全国性行业协会商会在民主程序的规范性上表现得完全合规。大部分参评全国性行业协会商会未建立会员（代表）大会制度和理事会议事制度，已有的相关制度也并不完善。选举形式多不符合章程规定，等额选举的现象普遍存在。此外，在表决形式方面，鼓掌通过的形式较多，民主决策或选举的选票及其他证明材料缺失严重。得分最低的两家参评全国性行业协会商会的评估结论显示，这两家参评全国性行业协会商会在理事会成员选举罢免、会费制定甚至章程修改和负责人产生等重大事项的表决上采用鼓掌或举手表决的形式，表决形式严重不符合规定。

（3）办事机构、分支机构和代表机构。56家（50.5%）参评全国性行业协会商会在办事机构指标上获评满分，办事机构设置合理，业务正常开展，同时各机构内也已制定了相关管理制度，配备了满足需要的工作人员；4家参评全国性行业协会商会得分比未达50%，存在办事机构设置不合理、未开展工作、没有安排工作人员等严重问题。在分支机构和代表机构指标上，评估得分最高为19分，53家（47.7%）参评全国性行业协会商会得分比不低于85%（5A等级评定标准），分支机构和代表机构管理、运行较好；9家参评全国性行业协会商会得分比未达50%，4家参评全国性行业协会商会得分为0，存在分支机构和代表机构和代表机构未经登记便已开始工作等严重问题，需要重视。

（4）党组织建设。多数参评全国性行业协会商会都已建立党组织，并开展相应的党组织的活动，发挥党组织的作用。73家（66%）参评全国性行业协会商会在此项指标上获评满分（10分），74家参评全国性行业协会商会独立或联合建立了党组织，党组织活动丰富，资料齐全；在获得0分的2家参评全国性行业协会商会中，1家为3A等级，1家为4A等级。

3. 人力资源与领导班子建设相关指标评估结果描述

内部治理中与人力资源相关的指标包括两个方面：普通工作人员队伍的建设与管理及领导班子的建设情况。总体而言，参评全国性行业协会商会的领导班子建设情况领先于普通工作人员队伍的建设和管理，参评全国性行业协会商会在人力资源指标上得分均值为51.0分，得分比为78.5%，超过3A等级评定标准；在领导班子建设指标上得分均值为28.4分，得分比为81.1%，超过4A等级评定标准。纵向比较而言，获评等级与两项指标的得分均值分别存在相关性，等级越高的全国性行业协会商会相关人才建设情况越好。具体数据见表9。

表9　2013年参评全国性行业协会商会人力资源与领导班子建设相关指标评估结果

单位：分，%

指标		人力资源	人才队伍建设	人事制度	领导班子建设	负责人	秘书长
满分分值		65	30	35	35	20	15
总体得分均值		51.0	22.6	28.3	28.4	16.1	12.2
总体得分比		78.5	75.3	80.9	81.1	80.5	81.3
评估等级	5A	59.5	28.0	31.5	32.1	18.1	14.0
	4A	56.1	25.4	30.7	28.4	15.8	12.5
	3A	46.2	19.4	26.8	28.1	15.9	12.3
	2A	31.3	14.3	17.0	26.3	17.5	8.8
	1A	27.5	14.5	13.0	18.0	15.5	2.5

（1）人才队伍建设。6家参评全国性行业协会商会在人才队伍方面获评30分满分，41家（37%）参评全国性行业协会商会得分比超过85%，仅有6家参评全国性行业协会商会得分比未达50%。具体来看，人才队伍建设所含的5项下级指标中，平均得分比最低的两项指标为工作人员数和人员培训，前者的平均得分比为63%，后者仅为58%；多数参评全国性行业协会商会在工作人员年龄、学历和职称三项指标上评估情况良好，平均得分比分别达到83%、97%和89%，均超过了4A等级评定标准。在工作人员数量方面，14家

（13%）参评全国性行业协会商会被评 0 分，仅有专职工作人员 3 ~4 人。在人员培训方面，仅有 25 家（23%）参评全国性行业协会商会获评满分，42 家（38%）参评全国性行业协会商会得分比不到 50%，多数参评全国性行业协会商会不能为工作人员提供足够的培训机会。

（2）人事制度建设。20 家参评全国性行业协会商会在人事制度方面获评 35 分，65 家（59%）参评全国性行业协会商会得分比超过 85%，仅有 6 家参评全国性行业协会商会得分比未达 50%。人事制度包括聘用制度、奖惩制度、薪酬制度、劳动合同、社会保险和住房公积金 5 项下级指标，其中劳动合同与社会保险 2 项指标的平均得分比超过 5A 等级评定标准，分别为 92.7%（M = 9.3）和 86.4%（M = 8.6）；其余三项中薪酬制度得分比最低，为 64.7%（M = 3.2），奖惩制度得分比为 67.3%（M = 3.4），聘用制度得分比为 79.1%（M = 4.0）。10 家参评全国性行业协会商会采用聘用制度，13 家参评全国性行业协会商会未设置奖惩制度，16 家参评全国性行业协会商会没有明确的薪酬制度。从图 6 可以初步看出，奖惩制度的设置及运行情况与等级评定的相关性最高，薪酬制度次之，聘用制度最低。由此可见，相关人事制度的建设及落实情况对全国性行业协会商会总体性功能发挥的影响需要受到相关从业者和负责人的重视。

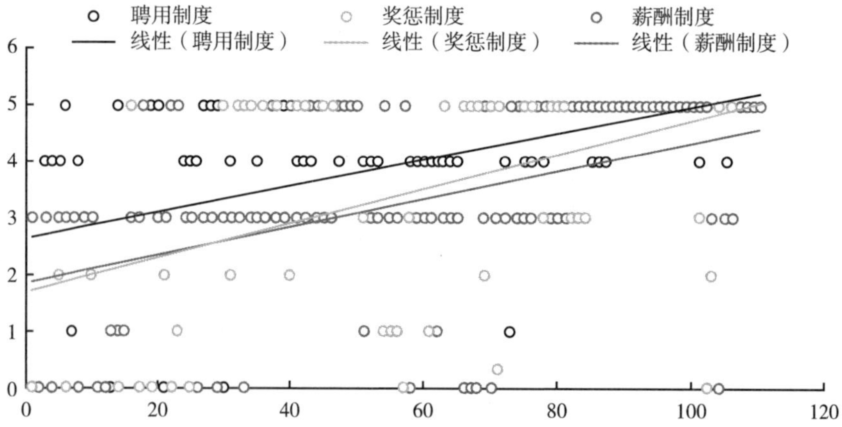

图 6　2013 年参评全国性行业协会商会聘用、奖惩及薪酬制度评估结果散点图

（3）负责人及秘书长。在负责人方面，57 家（51%）参评全国性行业协会商会得分比超过 85%，在选举产生程序、现职公务员兼任情况、年龄及学历 4 项下级指标中，兼任和学历低为参评全国性行业协会商会的短板，得分均值分别为 3.8 分和 3.1 分，26 家（23%）参评全国性行业协会商会存在现职公务员兼任情况，19 家参评全国性行业协会商会在负责人学历指标上仅得 1 分。此外，负责人年龄超出章程规定的情况也仍然存在，11 家参评全国性行业协会商会出现此问题，其中 7 家 4A 等级全国性行业协会商会，占比 64%。

在秘书长方面，评估在关注秘书长的工作绩效之外，特别考核了秘书长产生程序的合法性及其专、兼职情况。从评估结果来看，41 家（37%）参评全国性行业协会商会秘书长绩效考核获评满分，5A 等级全国性行业协会商会的秘书长绩效被认为高于其他等级的全国性行业协会商会；在产生程序的合规性方面，95 家（86%）参评全国性行业协会商会的秘书长产生方式完全符合规定，获评 10 分满分，仅有 2 家参评全国性行业协会商会未设专职秘书长，获评 0 分。

4. 财务资产相关指标评估结果描述

财务指标是法人组织治理情况的重要组成部分，在本次评估中，参评全国性行业协会商会的会计人员和会计机构、会计核算、会费管理、财务管理、税务及票据管理与财务报告和监督 6 个方面被详细考察。与往年相比，会计核算的比重被提高，财务管理、财务报告和监督的指标权重有所降低。从表 10 可以看出，参评全国性行业协会商会仅在会费管理指标上得分比均超过 80%，在会计核算、财务管理、财务报告和监督 3 项指标上得分比均未达到 70%（3A 等级评定标准）。纵向来看，除 1A 等级的 2 家全国性行业协会商会在财务资产方面的表现优于 2A 等级的全国性行业协会商会之外，获评等级越高的全国性行业协会商会在各项指标上的得分越高。

（1）会计人员、机构及核算。31 家（28%）参评全国性行业协会商会在会计人员、机构方面获得满分评价，仅有 12 家参评全国性行业协会商会得分比未达 50%。在会计人员和机构方面，大部分参评全国性行业协会商会都配备或聘用兼职的持有资格证的会计人员 2 名以上，在岗的会计人员在上 2 个年

表10　2013年参评全国性行业协会商会财务资产相关指标评估结果

单位：分，%

指标		会计人员和会计机构	会计核算	财务管理	会费管理	税务及票据管理	财务报告和监督
满分分值		8	22	39	20	10	16
总体得分均值		6.0	14.9	23.7	16.3	7.6	10.4
总体得分比		75.0	67.8	61.3	81.5	76.0	65.0
评估等级	5A	7.0	16.2	26.7	17.6	8.8	13.9
	4A	6.5	15.6	25.5	15.7	8.1	10.8
	3A	5.9	14.1	22.7	15.0	7.0	10.1
	2A	5.3	13.5	18.5	16.0	7.0	7.3
	1A	5.5	15.0	25.0	17.0	7.0	10.0

度均按规定完成继续教育。此外，会计机构内部分工比较明确，出纳和会计由不同的人担任，主管会计具有会计师（审计师）以上职称；然而13家参评全国性行业协会商会存在会计人员由不具备资格的工作人员兼任的情况，在会计人员配备一项上被评0分，会计机构及其负责人的资质更是无法保证，亟待规范。

在会计核算方面，全部参评全国性行业协会商会都或多或少地存在问题，未获满分；仅有18家参评全国性行业协会商会得分比超过85%；14家参评全国性行业协会商会得分比未达50%，其中包括5A等级1家、4A等级4家、3A等级8家、2A等级1家。在会计核算下一级指标中，执行《民间非营利组织会计制度》占比最高，指标满分达15分，却仅有2家参评全国性行业协会商会在该项指标上获评满分，1家5A等级和2家3A等级全国性行业协会商会获评0分，需引起注意。参评全国性行业协会商会应更加严格地执行《民间非营利组织会计制度》，使用符合规定要求的财务软件，加强会计档案的整理和保存工作，并尽快实现会计核算的电算化，规范自身的会计行为。

（2）财务管理。财务管理指标的权重整体有所下降，但其下级指标内容不变，6项指标中，参评全国性行业协会商会在投资管理方面得分最高，平均得分比达90%（M=3.6）；在财务管理制度建立及执行方面得分最低，平均得分比仅为37%（M=3.7）；在资产管理及财务支出审批程序两方面得分居于二者之间，平均得分比分别为78%（M=3.1）和70%（M=3.5），均低于4A等级评定标准；在经费来源和资金使用、分支机构财务管理方面得分比并列倒数第二位，均为61%。纵向来看，除2家1A等级全国性行业协会商会之外，获评等级越高的全国性行业协会商会，其财务管理方面的评估结果越高。但总体而言，所有参评全国性行业协会商会都需要对自身财务管理进行全面的检查和改进。各等级全国性行业协会商会得分均值分布情况见图7。

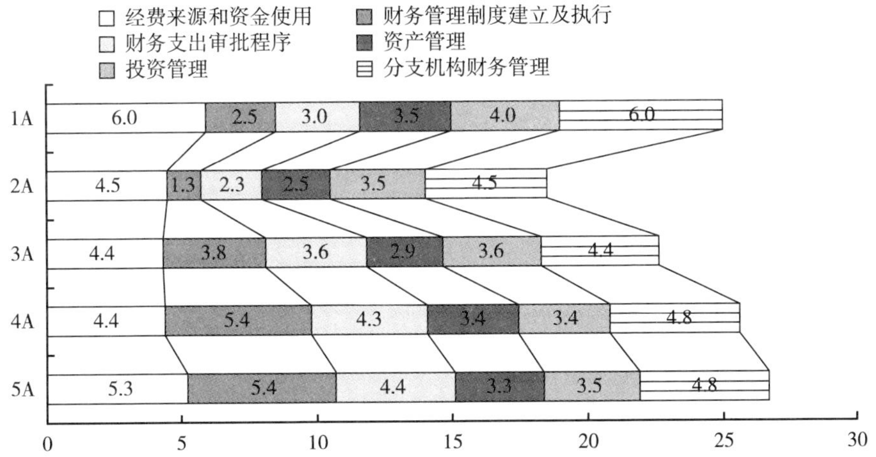

图7　2013年参评全国性行业协会商会财务管理6项指标评估结果

具体而言，回顾参评全国性行业协会商会的评估报告可以发现，有27家参评全国性行业协会商会在经费来源和资金使用方面被扣掉全部分数，其中个别全国性行业协会商会出现业务活动收支未在账面体现、收支往来中核算收入标准不合规、收入结转不及时、财政资金购买固定资产未做固定资产管理和核算等突出问题。财务管理制度方面，有32家参评全国性行业协会商会得分比低于50%，参评全国性行业协会商会在财务管理制度建立的完善性和执行的严格性上都有待提高。多数参评全国性行业协会商会都已建立关于财务支出标准和审批程序的制度，执行过程中各项支出审批的手续和监督情况较好，仅有13家参评全国性行业协会商会在此项指标上得分比未达50%。分支机构财务管理指标的得分存在明显的两极，23%的参评全国性行业协会商会在此项指标上获评0分，77%的参评全国性行业协会商会在此项指标上获评满分。会费管理方面，多数参评全国性行业协会商会符合规定，仅 1 家 4A 等级全国性行业协会商会获评 0 分。该全国性行业协会商会存在超额收取会费，未建立会费收取监督、沟通机制且无会费收取统计表等问题，会费收取亟待规范。

（3）会费、税务及票据管理。根据《社会团体登记管理条例》和《社会团体章程示范文本》的规定，会费标准的制定需经会员大会批准，金额标准规范；会费的收取和管理规范，编制会费收取统计表；会费收据专门使用，不可与其他业务混用。参评全国性行业协会商会中，23 家（21%）会费的制定程序和标准均符合规定，多数参评全国性行业协会商会会费管理情况较好，但会费专用收据的使用不尽如人意，仍有 10 家参评全国性行业协会商会未能严格遵守规定，存在用会费专用收据收取其他业务费用或其他违规情况。在税务登记和税款申报方面，15 家参评全国性行业协会商会未能按规定进行税务登记，其余参评全国性行业协会商会都能够按规定申报、缴纳个人所得税、营业税（增值税）、企业所得税、房产税和印花税，但仍有未按规定申报和缴纳税费的参评全国性行业协会商会存在。在收据和发票的登记与开具等方面，59 家参评全国性行业协会商会完全符合规范，获评满分。不同等级的全国性行业协会商会在规范性上无显著差别，得分比低于 50% 的全国性行业协会商会中也有较多 4A 等级的全国性行业协会商会。

（4）财务报告和监督。财务报告和财务审计 2 个指标满分分值各为 8 分，较 2012 年标准下调 2 分。从评估结果来看，各参评全国性行业协会商会开展财务审计的次数和审计规范性比较好，60 家（54%）参评全国性行业协会商会的财务审计工作完全符合规范；相较之下，参评全国性行业协会商会在财务报告方面的规范性非常低，11 家参评全国性行业协会商会获评 0 分，仅有 10 家参评全国性行业协会商会获评满分，多数参评全国性行业协会商会得分在 2 ~4 分之间。该项指标不仅要求参评全国性行业协会商会的财务报告内容完备，还要求对财务报告相关资料进行充分监督，在理事会（常务理事会）或会员（代表）大会上报告通过。评估报告显示，多数参评全国性行业协会商会的财务报告内容不符合规范，且未能向理事会（常务理事会）报告本单位的财务情况和重大财务事项。

5. 档案、证章管理相关指标评估结果描述

档案、证章管理是组织内部治理情况中的细节方面，评估时主要评估社会组织与档案、证章管理相关的管理规定是否完备，相关资料的整理、保管和交接情况是否正常。在该指标的3个下级指标中，证书管理的得分比相对较高，为80%；档案管理的得分比相对最低，为65%。纵向比较来看，获评1A至3A等级的全国性行业协会商会在档案管理指标上的得分比较低，均低于等级评定要求的最低标准；此外，获评1A等级的2家全国性行业协会商会在档案、证章管理各方面得分均较低，需要加强日常管理和资料整理工作，并针对这些基础性、日常性的工作制定相应的管理制度。

表11　2013年参评全国性行业协会商会档案、证章管理相关指标评估结果

单位：分

评估等级	档案管理	证书管理	印章管理
	6.5	8.0	7.5
5A	9.8	9.0	8.8
4A	9.0	8.5	9.4
3A	6.9	7.7	8.3
2A	4.0	9.3	6.8
1A	3.0	5.5	4.0

（三）“工作绩效”评估结果描述

从评估结果来看，各等级全国性行业协会商会的工作绩效得分均值差异极大，5A等级全国性行业协会商会的得分均值为357.7分，达到满分分值的79.5%；1A等级全国性行业协会商会得分最低，均值为188.0分，仅为满分分值的41.8%，比5A等级全国性行业协会商会的得分比低37.7个百分点；4A、3A和2A等级全国性行业协会商会的得分比分别为73.5%、62.0%和52.4%（具体数据见表12）。此外，与对应等级评定的得分比最低标准相比较，5个等级全国性行业协会商会的得分比均未达标。可见，在四项指标中，工作绩效已成为参评全国性行业协会商会进行等级评定的重要障碍，需要参评全国性行业协会商会在日后的工作中投入更多精力加以提高。

表 12　2013 年参评全国性行业协会商会工作绩效指标得分均值

单位：分

	评估等级					指标总分
	1A	2A	3A	4A	5A	
工作绩效	188.0	236.0	278.9	330.8	357.7	450

具体来说，工作绩效包括 6 个二级指标，分别是提供服务、反映诉求、规范行为、行业影响力、社会宣传和特色工作，其中特色工作是 2013 年度新增指标，且满分分值高达 50 分。从二级指标的评估得分来看（图 8），获评等级高的全国性行业协会商会在分项指标上的得分仍然具有优势，不同等级的全国性行业协会商会在内部治理上的差距在工作绩效二级指标上均有反映。

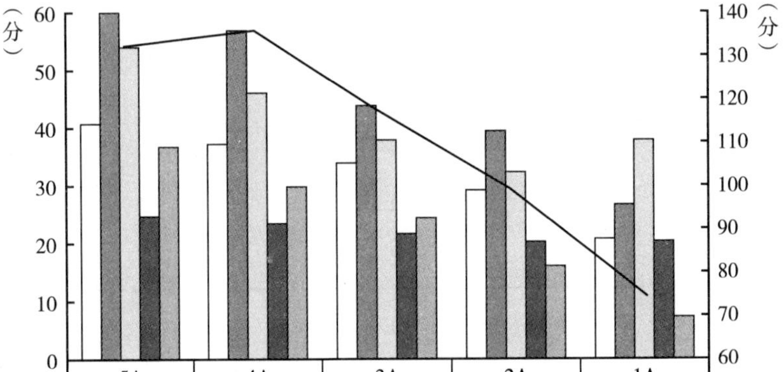

	5A	4A	3A	2A	1A
提供服务	132.3	135.9	116.2	98.8	74.5
规范行为	64.0	56.8	44.0	39.5	27.0
行业影响力	54.2	46.2	38.1	32.3	38.0
社会宣传	25.0	23.8	21.8	20.5	20.5
特色工作	37.0	30.1	24.7	16.3	7.5
反映诉求	41.0	37.4	34.1	29.5	21.0

图 8　2013 年参评全国性行业协会商会工作绩效 6 项指标评估结果

1. 提供服务相关指标评估结果描述

如表 13 所示，提供服务指标包括三个指标，分别是服务行业和服务会员（满分 60 分）、服务政府（满分 75 分）以及服务社会（满分 40 分）。从得分比来看，参评全国性行业协会商会在三项指标上的表现均有待提高。其中，服务政府方面，参评全国性行业协会商会得分相对较高，得分比为 77.9%（M = 58.4）；服务社会方面得分相对最低，得分比仅为 60.25% （M = 24.1）。2013 年度，随着政府转移职能力度的进一步加大，政府向全国性行业协会商会移交的职能越来越多，全国性行业协会商会需要承担的责任更大，对社会承担的公益责任也会随之增加。然而，从目前的得分比来看，在服务政府和服务社会这两项指标上，即使是获评 5A 等级的全国性行业协会商会，其得分比也未达到等级评定标准对应的 85% 以上。由此可见，参评全国性行业协会商会日后在提供服务方面需要多花心思、更负责任。

表 13　2013 年参评全国性行业协会商会提供服务相关指标评估结果

单位：分，%

指标		服务行业、服务会员	服务政府	服务社会
总体得分均值		43.8	58.4	24.1
满分分值		60	75	40
总体得分比		73	77.9	60.25
评估等级	5A	51.2	63.3	31.4
	4A	47.4	62.0	26.5
	3A	39.8	54.9	21.5
	2A	34.0	50.5	14.3
	1A	26.5	39.0	9.0

具体来讲，在服务会员及服务行业方面，开展行业调查、统计，发布行业信息，以及组织行业专业性活动是 2 个权重最高的指标，满分分值均为 15 分。从得分比来看，参评全国性行业协会商会在组织行业专业性活动上的表现优于前一个指标，得分比分别为 82% （M = 12.3） 和 74% （M = 11.1）。有 4 家 3A 等级全国性行业协会商会获评 0 分，未开展行业调查、统计工作，缺乏对行业现状、发展趋势及问题的把握，也因此难以拓展自身的业务空间。其他多数参评全国性行业协会商会均已开展行业调查、统计工作，但在调查频率、调查信息发布等方面表现差一点。94 家（85%）参评全国性行业协会商会在行业专业性活动开展方面得分比都超过 75%，达到 3A 等级评定标准。很多参评

全国性行业协会商会已将行业性研讨会等专业活动做成常规性品牌性活动，获评 14 分，还有部分参评全国性行业协会商会需在此方面加强。组织行业培训，提供技术、经济管理、法律政策咨询，提供行业资质认证、新技术新产品鉴定及推广、事故鉴定等是 3 个权重相对较低的指标，满分分值各为 10 分。从得分比来看，参评全国性行业协会商会在这三个指标上的表现不及在前两个指标上的表现，得分比分别为 60%、71% 和 74%，均低于 3A 等级评定标准。5 家参评全国性行业协会商会未组织过行业培训；2 家参评全国性行业协会商会未提供过咨询服务，提供过咨询服务的参评全国性行业协会商会存在服务领域过窄、咨询服务不够系统、资料保存不规范等问题；所有参评全国性行业协会商会都提供过某方面的认证鉴定服务，但专业性和规范性有待提高。

服务政府指标包括 5 个权重为 15 的下级指标，分别为参与制定相关法律法规，参与制定政策，参与制定行业标准、发展规划、准入条件、技术规范等，接受政府委托项目和承接购买服务，协助政府推进劳资和谐。从得分比来看，参评全国性行业协会商会在各方面的表现都相对较好，均在 70% 以上。有 4 家参评全国性行业协会商会未参与制定相关法律法规，其中 5A 等级 1 家、4A 等级 2 家、3A 等级 1 家，不存在等级相关性；有 6 家参评全国性行业协会商会（3A 等级 5 家、2A 等级 1 家）未接受过政府委托项目或承接购买服务；4 家参评全国性行业协会商会没有参与过与政府共同促进安全生产等相关工作。除上述情况外，所有参评全国性行业协会商会都积累了一定的服务政府的经验，为政策法律的出台和服务的提供贡献了一己之力。

服务社会是对全国性行业协会商会在组织公益活动、践行低碳发展以及提供社会服务等方面的考察，三方面的权重为 15∶15∶10。从得分比来看，参评全国性行业协会商会在环保方面的工作较为出色，得分均值为 11.2 分，仅有中国化工装备协会一家获评 0 分。组织公益活动方面居次，得分均值为 8.8 分，有 5 家参评全国性行业协会商会参与或组织过公益活动。提供公共服务是所有参评全国性行业协会商会都需要加强的方面，有 40 家参评全国性行业协会商会获评 0 分，41 家参评全国性行业协会商会得分比为 50%。

2. 反映诉求相关指标评估结果描述

如表 14 所示，提供服务包括 4 个指标，从得分比来看，参评全国性行业协会商会在各项指标上的表现均有待提高，得分比均未达到70%（3A等级评定标准）。其中，向政府部门反映涉及会员和行业利益的事项指标得分最低，得分比仅为58.7%（M=8.8）。随着经济体制改革进一步深化，政府职能转移力度不断加大，全国性行业协会商会在经济发展中的作用愈发明显，而反映诉求是全国性行业协会商会很重要的职能部分。虽然参评全国性行业协会商会获评等级不同会对得分均值造成影响，获评等级较高的全国性行业协会商会在反映诉求各方面要好于等级低的全国性行业协会商会，但即使是5A等级的全国性行业协会商会，在各项指标上的平均得分比也都在70%~85%，未超过5A等级评定标准对应的85%。有3家参评全国性行业协会商会从未履行参与行业性集体谈判的代表职能，2家参评全国性行业协会商会未向政府部门反映涉及其会员和行业利益的事项，1家参评全国性行业协会商会从未进行过利益申诉或维护工作，1家参评全国性行业协会商会未能就行业发展提出意见建议。由此可见，参评全国性行业协会商会需要重视反映诉求相关指标。

表14　2013年参评全国性行业协会商会反映诉求相关指标评估结果

单位：分，%

指标		代表本行业参与行业性集体谈判	向政府部门反映涉及会员和行业利益的事项	代表本行业企业进行反倾销、反补贴和保障措施的应诉、申诉等相关工作	提出有关行业发展建设性意见
总体得分均值		6.9	8.8	10.3	6.6
满分分值		10	15	15	10
总体得分比		69.0	58.7	68.7	66.0
评估等级	5A	8.5	12.8	11.0	8.7
	4A	7.7	11.5	10.5	7.7
	3A	7.1	9.8	10.2	7.0
	2A	7.5	7.3	10.0	4.8
	1A	3.5	2.5	10.0	5.0

3. 规范行为相关指标评估结果描述

全国性行业协会商会的重要职能之一是通过制定行规行约、自律公约，参与质量检查、打击假冒伪劣等活动，规范市场行为、促进市场繁荣。制定行规行约是本项评估中指标权重最高的，为15分，用以考察参评全国性行业协会商会行规行约制定的程序规范性、内容以及实施的效果。其余7项指标权重相对较低，为10分，用以更具体地评估参评全国性行业协会商会在职业道德、行业质量和行业自律等方面的工作开展和绩效情况。从得分比来看（具体数据见表15），参评全国性行业协会商会在各项指标上的得分比基本在50%～65%之间，即使是5A等级全国性行业协会商会的得分比也几乎都在80%以下，其他等级全国性行业协会商会得分比相对更低。12家参评全国性行业协会商会未制定行规行约，10家参评全国性行业协会商会未设置争议处理规则，15家参评全国性行业协会商会在职业道德准则方面没有做任何工作，3家参评全国性行业协会商会未制定行业质量检查制度，8家参评全国性行业协会商会没有行业自律制度，10家参评全国性行业协会商会没有对检查和处罚信息进行公开，5家参评全国性行业协会商会在打假和维护消费者权益方面无作为，4家参评全国性行业协会商会没有开展过评比活动，上述参评全国性行业协会商会由于种种原因在分项指标上获评0分。同时，也有表现较好的参评全国性行业协会商会在规范行为方面做出了表率，如中国施工企业管理协会通过开展"国家优质工程奖"与"中国施工企业管理协会科学技术奖"评选活动推动企业诚信经营，"优质工程奖"自设立以来，共评出1776个奖项。

表15　2013年参评全国性行业协会商会规范行为相关指标评估结果

单位：分，%

指标		行规行约	争议处理规则	职业道德准则	行业质量检查制度	行业自律制度	公开检查和处罚信息	打击假冒伪劣，维护消费者和行业整体利益	开展行业内评比达标表彰活动
总体得分均值		7.6	4.7	4.4	6.4	5.3	6.1	5.7	6.1
满分分值		15	10	10	10	10	10	10	10
总体得分比		50.7	47.0	44.0	64.0	53.0	61.0	57.0	61.0
评估等级	5A	13.2	7.7	7.8	8.0	8.6	6.9	6.1	5.7
	4A	10.6	6.6	6.1	6.7	6.8	6.6	6.9	6.9
	3A	7.3	5.1	3.5	6.3	3.6	6.3	6.3	5.6
	2A	2.0	4.0	2.3	7.0	4.0	7.3	6.5	6.5
	1A	5.0	0.0	2.5	4.0	3.5	3.5	2.5	6.0

4. 行业影响力相关指标评估结果描述

评估从行业覆盖率和国际影响力两个方面考察参评全国性行业协会商会总体的影响力高低，后者权重比前者高5分。在行业覆盖率方面，多数参评全国性行业协会商会的会员都已覆盖了全部所有制类型的企业，得分比高达97%（M=9.7），此外，会员数量、产值占行业的比例情况的评价结果并不理想，得分比为65%（M=6.5），仅有5A等级全国性行业协会商会的得分比达到等级对应标准，其余等级全国性行业协会商会得分比顺次降低，均未达标，成为定级障碍。在会费收缴率方面，总体得分比仅为55%（M=5.5），5A等级全国性行业协会商会得分比也仅为74%，远低于85%的定级标准；25家（23%）全国性行业协会商会在此项上获评0分，会费收缴率低于30%。

在国际影响力方面，参加国际组织并担任职务是权重最高的下级指标，满分分值15分。从得分结果来看，所有参评全国性行业协会商会在该项上都表现良好，最低得分为7分，35家参评全国性行业协会商会获评满分。参与国际标准和规则制定、国际合作项目是衡量参评全国性行业协会商会国际影响力的另外2个指标，考察参评全国性行业协会商会在获取国际性参与者身份之外的实际工作和成果。从评分结果来看，两项指标得分均值分别为6.4分和3.5分，所有等级全国性行业协会商会的得分比都在等级对应标准之下，可见，参评全国性行业协会商会在国际市场上实际发挥作用还有很长一段路要走。

表16　2013年参评全国性行业协会商会行业影响力相关指标评估结果

单位：分，%

指标		行业覆盖率	会员数量、产值占行业的比例	会员涵盖的所有制企业	会费收缴率	国际影响力	参加国际组织并担任职务	参与国际标准和规则制定	国际合作项目
总体得分均值		21.6	6.5	9.7	5.5	20.1	10.2	6.4	3.5
满分分值		30	10	10	10	35	15	10	10
总体得分比		72.0	65.0	97.0	55.0	57.4	68.0	64.0	35.0
评估等级	5A	26.3	8.9	10.0	7.4	27.9	12.6	7.3	8.0
	4A	22.7	7.6	9.4	5.7	23.5	11.2	6.7	5.6
	3A	19.0	6.1	9.1	3.8	19.1	9.3	6.2	3.8
	2A	18.3	5.8	10.0	2.5	14.0	8.0	6.0	0.0
	1A	22.0	4.0	10.0	8.0	16.0	10.0	6.0	0.0

5. 社会宣传相关指标评估结果描述

评估从网站和报刊两个宣传平台的建设情况及媒体报道情况三方面对参评全国性行业协会商会进行考核。从评估结果来看，参评全国性行业协会商会在社会宣传方面都给予了足够重视并收效明显，各指标得分比中最低的报刊一项也达到了88%，其余两项指标得分比均高达93%。获评等级与社会宣传评估结果不存在相关性，10家5A等级全国性行业协会商会在三项指标上均获得了满分，同时获评1A等级的2家全国性行业协会商会的网站建设情况要好于部分评估等级较高的全国性行业协会商会，3A和1A等级全国性行业协会商会则在报刊一项上得分均值相对较低，分别为4.1分和3.0分，1A等级全国性行业协会商会在媒体报道方面也有提升空间。

6. 特色工作相关指标评估结果描述

特色工作指标是2013年评估新增指标，且满分高达50分，考察参评全国性行业协会商会在开展活动过程中的创新性和品牌强度。在特色工作方面，全部参评全国性行业协会商会得分均值仅为23.1分，得分比低于50%；最高得分45分（4A等级1家、5A等级1家），最低得分0分（3A等级1家）。不同等级全国性行业协会商会间存在差距（如图9所示），等级越高的全国性行业协会商会在特色工作方面表现越出色，但即使是5A等级的全国性行业协会商会，其得分比也仅为74%，4A等级全国性行业协会商会得分比为60%，3A等级全国性行业协会商会得分比为49.4%，2A等级全国性行业协会商会得分

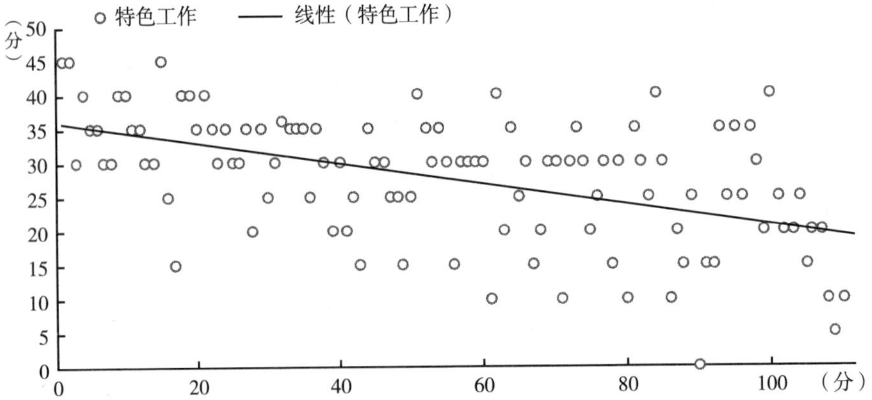

图9　2013年参评全国性行业协会商会特色工作相关指标评估结果散点图

比为33%，1A等级全国性行业协会商会得分比为15%。由此可见，所有参评全国性行业协会商会都需要在特色工作方面加大投入，把项目做出特色、做出实效、做出品牌。在所有参评全国性行业协会商会中，中国教育国际交流协会的特色工作受到肯定。该协会举办的中国国际教育年会已连续举办14届，成为世界第三、亚洲最大的国际教育年会，成为协会有影响力的品牌活动，值得其他协会借鉴。

（四）“社会评价”评估结果描述

2013年社会评价指标权重降低10分，内部评价与外部评价各占50分。从表17的评估结果来看，参评全国性行业协会商会总体得分情况较好，不同等级全国性行业协会商会得分均值存在差异，但与等级相关性不强。5A等级全国性行业协会商会得分比最高，达到90%（M=90.2，N=10），3A等级全国性行业协会商会得分比最低，为79%（M=79.3，N=45）。可见，社会评价指标并不是影响参评全国性行业协会商会等级评定的最重要的因素，同时获评较高等级的全国性行业协会商会也应该对社会评价相关工作予以重视。

表17　2013年参评全国性行业协会商会社会评价指标得分均值

单位：分

	评估等级					指标总分
	1A	2A	3A	4A	5A	
社会评价	83	80.2	79.3	87.0	90.2	100

具体而言，从评估结果来看，外部评价整体得分均值为42.6分，占满分比例为85.2%；内部评价整体得分均值为41.3分，占满分比例为82.6%；外部评价结果优于内部评价结果。内部评价包括会员评价和理事评价两个下级指标，前者满分30分，后者满分20分，分别考察：①会员对参评全国性行业协会商会召开会员大会、民主办会、信息公开、维护行业利益、接受会员监督的情况的评价；②理事会成员对参评全国性行业协会商会的领导班子建设、规范化管理、财务公开、创新能力的评价。从图10纵坐标的面积图可以看出，不同等级全国性行业协会商会的内部评价指标得分均值无显著差异。

外部评价包括3个部分：①由登记管理机关对参评全国性行业协会商会的规范化建设、遵纪守法、行业影响力进行评价；②由业务主管单位对参评全国性行业协会商会的规范化建设、行业自律、领导班子建设等情况进行评价；③由政府相关部门依据政府部门、代管协会表彰奖励的情况做出评价。从图10横坐标的堆积图可以看出，政府有关部门的评价是影响外部评价得分高低的重要因素，获评等级越高的全国性行业协会商会，政府有关部门对其的评价越高。

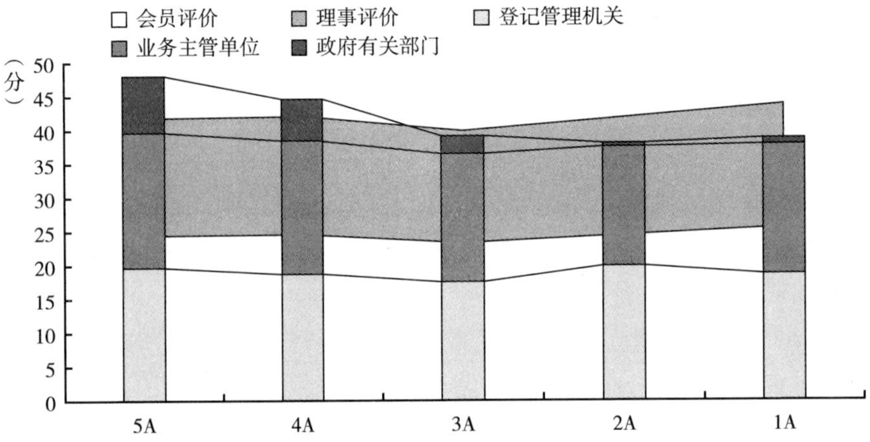

图10　2013年参评全国性行业协会商会社会评价相关指标评估结果

三　2013年全国性行业协会商会评估特点总结

（一）参评全国性行业协会商会取得的成绩

（1）服务行业、服务会员。全国性行业协会商会的办会之本是会员服务和行业服务，大部分参评全国性行业协会商会能把其作为工作重点，通过举办展览展会、规划咨询、维护权益、调查统计等活动来推动服务。中国家用电器协会定期组织行业性活动，连续举办13届“中国家电博览会”、9届“中国家用电器技术大会”，其中“中国家电博览会”已跻身全球三大家电展会，产生了长远的社会影响和经济效益。中国期货业协会每年编写发布《中国期货业发展报告》、每季度发布全国158家期货公司经营信息、每月发布期货市场成交量数据信息，为行业发展和政府决策提供依据。中国水运建设行业协会接受交通运输部委托，开展安全生产管理人员考核、标准宣贯等培训工作，近两年组织60多期专业培训，共培训5000多人，奠定了行业快速发展的基础。中国氯碱工业协会组织了反倾销原审案件6个，5个复审案件全部胜诉，反倾销案件胜诉后的几年时间里，我国氯碱行业的产量和产能明显增长，已成为全球最大的铝件生产国。

（2）行业管理。全国性行业协会商会通过制定自律公约、开展认证以及配合政府开展行业质量检查和评比等发挥规范行业行为、营造公平环境、支持会员发展的行业管理作用。中国皮革协会经国家工商总局注册“真皮标志”商标，同时在美国等18个国家进行国际注册，至今国内已有500多家企业品牌获此资格并严格按照有关规则进行使用管理。中国施工企业管理协会开展“中国施工企业管理协会科学技术奖”与“国家优质工程奖”评选活动，规范企业诚信经营，“优质工程奖”共评出1776个奖项且所有获奖工程无一出现质量问题。中国教育国际交流协会制定《自费出国留学中介服务行业诚信公约》，定期发布留学预警信息、协助政府整顿留学中介市场、规范留学中介机构管理以及保障留学人员的权利不受侵害。中国勘察设计协会配合主管部门规范勘察设计行业合同示范文本，完善执业注册制度。

（3）自身建设。全国性行业协会商会不断进行管理制度改革，在办会实力、人才队伍建设、内部治理等方面取得重大进展，品牌全国性行业协会商会不断涌现。办公面积与资产状况方面，5A等级全国性行业协会商会平均办公面积1030平方米、平均年末净资产4134万元，4A等级全国性行业协会商会平均办公面积417平方米、平均年末净资产1580万元，3A等级全国性行业协会商会平均办公面积237平方米、平均年末净资产411万元。其中获得4A等级以上的60家全国性行业协会商会中有15家购买了办公用房，如中国施工企业管理协会购买1531平方米办公用房。人才队伍建设方面，参加社会组织评估的全国性行业协会商会中，5A等级全国性行业协会商会平均有专职人员37人，拥有本科以上学历的工作人员占工作人员总数的87%，4A等级全国性行业协会商会平均有专职人员20人，3A等级全国性行业协会商会平均有专职人员 11 人，普遍都建立了充满活力的专业化和职业化人才队伍。党建方面，参评全国性行业协会商会十分重视党组织建设，有 74 家参评全国性行业协会商会独立或联合建立了党组织，党组织活动丰富。财务管理方面，参评全国性行业协会商会都能按照《民间非营利组织会计制度》进行管理，大都配备了一定数量的专职财务人员，财务管理较为规范。

（4）服务政府。全国性行业协会商会发挥桥梁作用的重要体现之一是服务政府。参评全国性行业协会商会一般都参加了行业标准、行业发展规划和行业准入条件的起草制定工作。据统计，4A 及以上等级全国性行业协会商会都接受过政府购买服务并在法律法规修订过程中提出过建议，有 23 家全国性行业协会商会还直接参与法律法规的起草工作。中国黄金协会申请并由国家标准化技术委员会批准成立全国黄金标准化技术委员会，至今完成标准 32 项，其中已颁布实施 6 项国家标准、21 项行业标准。中国工程爆破协会参与《民用爆炸物品安全管理条例》等 4 项法律法规的起草工作，承担爆破行业新技术和新成果鉴定 300 多项。中国建设工程造价管理协会推动行业“走出去”，经外交部批准加入亚太工料测量师协会和国际造价工程联合会，积极推荐造价工程师加入英国皇家特许测量师协会，并与香港工料测量师学会签署工程师互认协议。中国家具协会制定《中国家具行业特色区域共建办法》，与地方政府共建 33 个产业集群。中国教育国家交流协会承担 4 项教育部转移职能——“外籍教师招聘，港澳台民间教育交流，自费留学中介行业管理，中外合作办学质量认证”，每年组织上千人次人员交流。

（5）服务社会。参评全国性行业协会商会努力推动会员在公益事业方面发挥作用，重视社会服务、履行社会责任。中国照明协会连续 5 年组织企业参与“国家财政补贴推广高效照明产品”工作，协助有关部门推广节能灯 7 亿支。中国黄金协会编写《中国黄金行业社会责任报告》，报告经中国社会科学院评审，获得全国行业社会责任报告最高评级。中国康复辅助器具协会承担中央财政“社区日间照料老年人、残疾人康复器具配置关怀项目”，组织会员向西部地区捐赠康复器具。中国皮革协会在四川大学和西北轻工业学院设立中国皮革协会奖学金，自 1995 年至今共投入 135 万元，奖励优秀学生 1836 人次。中国眼镜协会开展爱眼公益活动、关注青少年用眼健康公益活动，走进西藏中学、北京宏志中学，以及到革命老区为师生和老区群众免费配镜，已成为长期开展的全国性公益活动。

（二）参评全国性行业协会商会存在的主要问题

（1）提供服务能力不足。一些协会活动能力有限，专职工作人员少且返聘人员多，年长工作人员比例较高，工作人员的工作态度有待提高。部分参评全国性行业协会商会提供服务的内容过于狭窄，热衷于举办展会以提高自己的收益，对行业需求的调查统计、规划咨询、反映诉求等基础性工作投入不够、研究不深。例如，中国化学试剂工业协会，专职人员不足5人且未签订劳动合同，力量薄弱，难以组织更多的活动。

（2）行业管理不到位。个别参评全国性行业协会商会存在政社不分、企会不分的问题，只对上级管理机构负责，但对行业的发展缺乏管理意愿和能力，无法履行行业代表职能。个别全国性行业协会商会在管理上过于依赖行政资源，工作手段单一，未来此类全国性行业协会商会在行业管理职能的发挥上将会遇到严重问题。

（3）全国性行业协会商会的转型亟待加强。全国性行业协会商会的发展与行业本身的发展走向紧密相关，只可领先不可滞后。但参评全国性行业协会商会中还存在如中国新华书店协会的情况，会员已经完成市场化转型，但协会的转型却没能跟上，发挥的作用也无法满足行业需要，以致会员数量下降，活动空间缩小。此外，还有部分协会在发展会员上没能下足功夫，大企业会员多，急需帮扶的中小企业会员少。

（4）内部治理急需完善。内部治理的完善是全国性行业协会商会履行行业治理职能的基础条件。在参评全国性行业协会商会中，有的协会民主办会不足，不能按规定召开会员（代表）大会、理事会（常务理事会）。部分参评全国性行业协会商会财务管理不够健全，发票、会费收据等的开具使用不规范，对分支机构的财务管理不及时、不合规，不能将分支机构纳入统一核算。如A协会（2A等级）未能按期换届，未按规定产生理事，秘书长变更未经过理事会审议，在内部治理方面问题严重。

（5）外部环境有待优化。全国性行业协会商会是市场经济的重要主体，数量庞大，但全国性行业协会商会的职能定位尚未在法律上加以明确，也没有专门的部门进行管理，有关税收优惠、劳动保障和购买服务等方面的配套政策尚不能落实到位。随着政府职能转移力度加大，这些环境上的缺陷将会制约全国性行业协会商会承接政府转移的职能，发挥职能优势。

参考文献

陈汪杰、陈少雄：《基于治理结构理论的行业协会绩效考核探讨》，《中国第三部门研究》第4卷，上海：上海交通大学出版社，2012。

陈显明：《行业协会会计核算制度变革研究——基于公共管理视角》，《财会通讯》2014年第13期。

顾朝曦：《努力发挥行业协会商会服务经济发展的作用》，《中国民政》2014年第5期。

韩雪梅：《行业协会人才队伍职业化建设》，《经营与管理》2014年第6期。

甫玉龙、史晓葳：《完善行业协会内部治理结构的探讨》，《中国行政管理》2009年第7期。

涂才江：《社会组织发展活力到底在哪里？——来自湖北省软件行业协会的实践报告》，《中国社会组织》2014年第4期。

王文斌：《大力加强行业协会自身建设和转型发展》，《中国社会组织》2014年第16期。

徐家良：《互益性组织：中国行业协会研究》，北京：北京师范大学出版社，2010。

郁建兴、沈永东、周俊：《从双重管理到合规性监管——全面深化改革时代行业协会商会监管体制的重构》2014年第4期。

张艳、荆林波、彭品志：《我国文化市场建设中的行业协会治理功能》，《中国流通经济》2014年第8期。

B.4

全国性学术类、公益类、联合类社会团体评估专题数据分析

一　2013年学术类、公益类、联合类社会团体评估总体情况

（一）评估背景及参评社团概况

2007年8月，民政部制定《关于推进民间组织评估工作的指导意见》和《全国性民间组织评估实施办法》，当年即落实基金会评估工作，全国性行业协会商会、基金会和民办非企业单位的评估工作在随后几年先后启动。2011年，全国性学术类社团首次被纳入全国性社会组织评估范围，2012年全国性联合类社团、公益类社团与职业类社团一起被纳入评估范围。截至2012年底，已参与评估的全国性学术类社团有168家，全国性联合类社团、全国性职业类社团和全国性公益类社团共16家。在2012年度评估的基础上，民政部制定全国性联合类社团、公益类社团和职业类社团评估指标，并修订了全国性学术类社团评估指标。2013年3月，民政部发文《关于开展2013年度社会组织评估工作的通知》，要求在2010年12月31日前在民政部登记成立并未参加过评估的全国性公益类社团必须参加2013年度社会组织评估，希望全国性学术类社团、全国性职业类社团和全国性联合类社团的参评率要达到50%。在上述背景下，2013年，参评全国性学术类社团有17家、联合类社团有14家、公益类社团有6家。本报告将对这三类社团在本次评估中取得的评估结果进行数据分析和描述。

（二）指标构成情况

根据民政部公布的指标，全国性学术类社团（以下简称学术类社团）、全国性公益类社团（以下简称公益类社团）和全国性联合类社团（以下简称联

合类社团）的评估指标包括基础条件、内部治理、工作绩效和社会评价四大模块，各模块在三类评估指标体系中所占权重相同。在二级指标设定方面，三类社团在基础条件、内部治理和工作绩效方面的指标内容与所占权重完全对应相等，在此不予详细阐述。三类社团评估指标的差异体现在工作绩效模块上。

从表1可见，三类社团在指标（二级或三级指标）中都有国际交流、建议咨询、宣传报道等指标，但在指标的权重和对应的实际内容上有所区别。此外，与全国性行业协会商会评估指标的修订类似，特色工作（50分）也出现在三类社团的评估指标体系中，受到相当高的重视。三类社团的评估指标还依据各类社团的活动范围和活动特点体现出针对性。在公益类社团的工作绩效评估指标中，公益支出与公益项目相对权重最高，满分分别为130分和90分，占该项指标总分的比例分别为29%和20%。在联合类社团的评估指标中，会员工作、交流活动及宣传推广占据权重前三名，满分分别为140分、95分和95分，占比分别为31%、21%和21%。在学术类社团的评估指标中，权重最高的两个指标为学术活动和人才建设，满分分别为160分和70分，占比分别为36%和16%。

表1　2013年学术类、公益类、联合类社团评估指标之“工作绩效”指标结构汇总

单位：分

学术类社团		公益类社团		联合类社团	
学术活动（160）	学术会议(60)	公益支出（130）	支出规模(20)	交流活动（95）	业务交流(60)
	学术书刊(50)		支出比例(80)		国际交流(35)
	学术研究(40)		增长水平(30)	咨询研究（70）	理论研究(35)
	宣传报道(10)				
建议咨询（60）	政策建议(20)	公益项目（90）	项目管理(40)		建议咨询(35)
	咨询评估(40)		项目绩效(50)	会员工作（140）	维护权益(25)
科普公益（60）	科普活动(50)	公益服务（80）	促进参与、开展培训(30)		人才培养(35)
	公益活动(10)		建议咨询(30)		互动合作(45)
人才建设（70）	人才培养(40)		国际交流与合作(20)		会员管理规范化(35)
	会员管理(15)	公益推广（40）	公益理念(20)	宣传推广（95）	社会责任(40)
	学术自律(15)		社会宣传(20)		期刊书籍(30)
国际交流与合作（50）	国际交流(20)	信息公开（60）	财务信息公开(35)		信息平台(25)
	国际合作(10)		项目信息公开(25)	特色工作(50)	
	国际影响(20)	特色工作(50)			
特色工作(50)					

（三）评估结果概述

2013年，参评学术类社团17家、联合类社团14家、公益类社团6家。其中，7家学术类社团获评4A等级，6家获评3A等级，2家获评2A等级，2家获评1A等级；1家联合类社团获评5A等级，3家获评4A等级，7家获评3A等级，2家获评2A等级，1家获评1A等级；1家公益类社团获评4A等级，其余5家获评3A等级。从图1可知，联合类社团的评估结果显示，获评5A等级的联合类社团得分均值为898分；4A等级的联合类社团得分均值为785.3分，高出4A等级评定最低标准约35分；3A等级的联合类社团得分均值为687.6分，高出对应等级评定最低标准37.6分；学术类社团获评最高等级为4A等级，得分均值为811.7分，高出4A等级评定最低标准61.7分，3A等级的学术类社团得分均值为680.5分，高出对应等级评定最低标准30.5分。6家公益类社团中1家4A等级社团得分779分，获评3A等级的社团得分均值为701.4分，高出3A等级评定最低标准51.4分。

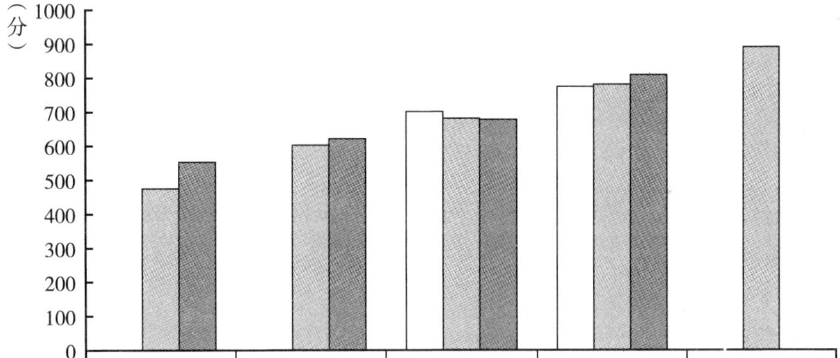

	1A	2A	3A	4A	5A
□ 公益类	—	—	701.4	779.0	—
▨ 联合类	477.0	602.5	687.6	785.3	898.0
■ 学术类	554.5	623.0	680.5	811.7	—

图1　2013年参评公益类、联合类、学术类社团评估得分均值

二　2013年参评学术类、公益类、联合类社团评估结果的统计分析

从参评社团的平均水平来看，学术类社团在内部治理指标上得分均值最

高，得分比为72.8%（M=269.4，N=17）；公益类社团在基础条件、工作绩效和社会评价三项指标上得分比最高，得分比分别为92.5%（M=74，N=6）、65.5%（M=294.7，N=6）、83.2%（M=83.2，N=6）；联合类社团在各项指标上的得分比都居于中间水平（见表2）。对所有三类社团来说，工作绩效指标的得分比在四项指标中最低，内部治理指标的得分比次低，可见，所有参评社团都需要在内部治理和工作绩效方面改善提高。

表2 2013年参评学术类、公益类、联合类社团四类指标评估得分均值

单位：分

指 标		基础条件	内部治理	工作绩效	社会评价
指标权重		8%	37%	45%	10%
社团类别	学术类	72.8	269.4	290.3	80.4
	公益类	74.0	262.5	294.7	83.2
	联合类	73.4	263.5	277.1	82.4

（一）“基础条件”评估结果描述

从表3可知，2013年参评社团均有较好的基础条件，得分均值最低的参评联合类社团在基础条件指标上的得分比也达到了80%。就三类社团内不同等级的参评社团而言，获评等级越高的社团，在基础条件指标上的得分均值越高。

表3 2013年三类参评社团基础条件指标得分均值

单位：分

社团类别	评估等级				
	1A	2A	3A	4A	5A
学术类	68.5	75.0	69.8	75.9	—
公益类	—	—	73.2	78.0	—
联合类	64.0	64.5	74.6	77.7	79.0

1. 学术类社团评估结果分析

具体而言，基础条件包括4个二级指标，即法人资格、章程、登记和备案以及年度检查，满分分值分别为 30 分、15 分、20 分和 15 分。从图 2 可以看出，17 家参评社团全部做到按时参加年检，并且年检结论不存在任何问题，均获得满分评价。在登记和备案方面，参评社团平均得分比达到 95.5%，仅有 6 家社团由于信息变更登记备案不及时而被扣分。在法人资格方面，17 家参评社团 2012 年末固定资产平均值达到 209 万元，除 1 家 4A 等级社团年末净资产低于注册资金外，其余资产额均符合规定；除 1 家与其他机构合用办公场所外，均拥有独立的办公场所，平均办公面积达 165.4 平方米。获评等级越高的社团固定资产额越高，平均办公面积越大，其中 4A 等级社团平均拥有固定资产 573.9 万元，办公面积 200 平方米；3A 等级社团平均拥有固定资产 163.4 万元，办公面积 191 平方米；2A 等级社团平均拥有固定资产 111.9 万元，办公面积 72 平方米；1A 等级社团平均拥有固定资产 16.9 万元，办公面积 60 平方米。在章程核准方面，仅有中国钱币学会 1 家参评社团在此方面存在问题，被评 0 分；仅有中国动画学会 1 家在章程制定程序方面存在问题，需要引起注意。

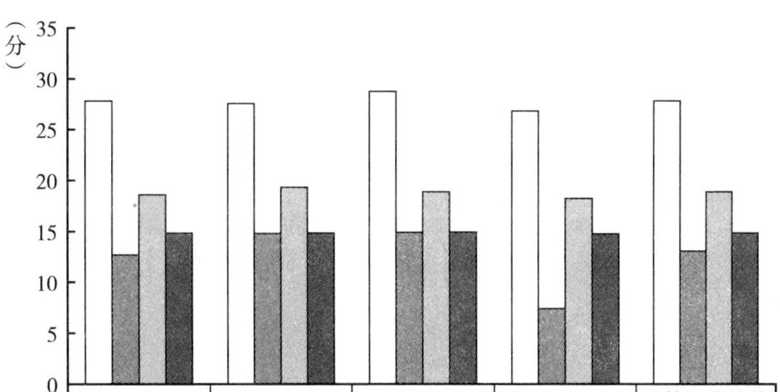

	4A	3A	2A	1A	总体得分均值
□ 法人资格	28.0	27.7	29.0	27.0	27.9
■ 章程	12.9	15.0	15.0	7.5	13.2
■ 登记和备案	18.9	19.5	19.0	18.5	19.1
■ 年度检查	15.0	15.0	15.0	15.0	15.0

图 2　2013 年参评学术类社团基础条件 4 项指标评估结果

2. 公益类社团评估结果分析

6 家参评公益类社团中，获评 4A 等级的中国性病艾滋病防治协会除在办公用房方面被扣2分外，在其他各方面均无任何问题，基础条件得分比高达97.5%。其余5家参评社团均为3A等级，在年检方面均获评满分15分，不存在任何问题。在登记和备案方面，4家参评社团存在变更信息不及时备案的情况，被扣除一定分数。在章程制定与核准方面，除中国学生营养促进会因为无法提供材料证明章程修改后已报民政部备案而被评0分之外，其余5家参评社团均获评满分。在法人资格方面，6家参评社团2012年年末净资产额平均为9524.2万元，其中中国生命关怀协会年末净资产为负值；所有参评社团都拥有独立办公场所，平均办公面积为212.5平方米，其中办公面积最小的为38.8平方米，最大的为343.13平方米。

3. 联合类社团评估结果分析

从图3可知，14家联合类社团在按时参加年检和年检结论方面均不存在问题，获评满分。在登记和备案方面，参评社团平均得分比为88.5%（M=17.7，N=14），中国艺术摄影学会（2A等级）和中国新闻文化促进会（1A等级）由于存在章程修改、办公住所变更、负责人变更等事项未进行登记备案而被评0分，其余参评社团均行为规范。在法人资格方面，参评社团在2012年年末净资产额为575.3万元（N=14），仅有吉林大学校友会（3A等

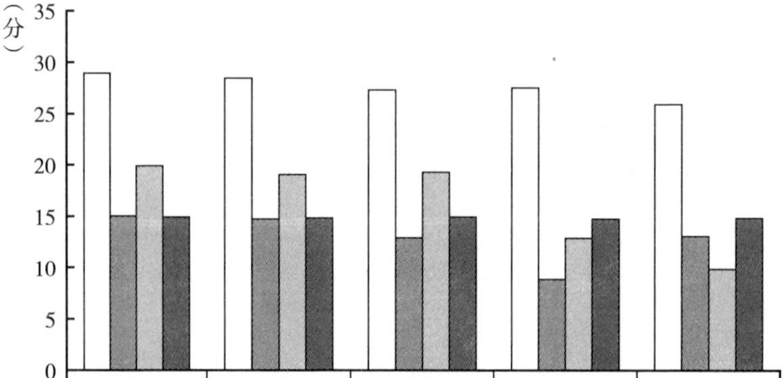

	5A	4A	3A	2A	1A
□ 法人资格	29.0	28.7	27.4	27.5	26.0
■ 章程	15.0	15.0	12.9	9.0	13.0
■ 登记和备案	20.0	19.0	19.3	13.0	10.0
■ 年度检查	15.0	15.0	15.0	15.0	15.0

图3　2013年参评联合类社团基础条件4项指标评估结果

级）1 家参评社团低于注册资金被扣分；全部参评协会都拥有独立办公场所，平均办公面积达 364 平方米（N =14）。总体而言，获评等级越高的参评社团净资产额越高、办公场所面积越大。获评 5A 等级的中国中小企业协会年末净资产额高达 4553. 4 万元，租用办公场所面积达 1435 平方米；获评 4A 等级的社团（N =3）年末净资产额平均为 743. 2 万元，平均办公面积为 436. 7 平方米；获评 3A 等级的社团（N =7）年末净资产额平均为 142 万元，平均办公面积为 263 平方米；获评 2A 等级的社团（N =2）年末净资产额平均为 99. 5 万元，平均办公面积为 128 平方米；获评 1A 等级的中国新闻文化促进会年末净资产额为 78. 4 万元，办公面积为 252 平方米。在章程核准方面，中国少年儿童报刊工作者协会和中国农村青年致富带头人协会获评 0 分，存在重要问题；同时，前者的章程制定程序也存在不合规之处，被评 0 分；其余 12 家社团均行为合规。

（二）“内部治理”评估结果描述

由表 4 可知，2013 年参评社团内部治理情况总体处于中等水平，平均得分比为 72%（N =37），参评公益类社团内部治理平均水平相对最低，得分比为 71%（N =6）。就三类社团内不同等级的参评社团而言，获评等级越高的社团，内部治理指标得分均值越高，内部治理水平相对越高。具体而言，内部治理包括 6 个二级指标，分别是发展规划、组织机构、人力资源、领导班子建设、财务资产和档案、证章管理。对三类社团来说，在内部治理指标内部的二级指标及对应权重几乎完全相同，仅在财务资产指标上稍有不同，本节将对三类社团的内部治理评估结果分别加以描述。

表 4　2013 年三类参评社团内部治理指标得分均值

单位：分

社团类别	评估等级					总体得分均值
	1A	2A	3A	4A	5A	
学术类	206. 5	241. 0	259. 0	304. 4	—	269. 4
公益类	—	—	263. 8	256. 0	—	262. 5
联合类	208. 0	209. 0	259. 6	305. 0	331. 0	263. 5

1. 学术类社团评估结果分析

就学术类社团的评估结果而言，由于本次评估中未出现获评 5A 等级的社团，故各项指标得分均值均未出现较高分值。此外，获评等级高的参评社团在分项指标上的得分仍然具有优势，不同等级的社团在内部治理上的差距在各个方面均有反映。具体数据见图 4。

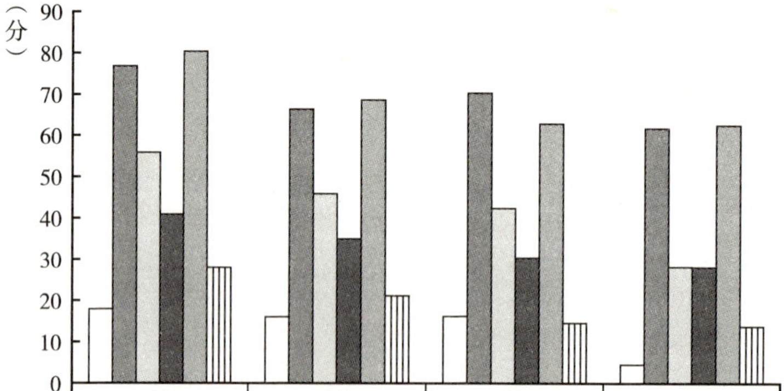

	4A	3A	2A	1A
□ 发展规划	18.7	16.7	16.5	5.0
■ 组织机构	77.1	67.0	70.5	62.0
□ 人力资源	56.1	46.0	42.5	28.5
■ 领导班子建设	41.1	35.3	30.5	28.5
■ 财务资产	80.4	69.0	63.0	62.5
Ⅲ 档案、证章管理	28.3	21.5	15.0	14.0

图 4　2013 年学术类社团内部治理 6 项指标评估结果

（1）发展规划指标考察参评社团在组织战略管理方面的程序规范性和执行效果，包括发展规划和落实情况、年度工作计划和总结 2 项下级指标，满分分值各为 10 分。17 家参评社团在发展规划方面总体均值为 16.1 分，得分比为 80.5%，情况较好。获评等级较高的社团在发展规划方面优于获评等级较低的社团，4A 等级社团的得分均值与 3A 及以下等级社团的得分均值间差距较大。其中，获评 1A 等级的中国社会经济系统分析研究会未制定发展规划，因此获评 0 分；所有参评社团在年度工作计划和总结方面都获评 9 分，存在些许不足之处。

（2）组织机构。组织机构指标包括会员（代表）大会（15 分），理事会

（常务理事会）（30 分），办事机构（10 分），分支机构和代表机构（20 分），党组织建设（15 分）5 项下级指标。不同等级的 17 家参评社团在各项指标上的得分均值如表 5 所示。从得分比来看，参评社团在会员（代表）大会上得分比为 64%，在理事会（常务理事会）上得分比为 81%，在办事机构上得分比为 85%，在分支机构和代表机构上得分比为 80%，在党组织建设上得分比为 84%，可见，会员（代表）大会是参评社团表现较差的方面。17 家参评社团中 2 家未在章程中规定会员代表产生制度，3 家参评社团会员（代表）大会的召开违反章程规定，1 家参评社团在重大事项表决方面形式、记录不规范。与理事会（常务理事会）相关的指标评估中，部分参评社团理事会（常务理事会）换届和召开不符合章程规定，部分社团在理事资格、任命及民主决策方面存在不符合规定之处，2 家参评社团因理事会（常务理事会）不作为、不能履行职责而被评 0 分。多数参评社团的办事机构、分支机构和代表机构都能够设立相关管理制度、配置匹配的工作人员，机构运转正常。1 家参评社团未设立党组织，4 家参评社团党组织活动的开展可以更加丰富，其余社团党组织活动开展顺利，有成效。

表 5　2013 年参评学术类社团组织机构 5 项指标评估结果

单位：分

指标		会员（代表）大会	理事会（常务理事会）	办事机构	分支机构和代表机构	党组织建设
满分分值		15	30	10	20	15
评估等级	4A	11.0	25.7	9.3	18.3	12.9
	3A	7.3	23.3	8.5	13.7	14.2
	2A	12.0	26.0	8.0	14.5	10.0
	1A	9.0	21.0	6.0	16.0	10.0

（3）人力资源和领导班子建设。从得分比来看，参评社团的领导班子建设情况优于人力资源建设情况，得分比分别为 80.9% 和 67.8%。在人力资源指标内部，人事管理指标得分比为 71%，工作人员指标得分比为 63%。从获评等级来看，获评等级越高的社团，在人力资源与领导班子建设方面得分均值越高。

从更下一级的指标来看，参评社团在人事聘用、薪酬和培训方面需要加强，总体得分比分别为 58%、53% 和 58%。奖惩方面总体情况较好，1 家参评社团得分为0，总体得分比为74%。在劳动合同方面，4家参评社团未与工作人员签订劳动合同，被扣除10分。在社会保险方面，参评社团的表现明显好于在前几项指标上的表现，得分比为93%。此外，参评社团都不同程度地存在人员不足的问题，人员数量指标的得分比仅为33%。虽然人员数量较少，但工作人员在年龄、学历和职称方面结构相对较好，得分比分别为70%和89%。

在领导班子建设方面，除个别参评社团存在负责人年龄超过要求、任期超过届次上限、绩效考核不理想、存在党政领导兼任的情况之外，其余参评社团都获得满分或接近满分的评价。在秘书长相关指标方面，所有参评社团秘书长的产生程序都符合章程规定，但7家参评社团没有专职秘书长。

表6　2013年参评学术类社团人力资源和领导班子建设相关指标评估结果

单位：分

指标		人力资源	人事管理	工作人员	领导班子建设
满分分值		70	45	25	45
总体得分均值		47.7	32	15.7	36.4
评估等级	4A	56.1	38.3	17.9	41.1
	3A	46.0	31.0	15.0	35.3
	2A	42.5	28.0	14.5	30.5
	1A	28.5	17.0	11.5	28.5

（4）财务资产。总体而言，等级越高的社团在财务资产各项指标上的得分均值也越高。从得分比来看，参评社团在会计核算（得分比为62%）、财务管理（得分比为52.5%）、财务报告和监督（得分比为63%）三个方面存在较为突出的问题，在会计人员和会计机构、会费管理和税务及票据管理等方面表现相对较好。在会计核算方面，所有参评社团都执行了《民间非营利组织会计制度》，但执行的规范性有待提高；7家参评社团的财务软件不符合规定，电算化方面被扣分；参评社团还需要注意会计档案资料的保管。在财务管理方面，参评社团的财务支出审批程序较为规范，投资管理和业务活动支出比例控制情况良好，但在经费使用、管理制度建立及执行、资产管理和分支机构财务管理方面需加强。在财务报告和监督方面，财务审计执行得较好，财务报告问题较多，3家参评社团在财务报告指标上被评0分，17家参评社团得分比均值

仅为45%。

（5）档案、证章管理。该项指标从相关规定的制定和实际保管及使用情况两个方面分别评估。从得分结果来看，多数参评社团的档案、证章保管及使用情况没有明显问题，但在规范性上还需要下功夫。管理规定成为参评社团的盲点，3家参评社团未制定档案管理规定，7家参评社团未制定证书使用管理规定，2家参评社团未制定印章管理规定。

表7　2013年参评学术类社团财务资产6项指标评估结果

单位：分

指标		会计人员和会计机构	会计核算	财务管理	会费管理	税务及票据管理	财务报告和监督
满分分值		8	22	39	20	10	16
总体得分均值		5.9	13.6	23.1	12.3	7.3	10.1
评估等级	4A	6.3	15.4	25.6	12.7	9.0	11.4
	3A	6.0	12.0	23.0	12.5	5.3	10.2
	2A	5.5	12.0	19.0	14.5	6.0	6.0
	1A	5.0	13.5	18.5	8.0	8.5	9.0

2. 公益类社团评估结果分析

就公益类社团的评估结果而言，本次评估仅有6家社团参评，在评估等级分布上除1家4A等级外其余5家均为3A等级，不同等级社团在各指标上得分均值的可比性较差，故仅以表格形式呈现数据（具体数据见表8）。此外，由于未能获取4A等级社团在部分指标上的得分，故在部分指标上，仅对3A等级社团的数据进行分析。

表8　2013年参评公益类社团内部治理6项指标评估结果

单位：分

指标		发展规划	组织机构	人力资源	领导班子建设	财务资产	档案、证章管理
满分分值		20	90	70	45	115	30
评估等级	4A	15.0	55.0	—	—	—	20.0
	3A	15.4	70.8	45.4	36.4	71.8	25.0

（1）发展规划指标考察参评社团在组织战略管理方面的程序规范性和执行效果，包括发展规划和落实情况、年度工作计划和总结2项下级指标，满分

分值各为10分。从评估得分来看，4A等级社团得分均值为15分，3A等级社团得分均值为15.4分，高于4A等级社团。所有参评社团在年度工作计划和总结方面都获得了满分评价，但在发展规划和落实情况方面，部分参评社团有待加强。

（2）组织机构。组织机构指标包括会员（代表）大会（15分）、理事会（常务理事会）（30分）、办事机构（10分）、分支机构和代表机构（20分）、党组织（15分）5项下级指标。3A和4A等级的社团在各项指标上的得分均值如表9所示。从得分比来看，获评4A等级的中国性病艾滋病防治协会在会员（代表）大会、理事会（常务理事会）、分支机构和代表机构等方面存在较大问题。对3A等级的社团而言，在分支机构和代表机构上得分比为69%，在会员（代表）大会上得分比为71%，在理事会（常务理事会）上得分比为81%，在办事机构上得分比为86%，在党组织建设上得分比为91%，可见，分支机构和代表机构是参评社团表现较差的方面。

表9　2013年参评公益类社团组织机构5项指标评估结果

单位：分

指标		会员（代表）大会	理事会（常务理事会）	办事机构	分支机构和代表机构	党组织建设
满分分值		15	30	10	20	15
评估等级	4A	3.0	17.0	10.0	12.0	13.0
	3A	10.6	24.2	8.6	13.8	13.6

（3）人力资源和领导班子建设。由于4A等级社团的资料无法获得，本部分仅对5家3A等级社团的数据进行分析。从得分比来看，参评社团的领导班子建设情况优于人力资源建设情况，得分比分别为81%和65%（详见表10）。在人力资源指标内部，人事管理指标得分比为69%，工作人员指标得分比为57%。从更下一级的指标来看，参评社团在劳动合同和社会保险方面表现较好，5家参评社团均获评满分。在人事聘用、薪酬、奖惩和培训方面需要加强。此外，参评社团都不同程度地存在人员不足的问题，人员数量指标的得分比仅为56%，同时，除中国对外文化交流协会之外，其余4家社团都存在工作人员年龄偏大的问题。在领导班子建设方面，除个别参评社团存在负责人年

龄超过要求、任期超过届次上限、绩效考核不理想、存在党政领导兼任的情况之外，其余参评社团领导班子的履职情况相对较好。在秘书长相关指标方面，所有社团的秘书长产生程序都符合章程规定，且全部为专职。

表 10　2013 年参评公益类社团人力资源和领导班子建设相关指标评估结果

单位：分

指标		人力资源	人事管理	工作人员	领导班子建设
满分分值		70	45	25	45
评估等级	3A	45.4	31.2	14.2	36.4

（4）财务资产。本部分仍然只对 5 家获评 3A 等级社团的评估得分进行统计分析。从得分比来看，参评社团在会计人员和会计机构（得分比为 55%）、会计核算（得分比为 60%）、财务管理（得分比为 66%）、税务及票据管理（得分比为 46%）、财务报告和监督（得分比为 47.5%）五个方面都存在较为突出的问题，在会费管理（得分比为 98%）方面表现相对较好。参评社团需要聘用专业的会计人员，并且改善会计电算化的管理现状，注重税务登记和纳税情况的合规性，提高财务报告的完整性和项目准确性。在财务管理方面，所有参评社团都未在资产管理一项上获得评分，这一现象或许反映出指标设置存在需要调整的地方。此外，中国对外文化交流协会需要加强对公益项目的财务管理。更多数据见表 11。

表 11　2013 年参评公益类社团财务资产 6 项指标评估结果

单位：分

指标		会计人员和会计机构	会计核算	财务管理	会费管理	税务及票据管理	财务报告和监督
满分分值		8	22	49	10	10	16
评估等级	3A	4.4	13.2	32.2	9.8	4.6	7.6

（5）档案、证章管理。该项指标从相关规定的制定和实际保管及使用情况两个方面分别评估。从得分结果来看，多数参评社团的档案、证章保管及使用情况没有明显问题，只是规范性仍需加强。管理规定成为参评社团的盲点，

2 家参评社团未制定档案管理规定，3 家参评社团未制定证书使用管理规定。

3. 联合类社团评估结果分析

就联合类社团的评估结果而言，本次共 14 家社团参评，获评等级涵盖了从 1A 至 5A 的全部等级。但由于各等级社团数量不等且数量总体较少，同等级社团在各指标上得分均值的可比性仍然较差，在本部分仅提供各项指标的得分均值用以描述整体评估结果。具体数据见图 5。

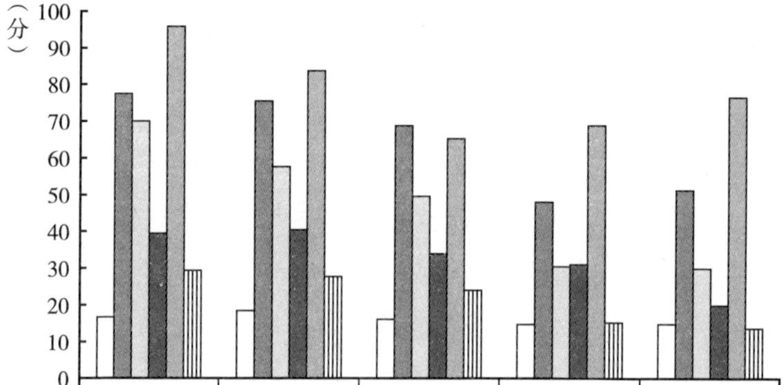

	5A	4A	3A	2A	1A
□ 发展规划	17.0	19.0	16.4	15.0	15.0
■ 组织机构	78.0	75.7	69.1	48.0	52.0
□ 人力资源	70.0	57.7	50.1	30.5	30.0
■ 领导班子	40.0	41.0	34.3	31.0	20.0
■ 财务资产	96.0	83.7	65.4	69.0	77.0
Ⅲ 档案、证章管理	30.0	28.0	24.1	15.5	14.0

图 5　2013 年参评联合类社团内部治理 6 项指标评估结果

（1）发展规划指标考察参评社团在组织战略管理方面的程序规范性和执行效果，包括发展规划和落实情况、年度工作计划和总结 2 项下级指标，满分分值各为 10 分。14 家参评社团在发展规划方面总体均值为 16.7 分，得分比为 83.5%，情况较好。一般而言，获评等级较高的社团在发展规划方面优于等级较低的社团，但本次评估中 5A 等级社团的发展规划得分均值低于 4A 等级社团的得分均值。所有参评社团在年度工作计划和总结方面都获评 9 分，存在些许不足之处。

（2）组织机构。14 家参评社团在组织机构这项指标上的总体得分均值为

66.9 分，得分比为 74.3%，参评社团在组织机构各项指标上的得分均值如表 12 所示。从得分比来看，参评社团在会员（代表）大会上得分比为 76%（M = 11.4），在理事会（常务理事会）上得分比为 71.7%（M = 21.5），在办事机构上得分比为 79%（M = 7.9），在分支机构和代表机构上得分比为 66.5%（M = 13.3），在党组织建设上得分比为 86%（M = 12.9），可见，分支机构和代表机构管理是参评社团表现较差的方面。从获评等级角度来看，获评 2A 和 1A 等级的 3 家社团在分支机构和代表机构上的得分均值与其他更高等级社团的差距较大，其中 1 家 2A 等级社团更是因为分支机构和代表机构没有办理登记就开始运行而获得 0 分评价，1A 等级社团虽然已经为分支机构和代表机构办理了登记注册，但尚未形成管理制度，也没有正常开展工作。党组织建设是参评社团总体得分比最高的一项指标，但评估发现，1 家参评社团党组织没有获得上级党组织的批准文件。由此可见，参评社团在内部治理方面虽然已经完成了基本架构的搭建，但在管理和运行程序的规范性上仍有待加强。

表 12　2013 年参评联合类社团组织机构 5 项指标评估结果

单位：分

指标		会员（代表）大会	理事会（常务理事会）	办事机构	分支机构和代表机构	党组织建设
满分分值		15	30	10	20	15
评估等级	5A	12.0	21.0	10.0	20.0	15.0
	4A	12.3	24.7	7.7	16.0	15.0
	3A	10.7	21.9	8.0	14.9	13.7
	2A	10.0	21.5	7.0	4.5	5.0
	1A	15.0	10.0	7.0	5.0	15.0

（3）人力资源和领导班子建设。从得分比来看，参评社团的领导班子建设情况优于人力资源建设情况，得分比分别为 76.9% 和 69.9%。在人力资源指标内部，人事管理指标得分比为 68.9%，工作人员指标得分比为 71.6%。从获评等级来看，获评等级越高的社团，在人力资源与领导班子建设方面得分均值越高，获评 5A 等级的中国中小企业协会在各项指标上都获得了满分，实属难得。从更下一级的指标来看，除 5A 等级社团之外，参评社团在人事聘用、薪酬、奖惩和培训方面都需要加强，总体得分比分别为 47%、50%、

58%和54%。劳动合同和社会保险等福利保障工作情况较好，除2家参评社团在劳动合同方面获评0分之外，多数社团获评满分。此外，参评社团都不同程度地存在人员不足的问题，人员数量指标的得分比仅为38%。虽然人员数量受限，但工作人员在年龄、学历和职称方面结构相对较好，得分比分别为84%和93%。

在领导班子建设方面，4A等级社团的得分均值高于5A等级社团，后者与其他3个等级的社团一道在负责人年龄、任期届次方面被扣5分。此外，相较于负责人履职情况和影响力情况，负责人的绩效考核及党政领导兼任是两个评估中发现问题较多的指标，5家参评社团不能提供负责人考核的相关资料，2家参评社团存在党政领导兼任情况。在秘书长相关指标方面，2家参评社团的秘书长产生程序不符合章程规定，但5家参评社团没有专职秘书长。具体数据见表13。

表13　2013年参评联合类社团人力资源和领导班子建设相关指标评估结果

单位：分

指标		人力资源	人事管理	工作人员	领导班子建设
满分分值		70	45	25	45
总体得分均值		48.9	31.0	17.9	34.6
评估等级	5A	70.0	45.0	25.0	40.0
	4A	57.7	37.3	20.3	41.0
	3A	50.1	31.6	18.6	34.3
	2A	30.5	22.5	8.0	31.0
	1A	30.0	11.0	19.0	20.0

（4）财务资产。14家参评社团在财务资产一项上得分均值为72.9分，得分比为63.4%，整体水平有待提高。从得分比来看，参评社团在会计核算（得分比为57.0%）、财务管理（得分比为59.0%）、财务报告和监督（得分比为57.5%）三个方面存在较为突出的问题，在会计人员和会计机构（得分比为70.0%）、会费管理（得分比为78.0%）和税务及票据管理（得分比为69.0%）方面表现相对较好，但也同样需要加强。在会计核算方面，1A等级的社团得分均值最高，2A等级的社团得分均值最低，山东大学校友会未执行

《民间非营利组织会计制度》，被扣掉全部分数；6 家参评社团的财务软件不符合规定，电算化方面被扣分。在财务管理方面，3 家参评社团需注意经费来源和使用，2 家参评社团需注意资产管理，1 家参评社团分支机构的财务管理亟待加强。在财务报告和监督方面，财务审计执行较好，财务报告问题较多，2 家参评社团在财务报告指标上被评 0 分，原因是未及时向会员（代表）大会或理事会（常务理事会）提交财务报告。具体数据见表 14。

表 14　2013 年参评联合类社团财务资产 6 项指标评估结果

单位：分

指标		会计人员和会计机构	会计核算	财务管理	会费管理	税务及票据管理	财务报告和监督
满分分值		8	22	39	20	10	16
总体得分均值		5.6	12.5	23.1	15.6	6.9	9.2
评估等级	5A	6.0	20.0	31.0	20.0	10.0	9.0
	4A	6.7	14.3	25.3	19.3	8.7	9.3
	3A	5.1	10.9	21.7	12.0	6.1	9.6
	2A	5.0	13.5	19.5	18.0	4.5	8.5
	1A	7.0	9.0	25.0	20.0	8.0	8.0

（5）档案、证章管理。该项指标总得分均值为 23.4 分，得分比为 78%，从相关规定的制定和实际保管及使用情况两个方面分别评估。从得分结果来看，与参评的学术类和公益类社团类似，多数参评联合类社团的档案、证章保管及使用情况没有明显问题，只是规范性仍需加强；1 家参评社团在证书保管上被评 0 分。管理规定成为参评社团的盲点，2 家参评社团未制定档案管理规定，6 家参评社团未制定证书使用管理规定。

（三）“工作绩效”评估结果描述

在工作绩效的指标设定上，学术类社团、公益类社团和联合类社团明显不同，本节将根据各类社团的指标内容分别进行数据描述。

1. 学术类社团评估结果分析

从表 15 可知，17 家参评社团在工作绩效指标上得分均值为 290.3 分，得分比为 64.5%。各等级社团的得分均值相差较大，4A 等级社团的得分均值为

342.9分（N=7），得分比为76.2%；3A等级社团的得分均值为277分（N=6），得分比为61.6%；2A等级社团的得分均值为228.5分（N=2），得分比为50.8%；1A等级社团的得分均值为208分（N=2），得分比为46.2%。

表15　2013年参评学术类社团工作绩效指标得分均值

单位：分

	均值	评估等级				指标总分
		1A	2A	3A	4A	
工作绩效	290.3	208.0	228.5	277.0	342.9	450

具体而言，学术类社团工作绩效包括6项二级指标，下含13个次级指标。二级指标分别是学术活动（160分）、建议咨询（60分）、科普公益（60分）、人才建设（70分）、国际交流与合作（50分）、特色工作（50分）。17家不同等级的社团在二级指标上的得分均值柱状图如图6所示。从得分比来看，参评社团在学术活动上得分比为52.6%，在建议咨询上得分比为66.7%，在科普公益上得分比为52.8%，在人才建设上得分比为56.6%，在国际交流上得分

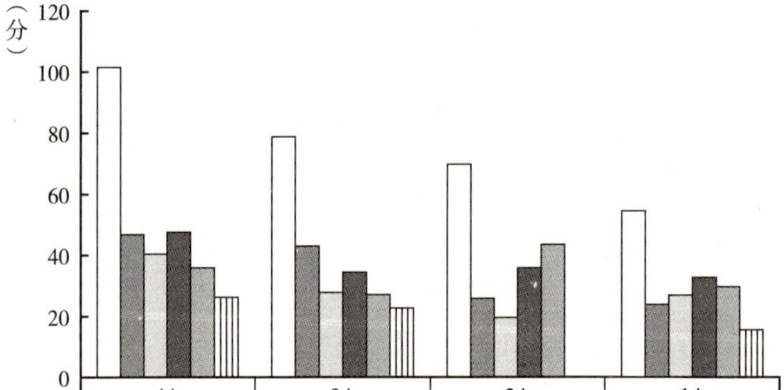

	4A	3A	2A	1A
□ 学术活动	101.0	79.2	70.0	54.0
■ 建议咨询	46.4	42.8	25.5	23.5
□ 科普公益	40.3	27.5	19.5	26.5
■ 人才建设	47.7	34.0	35.5	32.5
■ 国际交流与合作	35.9	26.8	43.0	29.0
▥ 特色工作	26.4	22.5	0.0	15.0

图6　2013年参评学术类社团工作绩效6项指标评估结果

比为65.4%，在特色工作上得分比为41.2%，各项指标的平均得分比均未超过60%。

（1）学术活动。学术活动包括学术会议、学术书刊、学术研究和宣传报道4个下级指标，满分分值分别为60分、50分、40分和10分。从得分均值和得分比来看，学术会议得分比为78.2%（M=46.9），学术书刊得分比为69.6%（M=34.8），学术研究得分比为66.5%（M=26.6），宣传报道得分比为66.5%（M=6.6），四个指标中学术会议得分比最高，学术研究和宣传报道得分比同为最低。在不同等级社团之间，2A及以上等级社团在学术会议上得分均值差距较小；4A等级社团在学术书刊方面得分遥遥领先；在学术研究和宣传报道方面，3A、4A等级社团与2A及以下等级社团间差距较为明显。具体数据见图7。

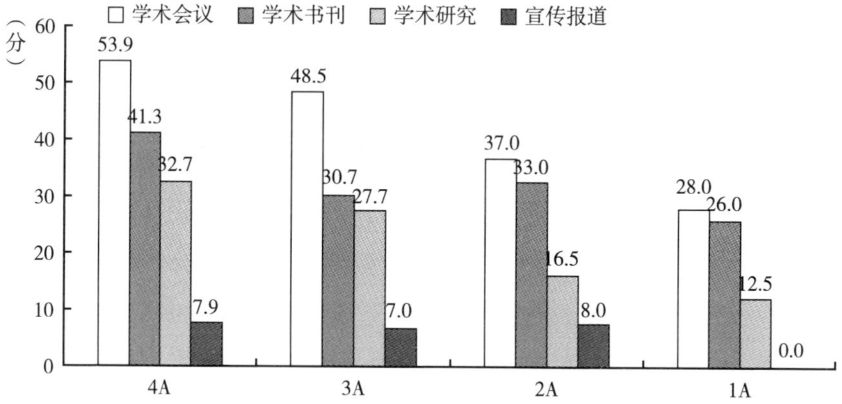

图7　2013年参评学术类社团学术活动相关指标评估结果

4家参评社团在学术会议上获评最高分58分，其中全国预算会计研究会每年组织召开财政预算绩效管理研讨会、提高居民收入比重的财政政策研究研讨会等，并将研究成果结集成册向会员发放；上两个年度共召开会议6次，与会者近千人。中国中文信息学会在学术书刊上获评最高分49分，学会公开发行期刊《中文信息学报》、内部《会员通讯》，出版专业书籍十余种，出版的《汉语动词的配价研究》获得中国社会科学院青年语言学家奖，成绩显著。在学术研究方面同样是中国中文信息学会获得了最高分39分，学会承担了国际自然科学基金以及教育部的多项课题。在宣传报道方面，6 家参评社团均获得满分 10 分的评价，有 3 家社团获评 0 分，需要注意加大对所举办的学术活动及成果的宣传力度。

（2）建议咨询。建议咨询包括政策建议（20 分）和咨询评估（40 分）两个方面，共包括 6 个下级指标，每个指标满分 10 分。从得分比来看，政策建议得分比为 67%（M = 13.4），咨询评估得分比为 44.3%（M = 26.6），参评社团在政策建议方面作用的发挥好于咨询评估。具体而言，不同等级社团在 6 个下级指标上的得分均值见图 8。

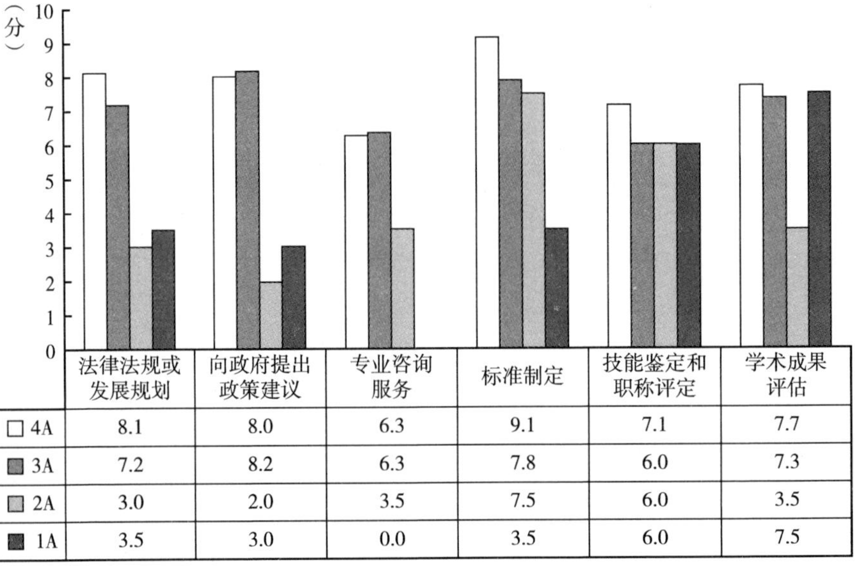

	法律法规或发展规划	向政府提出政策建议	专业咨询服务	标准制定	技能鉴定和职称评定	学术成果评估
□ 4A	8.1	8.0	6.3	9.1	7.1	7.7
■ 3A	7.2	8.2	6.3	7.8	6.0	7.3
■ 2A	3.0	2.0	3.5	7.5	6.0	3.5
■ 1A	3.5	3.0	0.0	3.5	6.0	7.5

图 8　2013 年参评学术类社团建议咨询相关指标评估结果

获评 4A 等级的中国针灸学会在政策建议方面获评最高分满分 20 分。中国针灸学会参与制定了《中国针灸“十二五”战略研究》，并向国家中医药管理局建议提升针灸推拿为一级学科。此外，2 家参评社团未参与任何政策建议工作，需要加以重视。在咨询评估方面，中国中文信息学会获评最高分 38 分，学会在专业咨询服务、标准制定、技能鉴定和职称评定以及学术成果评估方面均有上佳表现。在标准制定方面，6 家参评社团获评满分，如中国照明协会的专家曾参与“GB/T29296 反射型自镇流 LED 灯性能要求”等 4

项国家标准的制定。3 家参评社团未提供任何专业咨询服务，需在此方面拓展领域。

（3）科普公益。科普公益包括科普活动（50 分）和公益活动（10 分）两个二级指标，其中科普活动又包括活动次数（15 分）、活动方式（15 分）和活动影响力（20 分）3 个下级指标。从总体得分比来看，参评社团科普活动得分比为 51.2%（M=25.6），公益活动得分比为 60.6%（M=60.6），具体而言，科普活动次数得分比为 67.3%（M=10.1），科普活动方式得分比为 70.7%（M=10.6），科普活动影响力得分比为 75%（M=15.0）。从等级评定的角度来看，在公益活动方面，等级越高的社团得分越高。但在科普活动方面，等级与评估得分间的相关性并不明显。具体情况见图 9。6 家参评社团在科普活动方面获评最高分 35 分，产生了较大的影响。2 家参评社团在公益活动方面获评满分 10 分，1 家 1A 等级社团未开展公益活动。

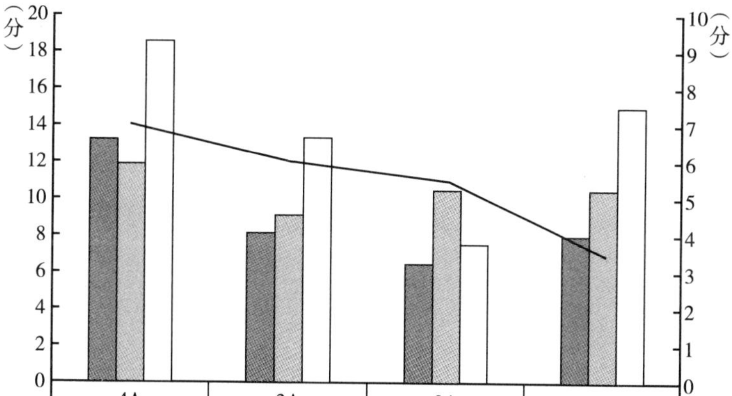

	4A	3A	2A	1A
科普活动次数	13.3	8.2	6.5	8.0
科普活动方式	11.9	9.2	10.5	10.5
科普活动影响力	18.6	13.3	7.5	15.0
公益活动	7.0	6.0	5.5	3.5

图 9　2013 年参评学术类社团科普公益相关指标评估结果

（4）人才建设。人才建设包括会员管理（15 分）、学术自律（15 分）和人才培养（40 分）三个下级指标，各指标得分比分别为 65.3%（M=9.8）、54.0%（M=8.1）和 54.4%（M=21.8）。在会员管理方面，不同等级社团的评估结果相差不大。在学术自律方面，4A 等级社团明显好于 3A 和 2A 等级社团，而 1A 等级社团的得分均值同样高于 3A 和 2A 等级社团。在人才培养方面，4A 等级社团得分均值最高，3A 与 2A 等级社团持平，1A 等级社团最低。具体数据见图 10。

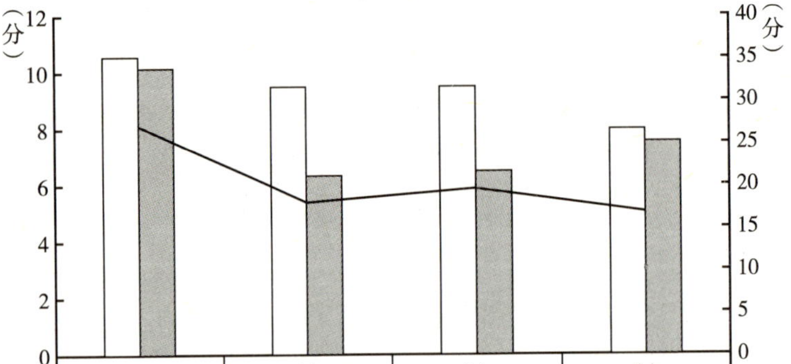

	4A	3A	2A	1A
会员管理	10.6	9.5	9.5	8.0
学术自律	10.1	6.3	6.5	7.5
人才培养	27.0	18.2	19.5	17.0

图 10　2013 年参评学术类社团人才建设相关指标评估结果

在会员管理方面，3 家参评社团共同获评最高分 12 分，在会员数据库建设和会费收缴率方面的得分均领先于其他社团。在学术自律方面，中国中文信息学会和中国水利电力医学科学技术学会获评满分 15 分。但同时也有 2 家参评协会在学术自律方面获评 0 分，日后需要更加积极地开展相关工作。在人才培养方面，中国中文信息学会获评最高分 39 分，学会重视青年人才的培养，组织设立了“钱伟长中文信息处理科学技术奖”、“汉王青年创新奖”等，以表彰做出突出贡献的学者。

（5）国际交流与合作。这个指标从国际交流（20 分）、国际合作（10 分）与国际影响（20 分）3 个方面评估参评社团，各指标得分比分别为 66%（M = 13.2）、61%（M = 6.1）、67%（M = 13.4）。不同等级社团在各指标上的得分均值情况详见图 11，从中可知社团获评等级与评估得分的相关性不明显。在国际交流与合作方面，中国中文信息学会表现突出，获得满分评价。此外，中国针灸学会、中国食品科学技术学会、中国社会学会以及中国植物营养与肥料学会均有较好的表现。其中，中国社会学会积极举办国际会议、开展国际合作项目，举办了第六届亚洲社会学大会和第三十六届世界社会学大会，至2012 年，学会下属的社会网与社会资本专业委员会已举办 6 届国际论坛，社会政策专业委员会已举办 4 届国际论坛，影响颇大。

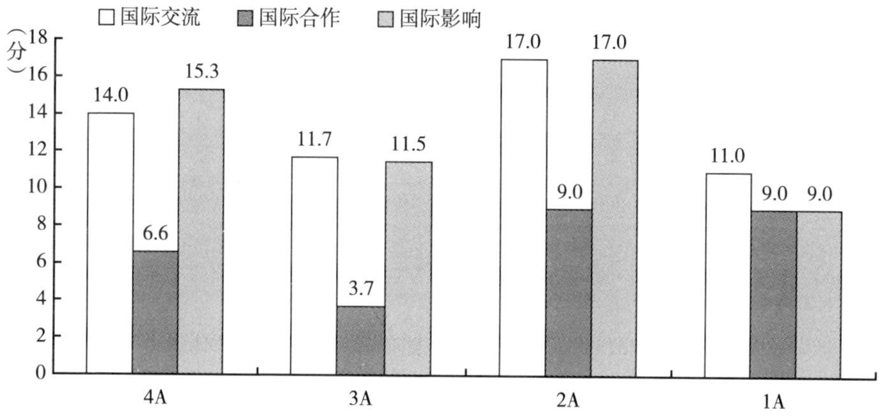

图 11　2013 年参评学术类社团国际交流与合作相关指标评估结果

（6）特色工作。在指标体系中，特色工作一项满分 50 分，但尚未设定下级指标。从得分结果来看（见图 12），社团获评等级与特色工作的相关性并不明显。参评社团中，中国针灸学会获最高分 40 分，另有两家社团获评 0 分。从评估结论来看，中国针灸学会在开展科普活动时，与北京卫视《养生堂》栏目合作宣传冬病夏治针灸养生，并组织编写了科普读物，制作了科普光盘，其中《针灸操作规范系列光盘》获得第六届中国科教影视“科蕾奖”三等奖。学会能够与媒体开展合作，扩大影响，工作颇具特色。

2. 公益类社团评估结果分析

如表 16 所示，6 家参评社团在工作绩效指标上得分均值为 294. 7 分，得分比为 65. 5% 。4A 与 3A 等级社团的得分情况相差较大：4A 等级社团得分均值为 355 分，得分比为 78. 9% ；3A 等级社团得分均值为 282. 6 分（N = 5），得分比为 62. 8% 。

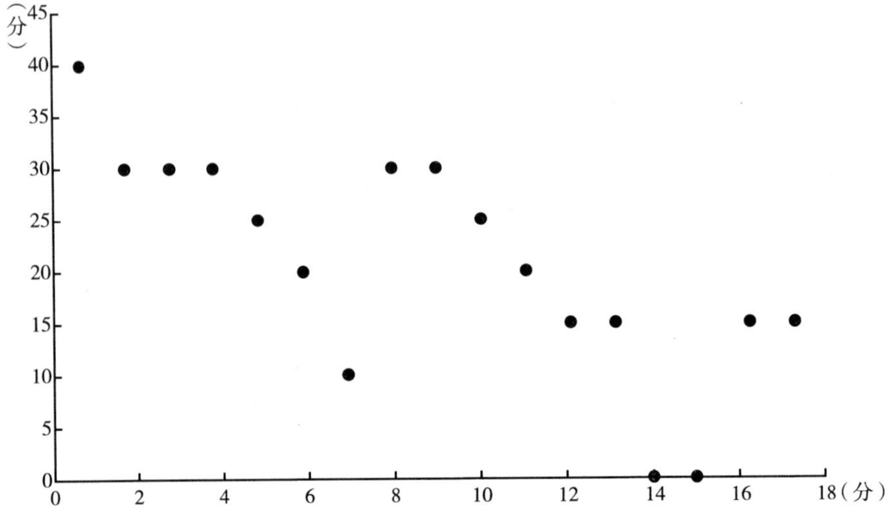

图 12　2013 年参评学术类社团特色工作指标评估结果散点图

表 16　2013 年参评公益类社团工作绩效指标得分均值

单位：分

	均值	评估等级		指标总分
		3A	4A	
工作绩效	294.7	282.6	355.0	450

公益类社团工作绩效包括 6 项二级指标，下含 12 个次级指标。二级指标分别是公益支出（120 分）、公益项目（90 分）、公益服务（80 分）、公益推广（40 分）、信息公开（60 分）与特色工作（50 分），指标设计紧紧围绕公益组织活动的开展，从公益活动的各个方面进行评价。从 3A 等级社团的得分比来看（见表 17），公益支出得分比为 61%，公益项目得分比为 74%，公益服务得分比为 74%，公益推广得分比为 75%，信息公开得分比为 33%，特色工作得分比为 52%。4A 等级社团在各项指标上的得分均值并不全部高于 3A 等级社团。

（1）公益支出从支出规模（20 分）、支出比例（80 分）和支出增长水平（30 分）三个方面对参评社团的公益支出情况进行评估。从得分比来看，6 家参评社团在支出规模上得分比为 30%，在支出比例上得分比为 86.7%，在支出

表 17　2013 年参评公益类社团工作绩效 6 项指标评估结果

单位：分

指标		公益支出	公益项目	公益服务	公益推广	信息公开	特色工作
满分分值		130	90	80	40	60	50
总体得分均值		87.5	67.3	60.5	30.2	22.8	25.0
评估等级	4A	130.0	71.0	68.0	30.0	36.0	20.0
	3A	79.0	66.6	59.0	30.2	20.2	26.0

增长水平上得分比为 40.7%。得分数据见表 18。从具体数据来看，中国性病艾滋病防治协会 2012 年公益支出达 6611.4 万元，占当年总收入的 86.52%，占当年总支出的 97.45%，为所有参评社团中最高。就 3A 等级社团而言，5 家社团 2012 年平均公益支出为 132.9 万元，占当年总收入的比例平均达 65.42%，占当年总支出的比例平均达 45.2%。从支出增长水平来看，获评 4A 等级的中国性病艾滋病防治协会获评满分，其余 5 家社团平均得分比仅为 28.7%，需要改进工作。

表 18　2013 年参评公益类社团公益支出相关指标评估结果

单位：分

指标		支出规模	支出比例	支出增长水平
满分分值		20	80	30
总体得分均值		6.0	69.3	12.2
评估等级	4A	20.0	80.0	30.0
	3A	3.2	67.2	8.6

（2）公益项目包含项目管理（40 分）和项目绩效（50 分）两项指标。从评估结果来看（见图 13），参评社团的得分均值与获评等级间无相关关系。在项目管理方面，中国对外文化交流协会得分最高，中国生命关怀协会得分最低。在项目管理的各方面，项目管理制度是参评社团最薄弱的环节，3A 等级社团的得分比仅为 40%；项目管理合同化是参评社团执行情况最好的方面，3A 等级社团的得分比达到 84%。在项目绩效方面，得分最高的是中国学生营养健康促进会，促进会除在项目持续性上被扣除 5 分之外，在项目适当性、项

目效果和项目影响力方面均获得满分评价；中国生命关怀协会在项目绩效上得分最低，从指标评估结果来看，需要注意提高公益项目的影响力。

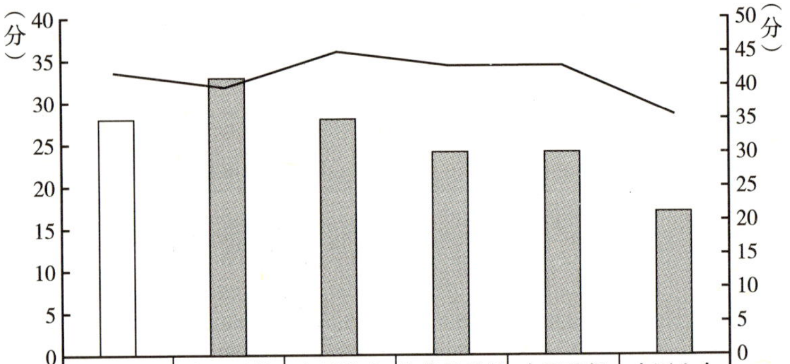

	中国性病艾滋病防治协会	中国对外文化交流协会	中国学生营养健康促进会	中华基督教女青年会全国协会	中国基督教青年会全国协会	中国生命关怀协会
项目管理	28	33	28	24	24	17
—— 项目绩效	42	40	45	43	43	36

图 13　2013 年参评公益类社团公益项目相关指标评估结果

（3）公益服务和建议咨询（30 分），促进参与、开展培训（30 分），国际交流与合作（20 分）三个方面来考察参评社团的公益服务水平。从图 14 可知，获评 4A 等级的中国性病艾滋病防治协会与其他获评 3A 等级的社团在上述 3 个指标上的得分并无显著差异。在建议咨询方面，中国生命关怀协会向全国政协提请对临终关怀医疗实施规范化管理并设立专项基金，同时建议卫生部把临终关怀作为医学分支学科建设，列入医学教育必修课程，获评 24 分。在促进参与、开展培训方面，中国对外文化交流协会注重开放性平台的搭建，与国内和国外民间机构合作，使更多的社会力量参与到对外文化交流中来，获评满分。在国际交流与合作方面，中华基督教女青年全国协会与世界各国女青年会保持频繁往来，积极参与并合作举办国际论坛，获评 18 分。

（4）公益推广包括公益理念和社会宣传两个下级指标，各指标满分均分 20 分。从图 15 可知，参评社团在社会宣传方面的绩效要优于公益理念方面。在公益理念方面，评估要求参评社团重视对公益理念的理论研究，并推动公益理念的宣传普及，然而除中国学生营养健康促进会和中国生命关怀协会之外，

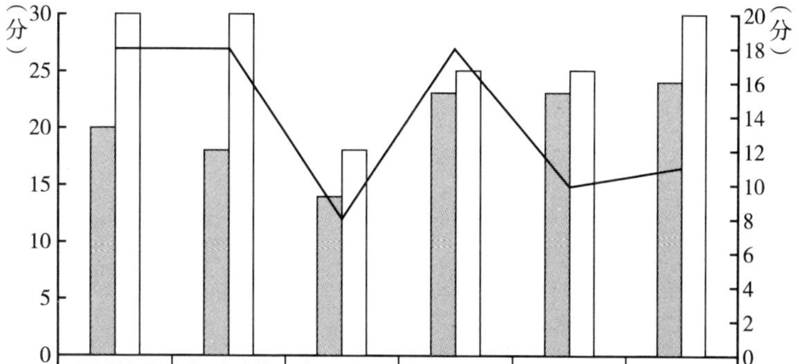

	中国性病艾滋病防治协会	中国对外文化交流协会	中国学生营养健康促进会	中华基督教女青年会全国协会	中国基督教青年会全国协会	中国生命关怀协会
公益服务和建议咨询	20	18	14	23	23	24
促进参与、开展培训	30	30	18	25	25	30
国际交流与合作	18	18	8	18	10	11

图 14　2013 年参评公益类社团公益服务相关指标评估结果

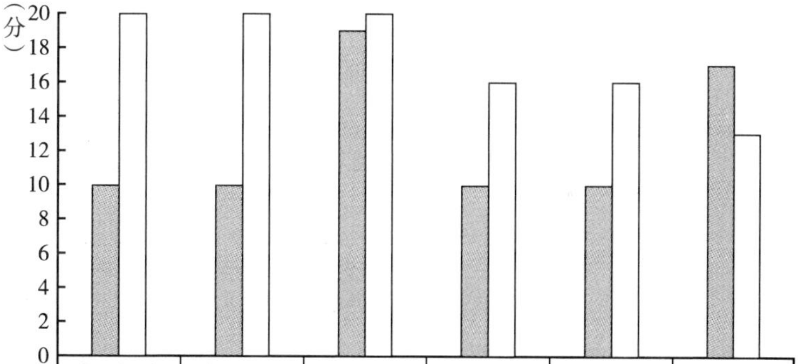

	中国性病艾滋病防治协会	中国对外文化交流协会	中国学生营养健康促进会	中华基督教女青年会全国协会	中国基督教青年会全国协会	中国生命关怀协会
公益理念	10	10	19	10	10	17
社会宣传	20	20	20	16	16	13

图 15　2013 年参评公益类社团公益推广相关指标评估结果

其余社团在理论研究和宣传普及方面均需加强。在社会宣传方面，考察参评社团的网站建设情况以及期刊等宣传资料的出版情况，从评估得分来看，多数参评社团都已取得一定成果。如中国性病艾滋病防治协会拥有独立网站，并在网站上开通在线诊疗答疑版块，同时还编辑《携手》等病友交流内刊，通过多种方式进行社会宣传，帮助弱势群体。

（5）信息公开。信息公开包括项目信息公开（25分）和财务信息公开（35分）两个二级指标。项目信息公开包括项目基本情况（10分）、项目选择（10分）与评估结果（5分）三个下级指标。图16显示，中国性病艾滋病防治协会在此项上总得分最高，为20分，得分比为80%，达到4A等级对应标准；中国学生营养健康促进会在此项上得分为0，项目信息公开制度亟待完善。财务信息公开分为信息公开制度（5分）、接受捐赠信息（10分）、捐赠物资使用信息（10分）、年度工作报告（5分）以及接受查询情况（5分）五个方面。总体而言，参评社团都需要进一步完善财务信息公开工作：中国学生营养健康促进会在财务信息公开方面得分最高，但得分比仅为48.6%；中国对外文化交流协会在财务信息公开方面得分为0，未建立信息公开制度，捐赠信息和捐赠物资使用情况未进行公开，有1年未在媒体上发布年度工作报告摘要，最后一种情况在其他3家社团中也出现了。

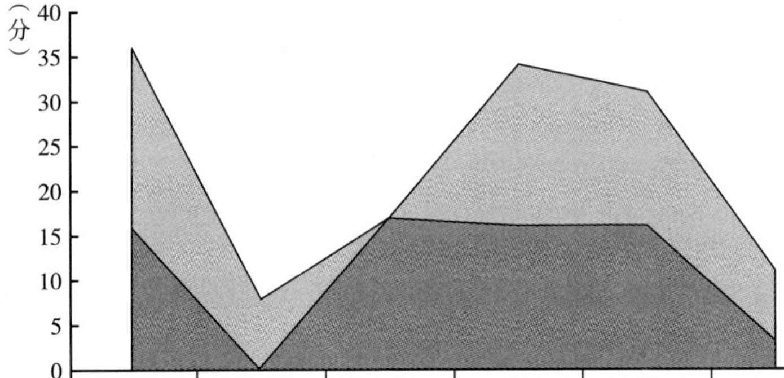

	中国性病艾滋病防治协会	中国对外文化交流协会	中国学生营养健康促进会	中华基督教女青年会全国协会	中国基督教青年会全国协会	中国生命关怀协会
项目信息公开	20	8	0	18	15	8
财务信息公开	16	0	17	16	16	3

图16　2013年参评公益类社团信息公开相关指标评估结果

（6）特色工作。6家参评社团在特色工作指标上的得分均值与获评等级不存在相关性，如图17所示，本次评估中获评3A等级的中国生命关怀协会在特色工作上获最高得分（40分），中国基督教青年会全国协会获评最低分（10

分）。从评估申请报告可以看出，中国生命关怀协会近年来开展了“关注西部特困老人行动”、“联益慈善－生命关怀社区活动”等公益项目，并且还与央视合作拍摄播放了《给生命更多的爱》专题片，提高了知名度，扩大了项目影响力，比较具有特色。

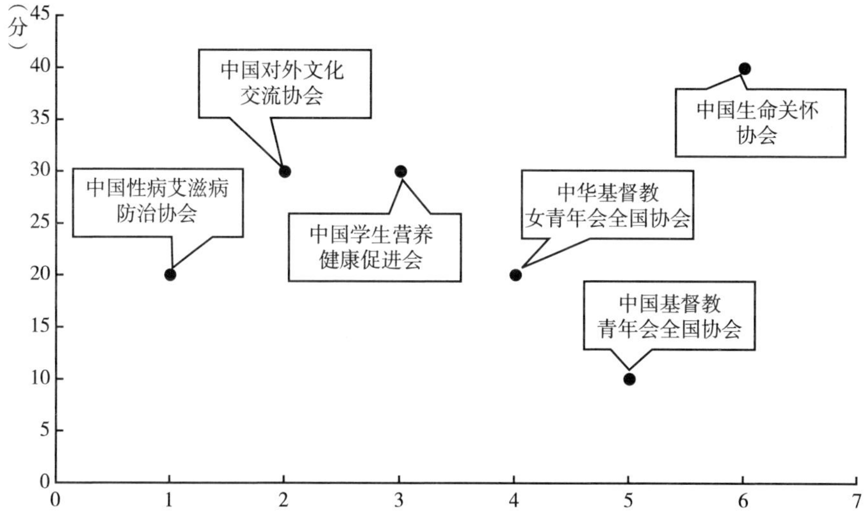

图 17　2013 年参评公益类社团特色工作相关指标评估结果

3. 联合类社团评估结果分析

从表 19 可知，14 家参评社团在工作绩效指标上得分均值为 277.1 分，得分比为 61.6%。各等级社团的得分均值相差较大，5A 等级社团得分均值为 394，得分比为 87.6%；4A 等级社团得分均值为 321 分，得分比为 71.3%；3A 等级社团得分均值为 268.4 分，得分比为 59.6%；2A 等级社团得分均值为 252 分，得分比为 56%；1A 等级社团得分均值为 139 分，得分比为 30.9%。

表 19　2013 年参评联合类社团工作绩效指标得分均值

单位：分

	均值	评估等级					指标总分
		1A	2A	3A	4A	5A	
工作绩效	277.1	139.0	252.0	268.4	321	394.0	450.0

具体而言，联合类社团工作绩效包括5项二级指标，下含11个次级指标。二级指标分别是交流活动（95分）、咨询研究（70分）、会员工作（140分）、宣传推广（95分）与特色工作（50分）。不同等级的社团在二级指标上的得分均值柱状图如图18所示。从得分比来看，参评社团在交流活动上的得分比为64.1%，在咨询研究上的得分比为63.6%，在会员工作上的得分比为56.6%，在宣传推广上的得分比为67.3%，在特色工作上的得分比为56.4%，宣传推广指标的得分比相对最高，特色工作指标的得分比相对最低，各指标的得分比仍有较大提升空间。

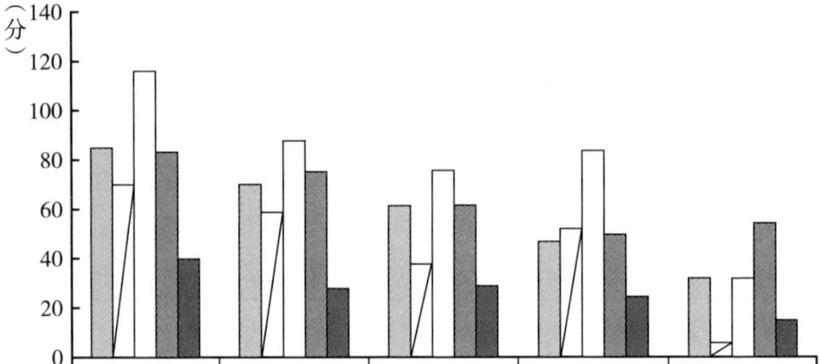

	5A	4A	3A	2A	1A
交流活动	85.0	70.3	61.6	47.0	32.0
咨询研究	70.0	59.0	38.0	52.0	6.0
会员工作	116.0	87.7	76.0	83.5	32.0
宣传推广	83.0	75.0	61.9	49.5	54.0
特色工作	40.0	28.3	29.3	25.0	15.0

图18　2013年参评联合类社团工作绩效5项指标评估结果

（1）交流活动。交流活动包括业务交流（60分）和国际交流（35分）两个指标。从得分比来看，前者得分比为75.8%，后者为44%，可见两者相比，参评社团在国际交流方面更需要加强。从获评等级角度来看，获评等级越高的社团在交流活动方面的得分（得分均值）越高。具体而言，业务交流包含交流活动计划、考察研讨联谊等活动、交流活动次数与活动影响力4个指标，参评社团在举办具体活动方面得分整体较高，但在交流活动计划与活动次数方面需要加强。国际交流包含国际会议、国际合作项目与国际考察交流3个指标，

3 家参评社团未参加过国际会议，6 家参评社团未参与过国际合作项目，7 家参评社团没有国际考察交流的记录。

获评 5A 等级的中国中小企业协会在业务交流和国际交流方面均获得最高分，前者得分比达 93%，后者得分比为 83%。协会上两个年度共举办考察、研讨、交流活动 20 多次，还多次组团赴韩国、古巴、美国、法国、俄罗斯和土耳其进行考察，并与欧洲商会会展中心签署合作协议，开展长期合作。

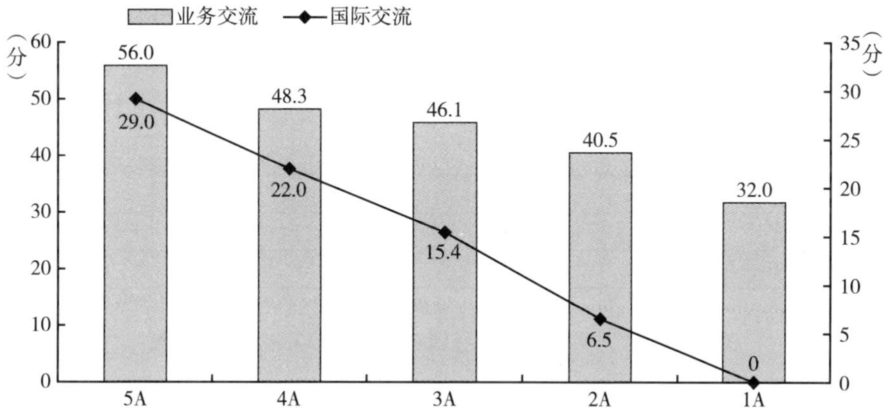

图 19　2013 年参评联合类社团交流活动相关指标评估结果

（2）咨询研究包括理论研究和建议咨询两项指标，每项指标满分 35 分。从评估得分均值来看（见图 20），理论研究指标得分均值为 23. 1 分，建议咨询指标得分均值为 21. 9 分。从评估等级来看，5A 等级社团在各指标上的得分都为满分，高于其他等级社团，但其他等级并不与评估得分明显相关。在理论研究方面，除 2 家社团以外，3A 及以上等级社团在开展调查方面都获评满分 10 分；3 家参评社团在参与课题研究方面获评满分，4 家参评社团未参与过课题研究；研究成果方面，多数社团都有可观的产出，但 3 家参评社团没有研究成果记录。在建议咨询方面，多数社团在建言献策和咨询服务方面都有作为，但在承接购买服务和委托项目方面，参评社团的得分较为极端，6 家社团没有相关经历或记录，而其余 8 家有相关记录的社团获评 9 ~ 10 分不等。

获评 4A 等级的中国开发区协会在本项指标上得分比为 87%，可为标杆。

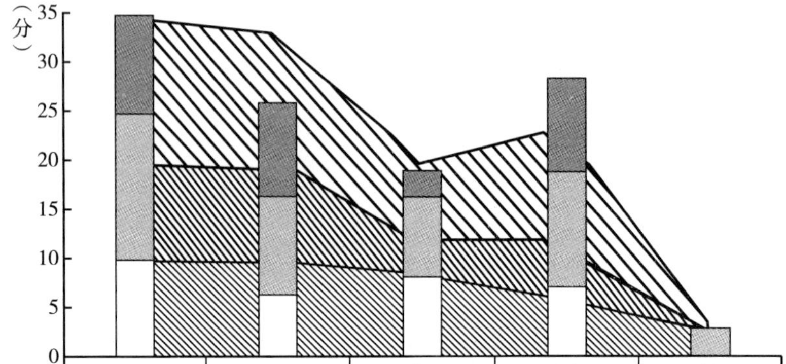

	5A	4A	3A	2A	1A
研究成果	15.0	13.3	8.0	11.5	0
参与课题研究	10.0	9.7	3.6	6.0	0
开展调查	10.0	10.0	8.4	6.0	3.0
政府购买	10.0	9.3	2.7	9.5	0
咨询服务	15.0	10.0	8.1	12.0	3.0
建言献策	10.0	6.7	8.3	7.0	0

图 20　2013 年参评联合类社团咨询研究相关指标评估结果

在建议咨询方面，协会曾承接多个政府委托项目，如商务部外资委委托协会制定《国家级经济技术开发区和边境经济合作区“十二五”发展规划》，新疆维吾尔自治区经信委委托协会制定《新疆维吾尔自治区园区发展“十二五”规划》；在理论研究与咨询服务方面，协会开展了与开发区建设发展相关的总体规划、产业规划、发展战略、政策研究和可行性研究等研究课题 20 项，研究、咨询领域广泛，成果丰富。

（3）会员工作。会员工作是联合类社团重要的评估内容，包含 4 项下级指标：维护权益（25 分）、人才培养（35 分）、互动合作（45 分）和会员管理规范化（35 分）。从得分比来看，参评社团在维护权益上得分比为 45.6%（M = 11.4），在人才培养上得分比为 55.7%（M = 19.5），在互动合作上得分比为 56%（M = 25.2），在会员管理规范化上得分比为 66%（M = 23.1），会员管理规范化是参评社团做得较好的部分，而维护权益则需要每个参评社团投入更多的精力。更多数据见图 21。

在维护权益方面，获评 5A 等级的中国中小企业协会得分 23 分，排名第

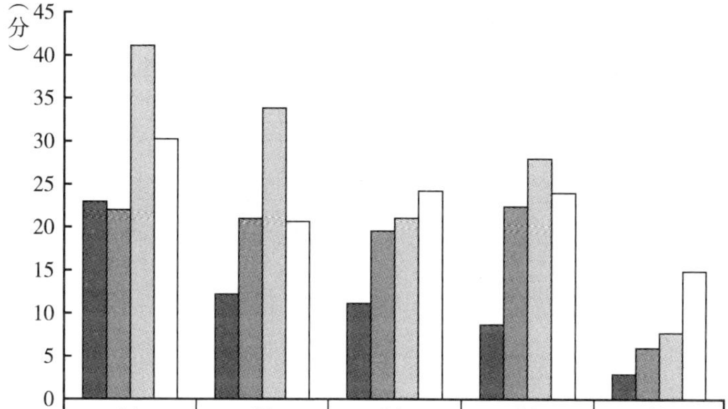

	5A	4A	3A	2A	1A
■维护权益	23.0	12.3	11.3	9.0	3.0
■人才培养	22.0	21.0	19.6	22.5	6.0
■互动合作	41.0	33.7	21.0	28.0	8.0
□会员管理规范化	30.0	20.7	24.1	24.0	15.0

图 21　2013 年参评联合类社团会员工作相关指标评估结果

一，协会能够向政府反映中小企业面临的困难，从政策层面和具体业务方面帮助企业解决问题，获得会员的好评。在人才培养方面，吉林大学校友会得分最高，为 30 分，校友会积极服务学生就业，支持大连校友会联合多家校友企业及社会企业与吉林大学签订毕业生实习就业基地合作协议，每年为毕业生提供相当数量的实习机会和工作岗位，受到好评。在互动合作方面，中国世界民族文化交流促进会得分最高，为 43 分，促进会为会员搭建平台，协助会员完成政府购买服务，指导会员为卫生部、国家旅游局提供相关宣传服务，等等，影响面广，成效显著。在会员管理规范化方面，中国艺术摄影学会得分 27 分，位列第三，学会拥有独立网站，更新及时且项目齐全，能够利用网站进行会员管理，开展交流活动。

（4）宣传推广。宣传推广包括社会责任（40 分）、期刊书籍（30 分）和信息平台（25 分）三项下级指标，参评社团在各项指标上的得分比分别为 69.25%、58.33% 和 74.56%，由此可见，期刊书籍是参评社团整体较弱的部分。从图 22 可见，参评社团的等级与其在宣传推广各项指标上的得分并无显著相关。在社会责任方面，中国民族卫生协会（4A 等级）得分 36 分，为 14

家中最高，协会在玉树地震时，组织中国民族卫生协会抗震救灾支援队救治患者115名；雅安地震时，协会组织会员捐赠人民币80万元、大米2万斤，堪为其他社团的榜样。在期刊书籍方面，中国中小企业协会（5A等级）得分30分（满分），协会主办专业期刊《中国投资企业导刊》，每年负责12期的编辑出版工作。在信息平台方面，中国中小企业协会、中国民族卫生协会和吉林大学校友会都获得满分25分的评价，三家社团在交流平台建设以及互动交流方面情况良好。

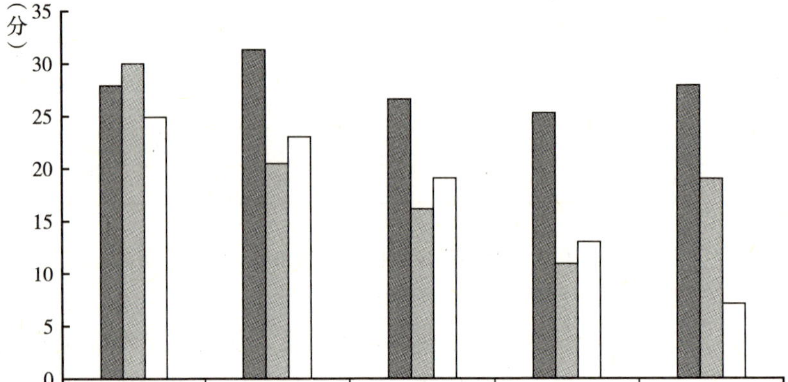

	5A	4A	3A	2A	1A
■社会责任	28.0	31.3	26.7	25.5	28.0
■期刊书籍	30.0	20.7	16.0	11.0	19.0
□信息平台	25.0	23.0	19.1	13.0	7.0

图22　2013年参评联合类社团宣传推广相关指标评估结果

（5）特色工作。如图23所示，14家参评社团在特色工作一项上的得分分布在45、35、30、25及15分五个水平上。中国少年儿童报刊工作者协会在工作开展过程中注重品牌活动的建设，举办了“恒源祥文学之星”、“中国中小学生作文大赛”、“全国少儿报刊年会”等活动，形成了全国性的品牌。中国人口文化促进会则开展了较有特色的公益活动，如“在关爱中成长——全国十佳自强女孩”揭晓颁奖暨安徽省关爱女孩公益晚会、新疆“小红帽”工程暨“冬季百日大宣传”活动、“你在他乡还好吗”中央国家机关青年摄影作品展等一系列地域广泛、较有影响力的活动。

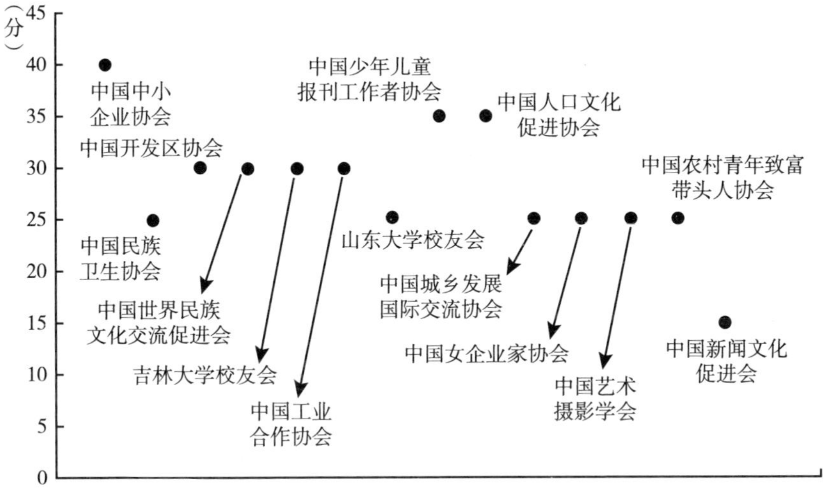

图 23　2013 年参评联合类社团特色工作指标评估结果散点图

（四）“社会评价”评估结果描述

从表 20 可知，2013 年参评社团在社会评价方面评估结果相对较好，得分均值最低的联合类参评社团得分比为 66%，参评社团中得分比最高的是获评 5A 等级的联合类社团，得分比为 94%。就三类社团内不同等级的社团而言，一般来说，获评等级越高的社团，在社会评价指标上的得分均值越高。

表 20　2013 年三类参评社团社会评价指标得分均值

单位：分

社团类别	评估等级				
	1A	2A	3A	4A	5A
学术类	71.5	78.5	74.5	88.6	
公益类			81.8	90.0	
联合类	66.0	77.0	85.0	81.7	94.0

1. 学术类社团评估结果分析

对学术类社团社会评价的评估包括内部评价（40 分）和外部评价（60 分）。从得分比来看，17 家参评社团在内部评价上得分比为 84%（M = 33.5），在外部评价上得分比为 78%（M = 46.9）。各等级社团在内部评价上的得分均值差距不大，但在外部评价上，获评等级越高的社团得分均值相对越高。具体数据见图24。内部评价包括会员评价（15分）、理事评价（15分）和工作人员评价（10分），各项指标得分比分别为76%（M=11.4）、84%（M=12.6）和95%（M=9.5），可见，会员评价相对较低。外部评价包括登记管理机关评价（20分）、业务主管单位评价（20分）、政府有关部门评价（10分）和新闻媒体评价（10分），各项指标得分比分别为80.5%（M=16.1）、96%（M=19.2）、36%（M=3.6）和81%（M=8.1）。各项指标中，政府有关部门评价得分相对最低，业务主管单位评价得分最高。

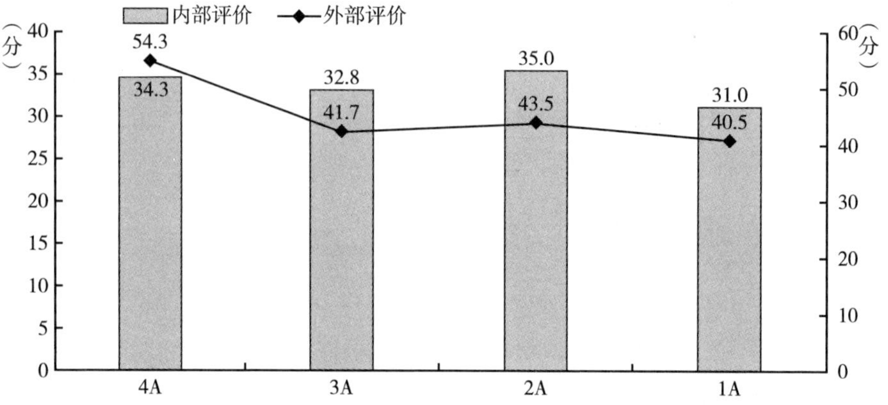

图24　2013年参评学术类社团社会评价2项指标评估结果

2. 公益类社团评估结果分析

对公益类社团社会评价的评估包括内部评价（20分）和外部评价（80分）。从得分比来看，6家参评社团在内部评价上得分比为82%（M=16.3），在外部评价上得分比为83.5%（M=66.8）。各参评社团在内部评价上的得分均值差距不大，但在外部评价上，参评社团彼此间得分差距较大，4A等级社团得分最高。具体数据见图25。内部评价包括会员评价（10分）和理事评价（10分），各项指标得分比分别为75.0%（M=7.5）和88.3%（M=88.3），可见，会员评价相对较低。外部评价包括捐赠人评价（10分）、受助人评价（10分）、新闻媒体评价（10分）、登记管理机关评价（20分）、业务主管单位评价（20分）和政府有关部门评价（10分），各项指标得分比分别为83%

（M＝8.3）、88%（M＝8.8）、100%（M＝10）、90%（M＝18）、94%（M＝18.8）和28%（M＝2.8）。各项指标中，政府有关部门评价得分相对最低，新闻媒体评价得分最高，捐赠人评价和受助人评价情况较好。

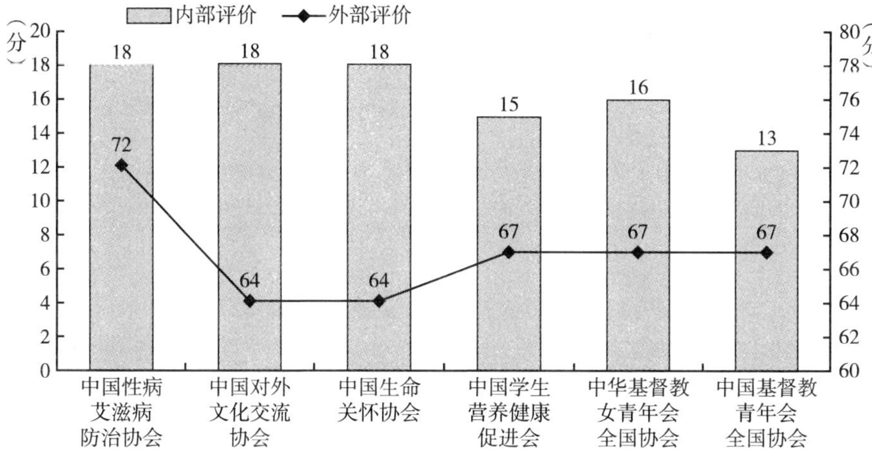

图25　2013年参评公益类社团社会评价2项指标评估结果

3. 联合类社团评估结果分析

对联合类社团社会评价的评估指标与学术类社团的评估指标完全相同，包括内部评价（40分）和外部评价（60分）。从得分比来看，14家社团在内部评价上得分比为84%（M＝33.6），在外部评价上得分比为83%（M＝49.5）。各等级社团在内部评价上的得分均值差距不大，但在外部评价上，3A及以上等级社团得分或得分均值间差异不大（见图26），但2A和1A等级社团在外部评价上的得分明显低于等级较高的社团。内部评价包括会员评价（15分）、理事评价（15分）和工作人员评价（10分），各项指标得分比分别为77%（M＝11.5）、84%（M＝12.6）和96%（M＝9.6），可见，会员评价相对较低。外部评价包括登记管理机关评价（20分）、业务主管单位评价（20分）、政府有关部门评价（10分）和新闻媒体评价（10分），各项指标得分比分别为72.0%（M＝14.4）、97.5%（M＝19.5）、56.0%（M＝5.6）和100%（M＝10.0）。各项指标中，政府有关部门评价得分相对最低，新闻媒体评价得分最高。

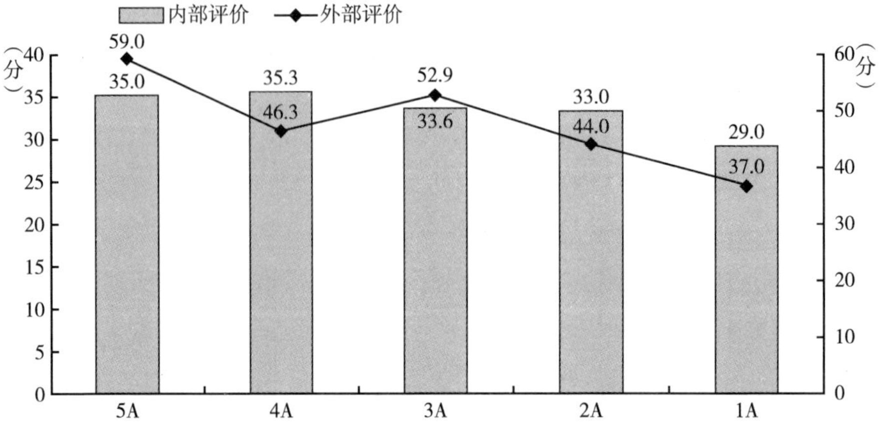

图 26　2013 年参评联合类社团社会评价 2 项指标评估结果

三　2013 年参评学术类、公益类、联合类社团评估特点总结

（一）参评社团取得的成绩与进步

1. 学术类社团重视学术交流和人才培养，服务内容丰富

从评估指标的设定可以看出，学术交流以及人才培养是学术类社团重要的职能领域。本次参评的 17 家社团都能积极开展学术交流活动，在国内外产生了相当的影响。参评社团在 2011 和 2012 年度平均举办学术会议 12 次，参会人员平均达到 1578 人。表现尤其突出的如中国中文信息学会，其举办的多种学术会议——“中国中文信息学会学术年会”，已举办 31 届；“全国计算语言学学术会议”，已举办 12 届；“中国少数民族语言文字信息处理学术研讨会”，已举办 14 届——已成为学会的特色品牌。其中，中国媒体十大流行语新闻发布会已成为每年媒体关注的焦点。

参评社团在人才培养方面也都有不错的表现。绝大多数社团都制定了人才培养规划，成立了专门机构以开展人才培养工作。如中国煤炭经济研究会以讲座培训、知识竞赛等方式培养行业人才，研究会举办的“全国煤炭行业信息化会计技能竞赛”活动，参与人数多，行业影响显著。中国中文信息学会重视青年人才的培养，组织设立了“钱伟长中文信息处理科学技术奖”、“汉王青年创新奖”等，表彰有突出贡献的学者。

参评社团在服务学科、服务会员、服务社会等方面也能够有所作为，并且在活动开展方面有自身的特色。如中国针灸学会建议国家中医药管理局把“针灸推拿学”设为一级学科，并成功地将“中医针灸”列入世界非物质文化遗产名录。中国食品科学技术学会通过编制《食品安全科普宣传大纲》，举办“消费者课堂”、“科学家与媒体面对面”等活动，给消费者解答食品安全问题。

2. 公益类社团以项目形式提供公益服务，社会宣传收效良好

本次评估中有 6 家公益类社团参与了评估，参评数量最少，参评社团除 1 家获评 4A 等级外，其余均为 3A 等级，在社团的工作绩效方面总体都需要加强，但部分参评社团的公益服务和公益项目仍然具有一定的代表性，在各自领域发挥了重要的作用。社会宣传方面相对到位，具有一定的社会影响。表现突出者如中国性病艾滋病防治协会，协会重视公益服务项目的运作，制定了详尽的项目管理制度，所有项目实行合同化管理，项目具有可持续性并且影响力较大，目前协会的重点项目包括社会动员项目、全球基金社区项目与中盖艾滋病项目等，开展的子项目超过 1000 项，项目总金额超过 1000 万美元，项目最多覆盖至全国 29 个省区市。此外，协会还重视社会宣传方式创新，积极宣传公益理念。协会邀请顾长卫导演执导、亲善大使彭丽媛与艾滋病致孤儿童共同出演公益短片《永远在一起》，社会反响巨大。

3. 联合类社团注重服务会员和提供咨询服务，打造品牌项目

对联合类社团绩效的评估注重会员工作的开展以及业务和国际交流活动的效果，参评的 14 家联合类社团中，多数社团能够针对会员需要提供维护权益、人才培养等服务，并且部分社团开始重视合作平台的建设，帮助会员链接政府项目、企业项目等其他资源。此外，在业务开展方面，参评社团也开始注重业务品牌的打造，利用品牌效应扩大业务影响，提高服务效果。参评社团中，中国中小企业协会的申请资料较为突出。中国中小企业协会是由中、小、微型企业组成的典型的联合类社团。协会自成立以来，一直遵循市场化、企业化的办会原则，坚持协会的独立性。协会不申请事业编制，也不申请财政补助资金，坚持人员自主招聘，经费自负盈亏。在业务发展方面，协会提出“五个一”品牌工程建设，每年举办一次中小企业节，每季度发布一次中小企业发展指数，每年出版一本中小企业蓝皮书，举办一次会展，开展一批企业大讲堂活动。经过几年的发展和积累，协会在自身建设、规范管理和作用发挥上取得了显著进步，对服务经济发展大局、帮助中小企业生产经营做出了突出贡献。

（二）参评社团存在的主要问题

尽管学术类社团、公益类社团以及联合类社团在业务范围、管理方式和具体要求上存在差别，但是由于三类社团都具有相同的法律属性，因此在评估中也暴露出了一些共性问题，而这些问题在获评等级较低的社团中尤其明显。这些共性问题主要包括以下两个方面。

1. 部分参评社团需加强组织基础建设

除个别获得较高等级的社团外，多数参评社团在组织运行方面存在管理制度不完善、运行机制不顺畅的情况，组织人员基础、治理和经济实力等都比较弱，少数参评社团因此难以维持正常的业务活动。三类参评社团中，2家社团出现年末净资产低于注册资金的情况，甚至1家公益类社团年末净资产出现负值，难以为继。多数参评社团都拥有独立办公空间，但少数几家参评社团办公面积不足40平方米，不利于工作的开展。在内部治理方面，所有参评社团在会员（代表）大会制度建设、大会召开以及召开程序和表决方式等方面都存在问题，三类社团得分比均不足70%。此外，大多数参评社团存在人员数量不足和工作人员年龄偏大的问题，需要在人事聘用、薪酬、奖惩和人员培训方面加强。有的参评社团在开设分支机构后，未在有关部门对其进行登记注册；有的已经完成注册；但尚未形成管理制度，也没有正常开展工作。薄弱的组织基础会影响参评社团的组织发展和业务活动的开展，需要引起参评社团的重视。

2. 参评社团需要提高会员代表性，扩大机构影响力

部分参评社团在会员中没有代表性，影响力小，缺乏威信。三类社团中共37家社团参评，会员数（包括个体会员与单位会员）从10家到53000家不等，联合类社团的会员数一般多于学术类社团，公益类社团的会员数通常最少。而在会费收缴率方面，共有 25 家参评社团在申报书中表明自己收取会费，但会费收缴率平均值仅为 70%，除 2 家学术类社团会费收缴率为 100% 以外，其他 23 家社团会费收缴率从 0 到 80% 不等，11 家社团会费收缴率低于 60%。由此可见，参评社团一方面需要扩大自身会员的规模，积极发展个人及单位会员，为开展业务活动打下组织基础；另一方面需要提高自身会员的代表性，注重维护会员权益，针对会员、行业或学科需求开展活动、提供服务，在会员满意度及社团本身的代表性提高后，会费收缴率才会随之上升，社团的发展才会可持续。

参考文献

陈津利：《中国慈善组织个案研究》，北京：中国社会出版社，2008。

陈勇智：《开展社会组织评估重在务实》，《学会》2014 年第 2 期。

高成运、李晶晶：《规范社会团体会费管理的重要举措——写在〈民政部财政部关于取消社会团体会费标准备案规范会费管理的通知〉发布之际》，《中国社会组织》2014 年第 15 期。

郭世平：《公众参与生态文明建设的制度路径探索》，《学术交流》2014 年第 1 期。

国家民间组织管理局编《中国民间组织评估》，北京：中国社会出版社，2007。

李国武、张超：《资源信赖、政府控制与社会团体理事会领导层的成员构成——基于山东三个县的实证研究》，戴徐家良主编《中国第三部门研究》第五卷，上海：上海交通大学出版社，2013。

李晴：《公益性社团评估工作探索》，《社团管理研究》2008 年第 2 期。

刘乃梁：《公益法人制度的理论逻辑与现实发展》，《理论月刊》2014 年第 9 期。

石国亮、李培晓：《在社会组织评估指标体系中增设特色指标的思考与建议》，《理论与改革》2013 年第 5 期。

徐家良、孙钰林：《论社会团体的内部合法性》，《甘肃行政学院学报》2006 年第 4 期。

B.5

基金会评估专题数据分析

一　基金会评估总体情况

自2007年起，民政部开始启动全国性社会组织的规范化评估工作，陆续制定了《关于推进民间组织评估工作的指导意见》和《全国性民间组织评估实施办法》等规章制度，初步建立了社会组织评估体系。评估工作启动以来，根据评估的实践操作情况不断调整，社会组织评估体系日趋完善，评估实效正在逐步显现。非营利机构通过评估，可以进而研究项目、实施组织和社会子系统之间的依赖关系（施托克曼，2008）。

2013年，共有28家基金会参与评估，与2012年相比，参加评估的基金会数量较少，是规范化评估工作的小年。其中公募基金会和非公募基金会分别为13家和11家，另有4家非内地居民担任法定代表人的基金会参与了评估。经评估，评级达到5A等级的基金会有3家，公募基金会、非公募基金会和境外基金会各有1家。大部分基金会评估等级在3A及以上等级，占本年度参评基金会总数的96.42%，仅有1家非公募基金会被评为2A等级，且没有产生

表1　基金会评估情况分布

单位：家

评估等级	公募基金会	非公募基金会	非内地居民担任法定代表人的基金会	合计
5A	1	1	1	3
4A	4	5	0	9
3A	8	4	3	15
2A	0	1	0	1
1A	0	0	0	0
合计	13	11	4	28

评估等级为1A等级的基金会。由此可见，基金会规范化评估总体情况良好，但基金会间的发展差距仍明显，有些基金会运行情况非常好，而有些却处于困境，需要不断完善获得提升。

2013年参评的28家基金会中，2012年年末净资产额达人民币30.7亿元，均值达到1.1亿元。4A及以上等级的基金会占参评基金会总数的43%，其2012年年末净资产额占全部参评基金会年末净资产总额的79%。参评基金会2012年平均捐赠收入为4879万元，公益支出平均为4406万元。参评基金会中，神华公益基金会年度捐赠收入最高，达3.2亿元，公益支出为2.7亿元。4A及以上等级的基金会2012年平均捐赠收入为8943万元，公益支出平均为7441万元。比较2013年基金会的得分情况，公募基金会与非公募基金会在分类指标上的得分均值总体接近；而非内地居民担任法定代表人的基金会的情况总体好于境内基金会，内部治理和社会评价这两大分类指标的得分均值都明显高于境内基金会。这是由于非内地居民担任法定代表人的基金会的指标体系有其独特性，样本数量较少，没有很强的可比性。

截至2014年6月，民政部共计对132家基金会、6家非内地居民担任法定代表人的基金会进行了评估，其中有60家基金会参与了两次评估，11家评估等级失效。在目前评估等级有效的基金会中，5A等级基金会16家，其中有12家为公募基金会，它们是：中国宋庆龄基金会、中国妇女发展基金会、中国红十字基金会、中国扶贫基金会、中国光华科技基金会、中华环境保护基金会、中国残疾人福利基金会、中国青少年发展基金会、中华慈善总会、中国儿童少年基金会、中国教育发展基金会、中国文学艺术基金会；有3家为非公募基金会，它们是：清华大学教育基金会、北京大学教育基金会、神华公益基金会；1家非内地居民担任法定代表人的基金会，即华润慈善基金会。获评4A等级的基金会共计有40家，其中有20家公募基金会，18家非公募基金会，2家非内地居民担任法定代表人的基金会。

（一）二次参评情况

在本年度参评的28家基金会中，共有8家基金会在2008年参与评估，这批基金会于2013年全部按期接受了续评。另外，有5家基金会参加2007年度规范化评估后，未来得及在2012年度二次参评，延迟至2013年度重新参加评估。

表2　评估等级上升的基金会汇总

序号	单位名称	首次评估等级	2013年度评估等级
1	中国文学艺术基金会	3A	5A
2	中国华文教育基金会	3A	4A
3	中国光彩事业基金会	3A	4A
4	孙冶方经济科学基金会	2A	3A
5	中国航天基金会	2A	3A
6	中国交响乐发展基金会	2A	3A
7	中国生物多样性保护与绿色发展基金会	2A	3A
8	华侨茶业发展研究基金会	1A	3A
9	中国少数民族文化艺术基金会	1A	3A

在接受二次评估的基金会中，9家基金会评估等级上升；4家基金会评估等级持平，维持在3A等级；1家基金会评估等级下降，由4A等级降为3A等级；参评基金会的总体水平提升明显，其中中国文学艺术基金会的评估等级由2008年的3A等级上升为5A等级，中国华文教育基金会和中国光彩事业基金会的评估等级由3A等级上升为4A等级。数据显示，民政部组织的基金会规范化评估正在逐步发挥引导和示范效应，2008年参与评估的基金会整体主动参评，积极完善内部制度，提升治理水平，项目运行能力也获得明显提升，主动接受政府组织的评估检查。此次评估等级上升的基金会多为公募基金会，中国文学艺术基金会、中国华文教育基金会、中国光彩事业基金会升级为4A及以上等级社会组织，反映了这三家基金会这五年的主观努力和客观发展成绩，政府部门的支持和社会经济环境的好转也是这三家公募基金会的重要发展契机。这三家基金会经过近十年的发展已经粗具规模，职能分工更加明确，筹措资金和宣传推广走上专业化道路，并形成各自的品牌公益项目，已经实现良性循环。由此可见，评估可用于促进基金会学习和进步，类似针对基金会的“性能管理”：收集当前有关组织的项目和行动的定性数据和定量数据，以便确保组织的领导层能够及时地做出更好的决策（蒂尔尼、弗莱什曼，2014）。

（二）非内地居民担任法定代表人的基金会情况

2013年，有四家非内地居民担任法定代表人的基金会参加规范化评估，在非内地居民担任法定代表人的基金会中首次产生5A等级基金会——华润慈善基金会，黄奕聪慈善基金会等其他三家基金会被评为3A等级社会组织。四家非内地居民担任法定代表人的基金会在基础条件和社会评价方面得分接近，但在内部治理和工作绩效方面，华润慈善基金会较其他三家基金会有明显优势，其中，华润慈善基金会的接受资金和物资总额、公益事业支出金额、财务管理制度建立及执行、理事监事及捐赠人监督等专项得分遥遥领先。

华润慈善基金会的工作特色非常鲜明，公益项目首先启动，每年在赈灾、扶贫、助学及环保等领域的捐助过亿元，积极履行企业社会责任。为统筹管理集团慈善公益事业，提高公益慈善活动的社会效益，从2008年起设立华润慈善基金，2008年在香港注册成立华润慈善基金有限公司，2010年经民政部批准在中国内地成立。基金会发起人为华润集团的境外机构，华润集团作为优秀央企，与其他非内地居民担任法定代表人的基金会在运作文化和模式上有明显差异，在非内地居民担任法定代表人的基金会中不具有普遍性。其品牌公益项目“华润希望小镇”以探索解决“三农”问题为核心，通过对贫穷落后乡村的产业帮扶，改善农民的生活面貌，帮助其实现安居乐业。项目的具体内容会在个案中做更为详细的介绍。

另外三家非内地居民担任法定代表人的基金会都以扶贫为宗旨开展公益活动，逐步形成各自的慈善品牌项目，积极救助我国的弱势群体。例如，黄奕聪慈善基金会形成以扶贫济困项目、搭建公益平台和参与社区建设三个方向为主，跨领域交叉发展的立体式公益项目格局；顶新公益基金会以教育、两岸交流、扶贫为主题，主要开展教育工程性项目，拥有了顶新明日朝阳奖学金、关注留守儿童教育、顶新公益平台等系列公益项目；余彭年慈善基金会于2003年发起“彭年光明行动”，对内蒙古、青海、甘肃、西藏、陕西等25个省区市的白内障患者进行救治，并为20所高校提供奖助学金。

非内地居民担任法定代表人的基金会的评估要求有其针对性，在分值分布上基础条件和工作绩效总分分别为90分和440分，不同于其他基金会的80分和450分，体现了政府部门对非内地居民担任法定代表人的基金会要求的差异化。非内地居民担任法定代表人的基金会少了创新与贡献、项目公益性、项目选择公平性、项目体现组织价值理念、分支机构财务管理等指标，对党组织建立和开展活动情况等也不予要求；增加了负责人兼任情况、负责人内地居留情况、项目符合规定、适应性等指标；降低了公益事业支出金额、项目影响力和可持续性、外汇收支、投资管理、纳税管理、政府购买服务金额和项目配套资金金额、信息公开和人员聘用等指标的比重；增加了年末净资产，年人均接受捐赠金额，关联方资金占用、经费来源和资金使用，项目论证、计划及报批，项目管理、监督及反馈，项目总结和评估，公益支出比例和增长额等指标的比重；社会评价中，降低内部评价比重，增加管理部门的评价比重；公众评价中增加基金会公益性、项目效果满意度、社会影响力等方面的评价比重，降低对基金会总体印象、公正公开选定受助人、履行协议等方面的评价比重。因地制宜制定针对非内地居民担任法定代表人的基金会的管理制度，建立评估体系，鼓励非内地居民担任法定代表人的基金会逐步形成相关领域的品牌项目，以吸引更多境外人士来华设立基金会。

二　基金会分类指标分析

2013年，基金会规范化评估的分类指标仍为基础条件、内部治理、工作绩效、社会评价四大类，在总分1000分的前提下，评估标准进一步增加了工作绩效的分值，降低了基础条件的分值：基础条件降低为80分，工作绩效增加为450分，而内部治理和社会评价分别保持370分和100分。民政部每年对评估指标的修正和完善，显示了基金会规范化评估意在优化基金会运作模式，即实现主动筹资、适度投资、灵活运作、风险控制和信息披露等（李洁，2012）。

从表3可以看出，评估等级与工作绩效、内部治理、社会评价、基础条件这四类指标依次呈不同强度的正相关，工作绩效和内部治理两项重要指标占总分的比重大，在等级评估中的影响力大。工作绩效指标是评估各基金会业务能力的重要指标，是基金会核心竞争力的体现，也是决定基金会未来生存和发展空间的关键要素。

表3 各等级基金会得分均值以及贡献度比较

单位：分，%

评估等级	基础条件		内部治理		工作绩效		社会评价	
	得分均值	贡献度	得分均值	贡献度	得分均值	贡献度	得分均值	贡献度
5A	76.50	8.85	308.50	35.69	386.50	44.71	93.00	10.76
4A	72.00	9.29	300.00	36.79	296.00	43.41	74.00	10.51
3A	67.00	9.91	250.50	37.04	283.58	41.93	75.25	11.13

各等级基金会间的得分差异集中在工作绩效指标上，尤其在投资管理、公益事业支出金额、接受资金和物资总额这几项指标上差异明显。5A 等级基金会在投资管理上差异最大，其次为接受资金和物资总额；4A 等级基金会在公益事业支出金额上差异最大，其次为投资管理；3A 等级基金会在公益事业支出金额上差异最大，其次为接受资金和物资总额。公益事业支出金额和接受资金和物资总额这两项单项分值较高，权重大，所以导致各基金会的得分差距明显。近一半的基金会基本没有启动投资工作，而启动投资工作的基金会得分比较一致，均接近满分，反而没有体现差异性。投资管理指标的权重不大，说明政府部门对基金会投资能力的要求较低。各等级基金会在内部治理和工作绩效上得分差异较大，本篇随后对这两个指标的得分构成展开说明。

（一）基础条件指标

表4 各等级基金会基础条件指标得分均值比较

单位：分

评估等级	5A	4A	3A	2A
基础条件	95.63	93.06	83.75	90.00

各等级基金会在基础条件指标上的得分均值接近，因 2013 年评估总样本量小，没有呈现明显的正相关趋势。在法人资格和章程核准方面，5A 等级基金会的得分均值有可能低于某家 2A 等级基金会，2A 等级基金会可能在基础条件子指标上得分均值高于 3A 等级和 4A 等级基金会。可见，我国大部分基金会的硬件基础已基本具备。

1. 法人资格相关指标

从法人资格来看，评估等级与各基金会在秘书长专兼职情况上的得分均值呈负相关，5A 等级基金会的得分均值反而低于其他等级基金会。这是由于两家 5A 等级基金会中有一家基金会没有达到秘书长专职的要求，其他基金会也有此问题，但比例要低一点；专职工作人员得分正相关趋势明显，说明专职工作人员对基金会规范运作的重要性；基金会在名称、住所、类型、法定代表人、业务范围、原始基金数额、业务主管单位变更登记等指标上的得分与评估等级有弱相关性。

2. 章程核准相关指标

从章程核准情况来看，各等级基金会在章程内容、宗旨和业务范围体现公益特点、章程经登记管理机关核准上基本都能符合要求；作为登记部门刚性规定的要求，在登记和备案相关指标（如组织机构代码证，税务登记证书、印章式样，银行开户证明，分支机构、代表机构登记，分支机构、代表机构变更登记，分支机构、代表机构注销登记）上，绝大多数基金会都能符合要求；在年末净资产、法定代表人产生程序、法定代表人年龄、办公用房和办公设备等指标上各等级基金会得分趋同，与总体得分的相关度不大；会议纪要与理事签名得分正相关趋势明显，而章程制定（修改）程序与规范化程度有一定的相关性。总体而言，因这些指标单项分值较低，不会扩大各等级基金会的得分差距。

3. 遵纪守法相关指标

从遵纪守法情况来看，各等级基金会都能做到按期参检，而且年检结论是合格，等级较低的基金会年检时出现问题的数量在增加。等级较高的基金会在此方面工作较为完善，等级较低的基金会存在不参加年检或年检基本不合格、未制定重大事项报告制度等问题。各等级基金会都没有受政府部门行政处罚；在重大事项报告、备案上的得分也无规律。总体而言，在遵纪守法、受政府部门行政处罚等指标上基本能得满分。

（二）内部治理指标

内部治理指标方面，评估等级与各基金会的得分均值基本呈正相关，2A

表 5　各等级基金会内部治理指标得分均值比较

单位：分

评估等级	5A	4A	3A	2A
内部治理	83.38	79.67	67.70	70.27

等级基金会的得分均值略高于3A 等级基金会。具体来看，各等级基金会在档案、证章管理上的得分均值较接近，管理水平趋同，得分差异主要体现在组织机构、人力资源和财务资产管理等方面，最终得分高与这几个指标得分高有一定的正相关性。

1. 组织机构相关指标

从组织机构得分情况来看，各等级基金会的负责人年龄届次、监事出席理事会得分和办事机构工作职责的得分呈明显正相关；理事产生和罢免、监事任职和受薪、分支机构和代表机构的管理和开展活动的情况则得分趋同，在前两项上各等级基金会都能获得满分；参加评估的各基金会均可按照基金会章程聘任监事，严格执行监事不在基金会受薪的规定；但在监督和规范监事出席理事会、履行监事职责方面，等级较高的基金会做得更好。基金会在组织架构中设立监事或监事会，充分发挥监事对理事会决策机制和公益业务活动的监督作用，监事列席理事会会议，监督理事会遵守法律和章程，向理事会提出质询和建议，是保障基金会未来健康发展的坚实后盾。目前，基金会尚处于初级发展阶段，事务繁杂，通常较少考虑如何发挥监事的作用，待基金会发展到一定规模，监事的作用将会越来越凸显。组织机构其他指标，如民主决策，理事会的人数、按期换届、召开次数，理事受薪、有近亲属关系情况，负责人中国家工作人员兼任情况，党组织建立和活动情况等指标的得分与基金会等级无明显关联。大部分基金会的业务量还达不到要设立分支机构的程度，故在分支机构和代表机构管理上的得分情况，各等级基金会较为接近。

2. 人力资源相关指标

人力资源是基金会发展是否具备源动力的重要指标。从人力资源得分情况来看，工作人员配置和参加培训情况，社会保险和住房公积金，考核奖惩制度及落实情况和志愿者配置、招募及管理的得分与基金会等级呈正相关。等级较高的基金会更加重视员工队伍的建设，重视专业人才的聘用，并重视员工的福利和业务培训，能够制定考核奖惩制度并较好地执行，这也充分说明人力资源管理对基金会业务能力的重要性，继而更加容易吸引优秀的从业人员加入。较高等级基金会对志愿者的需求更明显，志愿者配置的得分也相应较高，相关基金会能够及时制定志愿者招募及管理制度，使志愿者队伍常态化运作，重视志愿者管理以充实基金会的人力资源。另外，工作人员聘用管理、劳动合同签订、薪酬管理情况的得分与基金会等级无明显关联，大部分基金会都能达到评估要求。

3. 财务资产管理相关指标及其他

财务资产管理是基金会内部治理的关键环节。关于财务资产管理相关指标，各等级基金会在会计人员配备，岗位职责，机构负责人和继续教育，执行《民间非营利组织会计制度》，财务管理制度建立及执行，会计档案管理，银行账户，外汇收支，纳税管理，捐赠票据管理，财务报告，财务支出审批程序，理事、监事及捐赠人监督上，基本最后得分与这几个指标的得分呈正相关，说明等级较高的基金会认识到拓展公益事业非常需要高效、完善的财务管理制度。各等级基金会在经费来源和资金使用、净资产规模、投资管理、财务审计上，基本最后得分与这几个指标的得分呈负相关。这并非说明这些财务管理指标不重要，而是显示出基金会各项创新业务面临的政策困境和能力困境。各等级基金会在分支机构财务管理、关联方交易、关联方资金占用、固定资产及存货管理、会计电算化上的得分与基金会等级无明显关联，说明这些内容在当下基金会开展业务活动的过程中，基本上不会涉及。

档案、证章管理相关指标方面，各等级基金会在证书保管上的得分与基金会等级呈明显正相关；各等级基金会在档案管理制度、印章管理制度和保管上的得分与基金会等级则无明显关联。等级较高的基金会在档案保管一项上反而得分不高。这是由于等级较高的基金会承担的公益项目较多，项目的增加会相应地增加档案管理的工作量和难度，需要投入更多的人力，由此也间接暴露出基金会普遍缺乏人力资源的困境。

（三）工作绩效指标

表 6　各等级基金会工作绩效指标得分均值比较

单位：分

评估等级	5A	4A	3A	2A
工作绩效	85.89	77.28	63.02	45.11

工作绩效指标是整个基金会规范化评估中最重要的指标，分值比重也逐步递增；工作绩效也是最能体现基金会治理差距的指标，由此奠定了不同基金会在规范化评估等级上的差异。在接受资金和物资总额，公益事业支出金额，项目论证、计划及报批，项目管理、监督及反馈与项目总结和评估的分值上，4A 及以上等级的基金会普遍表现突出，比其他等级的基金会有明显的优势，显示等级较高的基金会业务活动能力突出。

1. 接受资金和物资总额及公益事业支出金额相关指标

在接受资金和物资总额与公益事业支出金额上，各等级基金会之间差异明显，均值与基金会等级呈正相关。接受资金和物资总额能够体现基金会的募捐能力、策划能力和推广能力，而公益事业支出金额则体现了基金会的项目运作能力，需要有高效精干的专业团队。指标显示，接受资金和物资总额指标的权重远远低于公益事业支出金额指标的权重，说明规范化评估更加关注基金会的公益事业支出情况。但如果没有接受足够的资金和物资，仅提倡增加公益事业支出额度，基金会的资产规模就会逐渐萎缩。

各等级基金会的公益事业支出金额与基金会等级呈明显正相关；开展公益活动是每个基金会的使命和职责，基金会的公益项目是通过资助活动开展，直接体现在公益事业支出额度上，所以可以认为公益事业支出金额越高，该基金会发挥的社会作用越大。各等级基金会的公益支出比例、支出增长额和支出增长率与基金会的工资福利和行政办公支出占当年总支出的比例的得分均值趋同，与基金会等级无明显关联。各等级基金会在接受资金和物资总额、年人均接受捐赠金额、政府购买服务金额和项目配套资金金额，基本最后得分与这几个指标的得分呈正相关。公益组织在开展公益活动时，是否需要引导其参与政府购买服务，值得进一步探讨。另外，业界也存在这样的质疑：公益支出比例是否越高越好？工资福利和行政办公支出占当年总支出的比例是否越低越好？众所周知，管理高效的要求必然会导致运行成本的上升。充足的运行成本有助于培养专业人才，完善组织管理后备力量的人力资源系统；建立实用的信息技术架构，帮助组织跟踪结果；了解满足实际需求的工作原理，使资源的使用更有效率；足以承担管理组织的行政系统的运营成本，能够让管理团队抽身专注于慈善项目和资金筹集的责任（蒂尔尼、弗莱什曼，2014）。这种不考虑运行成本的要求，反映了一部分人对基金会管理支出的曲解，需要社会各界逐步纠正，逐步改善基金会等公益机构的生存环境。

2. 项目开发与运作相关指标

在项目开发与运作相关指标上，各等级基金会间差异显著，项目运行能力得分与基金会等级呈明显正相关，其中包括项目论证、计划、管理、监督、反馈、总结和评估情况，以及项目选择的公平性、影响力和社会效益；项目体现的组织价值理念、公益性、创新性和可持续性的得分与基金会等级无明显关联性。与等级较低的基金会相比，等级较高的基金会更加重视重大项目事先要有详尽的计划和论证，建立项目管理制度并关注项目的执行和反馈情况，项目结束后有项目总结和评估。我们不能认为项目体现的组织价值理念、项目的公益性、项目选择的公平性不重要，只是指标过于抽象，评估时很难量化，很难准确地体现基金会之间的差异。

3. 信息公开与宣传相关指标

各等级基金会在建立信息公开制度、网站建设、公开接收捐款和资金使用情况、发布年度工作报告等上的得分与基金会等级呈不同程度的正相关，说明等级较高的基金会能够制定信息公开制度，委派专人负责信息公开工作，建立完整的信息公开档案，及时公开接受捐款数额、资金使用情况、申请评审程序和项目评估结果，并通过网站宣传基金会业务活动；等级较高的基金会更加重视公益资助项目的评审程序、选定受助对象和项目评估结果等，自身有需要增加公开透明度，提高社会公信力，树立品牌形象，赢得社会认可和支持。但各等级基金会的刊物和宣传资料、媒体报道的得分与基金会等级无明显关联，可见基金会需要制定信息公开程序，但公开的方式可选，并不拘泥于某种媒介和方式。本年度评估增加了特色工作指标。各等级基金会在创新和贡献指标上的得分与评估等级呈正相关，但该指标也存在主观性较强、较难量化评估的不足。

（四）社会评价指标

表 7　各等级基金会社会评价指标得分均值比较

单位：分

评估等级	5A	4A	3A	2A
社会评价	93.00	84.22	75.25	66.00

从社会评价的评估数据来看，指标设计符合 360 度绩效的评估方式，即自我评估、团队评估、纵向评估和客户评估（克洛克、戈德史密斯，2008）。社会评价得分均值与基金会评估等级呈正相关，等级较高的基金会更加重视管理部门和社会公众的评价，也会增加在提升社会知名度和自我宣传上的投入。管理部门对基金会规范化建设、财务管理、信息公开、社会公信力等方面的评价与基金会评估等级的相关度最高，其次为公众对基金会总体印象、公益性、项目效果满意度、创新性、可操作性、公正公开选定受助人、履行协议、志愿者管理等方面的评价。内部评价的主观性较强，基金会最后得分与其在重大事项、民主决策、秘书长工作、筹资能力等方面的得分呈明显正相关。但是等级较低的基金会在民主决策、领导班子履行职责、财务管理、资金使用等方面的评价得分可能高于等级较高的基金会。

三　基金会评估概述

（一）总体特点

1. 注重项目运作和项目创新

大部分参评基金会拥有健全的项目运行监督机制，重大项目有论证和计划，运行中有监督和检查，结束后有总结和反馈。项目创设上追求卓越、打造品牌。瀛公益基金会通过“资金支持 + 导师辅导 + 商业网络”的方式扶持青年创业，研究标准公益服务体系，至今已有导师 1.2 万名，扶持近千家青年创业企业，创造就业岗位 10 万个。中国文学艺术基金会组建专项基金项目评审领导小组，制定相关资助实施和监管办法，建立评审委员会专家库，加大项目监管力度。参评基金会开展的公益项目，涉及教育、社会福利、救灾救济、环保、学术研讨和文化体育等多个领域。参评基金会积极参加规范化评估，项目运作规范性明显提高；部分非公募基金会把先进的企业管理理念创造性地植入公益组织的运作。

2. 注重信息公开和媒体宣传

基金会的公益性质及受托人的角色决定了基金会必须加强信息公开，充分运用信息披露机制、责任约束机制和风险预警机制（李洁，2012）。参评基金会普遍重视信息公开工作，其中有 22 家基金会建立了独立网站，24 家基金会有自己的公开出版物。部分基金会利用新媒体开展信息宣传工作，已经走在信息化建设前列。中国绿色碳汇基金会创新宣传方式，定期发行《碳汇中国》电子刊物，发布首个“碳中和”企业标示，利用微信和微博等新媒介宣传“碳汇”概念。北京理工大学教育基金会与电信运营商合作，为捐赠方编发《手机周报》，报道基金会项目进展情况。现代化媒体为基金会展示项目、接受监督提供了多元化渠道。

3. 注重协作交流与协同发展

不同基金会的历史背景、发展状况、经验特点不尽相同，有的专注资金扶持，但有的擅长项目运作，因此基金会之间不断开展合作以实现资源整合、协调行动。例如，泛海公益基金会资助中国西部人才开发基金会开展大学生创业活动，资助北京绿色未来环境基金会开展环保公益项目，并与中国光彩事业基金会共同开展“幸福家庭工程”项目；中国文学艺术基金会与中国少数民族文化艺术基金会、中国杂技家协会联合组织海峡两岸暨香港澳门大学生魔术交流大会，吸引内地及港澳台 100 多所大学的学生参加，弘扬民族文化。基金会之间的交流和合作，使基金会协同发展能力得到提高，促进基金会共生共强。

4. 注重专业人才和志愿者队伍建设

获得4A及以上等级基金会的专职人员平均有13人，拥有本科以上学历者占工作人员总数的87%，可以看出基金会工作人员的专业化程度较高。另外，志愿者队伍也是基金会不可或缺的力量，大部分参评基金会建立了详尽的志愿者招募和管理制度，28家参评基金会中仅有3家未建立相应制度。中国绿色碳汇基金会编印《志愿者工作手册》，注册300多名志愿者，与企业等机构探索“志愿者工作站”的建设；黄奕聪慈善基金会鼓励基金会创办人、企业和企业员工加入志愿者队伍，践行基金会倡导的价值理念。基金会的运作涉及很多专业技能，需要有法律、经济、心理、外语、文学、计算机等专业的技术人才，近年来，基金会越来越重视专业人才的培育，团队人员管理水平有明显提高。

（二）存在的问题

虽然参评基金会总体运行情况良好，但部分基金会存在管理疏漏和隐患，还存在筹款能力差等问题，这些问题也是运行情况欠佳的基金会的共性问题。下面我们以参加评估的基金会为例，提取需要改进的方面，从中了解评估等级较低的基金会存在的较普遍的问题。

1. 募集资金力度不够

个别基金会年度捐赠收入仅为百万元，募集资金能力有待提高。基金会筹集不到资金，就无法开展公益活动，机构缺乏生存能力。只有基金会发展了筹集资金的能力，组织才能稳步发展，才能在提供公共服务、促进公益事业发展、繁荣文化艺术、推动社会进步等方面发挥更大的作用。民政部开展规范化评估工作，有助于督促基金会加强组织自身建设，促进基金会健康发展，提高基金会的公信力，使其有能力服务社会大众，发挥更大的社会效用。

2. 内部管理较为松散

个别基金会没有设专职秘书长，工作人员专业化程度不高，有的没有专职财务人员。基金会的每个工作环节都需要配备专职人员，除专职人员队伍外，还需要兼职志愿者大力参与，专职和兼职人员队伍是基金会有效开展工作的基础保障。目前，基金会普遍存在专职人员配备滞后、人力严重不足、专业培训缺乏、薪酬与职责要求脱节的问题，长此以往将会制约基金会的发展。另外，捐赠票据的使用不够规范、重大项目无第三方审计等财务管理问题也比较多。财务管理属于内部治理范畴，基金会是财团法人，规范管理公益资金是对基金会的基本要求，故财务管理在基金会内部治理中尤为重要。

3. 理事、监事发挥作用不足

大部分基金会缺乏健全的决策和监督机制。有的基金会理事常年不参加会议；监事走过场，监督作用不明显；理事会在审议并决定重大对外投资项目时，存在监事未出席的情况；有的理事领取报酬却未担任专职工作；有的基金会未建立理事会民主决策机制，决策程序偏于形式；有的基金会独立性不强，理事会会议纪要不规范或不详尽，档案管理不规范。内部治理的规则制定和程序落实是基金会的治理基础。我国基金会发展时间较短，如果不重视内部治理问题，不仅不利于基金会自身的发展，还会引发公众对基金会公益行为的误解。

4. 项目运作的规范性有待提高

个别基金会没有项目策划等流程，公益项目零散，没有形成品牌项目；有的基金会项目很多，但事先没有论证、计划，运作过程中没有监督、反馈机制，项目结束后没有总结和评估；有的基金会虽然专项基金较多，但疏于规范管理；有的基金会项目缺乏创新性，随机率性而为；有的基金会项目无可持续性，运行成本高。项目运作能力涉及宣传、策划、筹募、活动组织、项目实施和效果评估等环节，反映了基金会在项目运作上的开拓性。

5. 信息公开需要加强

大部分基金会建立了信息公开的网站，但一些基金会利用网站公开信息不及时，网站的平台作用发挥一般；有的基金会信息公开渠道有限；有的基金会未公开公益资助项目种类、申请评审程序、选定受助对象或项目评估结果。信息公开属于内部治理范畴，基金会需要获取信任，前提是要对捐赠人和受益人公开公正。规范化评估很重视基金会的信息公开，民政部对基金会信息公开有明确的要求，基金会必须在报刊上完成信息公示，并建立网站，出版定制刊物，及时公布获捐和资助信息。此要求也督促基金会重视信息公示，相信基金会的信息公开工作在政府政策引导和满足自身发展需要的过程中会有明显改善。

6. 保值增值能力有待提高

2004 年国务院颁发的《基金会管理条例》第二十八条规定“基金会应当按照合法、安全、有效的原则实现基金的保值、增值”。基金会专职人员有义务做好捐赠资产的保值增值，主动投资金融市场，扩大捐赠资产，发挥更大的社会效用。但是，个别基金会投资管理制度缺失，存在资产减值情况；有些基金会投资项目近 10 年无收益，造成了损失；有的基金会缺乏具备投资经验和精通投资的专业人士；有的基金会对投资管理风险的控制不够，对风险类投资的监管较弱；有的基金会对投资收益未能正确核算，对造成损失的长期投资未能及时清理；有的基金会的投资行为存在关联方交易。保值增值需要宏观和微观经济学知识，需要了解各类金融机构和投资工具，专业性很强，是基金会发展到一定阶段必须面对的。然而，目前多数基金会的投资专业人才严重缺乏，系统性金融信用支撑体系缺失。建议基金会投资同行之间定期进行专业探讨，完善投资程序，加强风控建设，形成多元化投资产品的筛选和评估机制。

参考文献

保罗·布雷特斯等：《善款善用：聪明慈善的战略规划》，李存娜译，北京：中国劳动社会保障出版社，2013。

官有垣：《非营利组织执行长之治理——以台湾社会福利相关基金会为例》，载徐家良主编《中国第三部门研究》第二卷，上海：上海交通大学出版，2011。

肯尼思·克洛克、琼·戈德史密斯：《唤醒人的艺术》，王红丽译，北京：人民邮电出版社，2008.

赖因哈德·施托克曼：《非营利机构的评估与质量改进效果导向质量管理之基础》，唐以志、景艳燕译，北京：中国社会科学出版社，2008。

雷金纳德·范李等：《群：凝聚政府、企业和非营利组织力量的新模式》，时娜译，海口：南海出版公司，2010。

李莉：《中国公益基金会治理研究——基于国家和社会关系视角》，北京：中国社会科学出版社，2010。

李洁：《大学社会捐赠运行机制研究》，武汉：华中师范大学出版社，2012。

刘京主编《中国散财之道——现代公益基金会发展报告》，北京：中国社会出版社，2011。

史蒂芬·格德史密斯：《社会创新的力量：美国社会管理创新启示录》，王栋栋、沈丹琳、洪漫译，北京：新华出版社，2013。

陶传进、刘忠祥编《基金会导论》，北京：中国社会出版社，2011。

托马斯·蒂尔尼、约尔·弗莱什曼：《从梦想到影响：一流慈善的艺术》，于海生译，北京：华夏出版社，2014。

徐勇：《基金会公共责任的实现困境及其对策分析——以理事会治理为考察点》，《内蒙古大学学报》2012 年第 2 期。

徐宇珊：《论基金会中国基金会转型研究》，北京：中国社会出版社，2010。

詹姆斯·G. 马奇、约翰·P. 奥尔森：《重新发现制度——政治组织的组织基础》，张伟译，上海：上海三联书店，2011。

B.6

东部地区省级社会组织评估分析

一　东部地区省级社会组织评估工作的基本情况与基本做法

我国东部地区（包括北京市、天津市、上海市、河北省、山东省、江苏省、浙江省、福建省、台湾省、广东省、香港特别行政区、澳门特别行政区、海南省、黑龙江省、吉林省、辽宁省）社会组织较多且发展较为成熟，各省市社会组织评估工作开展也较早，社会组织主动参评意识较强。2013 年度东部地区省级社会组织评估数共有 1300 家，累计评估数为 3671 家。

东部地区各省市社会评估的基本做法如下。

1. 加强政策创新，优化评估环境

为了确保社会组织评估工作有序和规范进行，2013 年各省市以党的十八大精神为指导，结合本省市的实际情况，从政策完善和加强对社会组织管理的法治层面来设计优化评估运行机制，把社会组织评估纳入政策创新，在民政部《社会组织评估管理办法》相关法律规定的基础上，出台针对各省市实际情况的社会组织评估管理办法，为评估工作的开展奠定了坚实的政策基础。2009 年 3 月，广东省民政厅发布《社会组织评估管理的暂行办法》。2009 年 9 月，江苏省民政厅发布《江苏省民间组织评估实施办法（试行）》，2010 年 8 月出台《江苏省社会组织评估管理办法》。2009 年 10 月，浙江省民政厅发布《全省性社会组织评估实施办法》。部分省市（如浙江省宁波市、黑龙江省牡丹江市等）甚至将评估工作作为社会管理创新综合试点的重点工作内容列入政府目标进行考核。

2. 完善评估标准，提高评估公信力

为了保证评估工作持续、规范运行，在 2013 年评估工作的推进过程中，各省市从组织框架、评估标准等方面进一步完善组织机制。组织机构方面，很多省市（如广东、北京、浙江宁波等）在原有评估组织机构的基础上新成立了“社会组织评估复核委员会”，由熟悉社会组织管理工作法律法规的社会人士和相关部门负责人共同负责评估争议的裁定；评估指标方面，各省市强化标准理念，坚持前后衔接，进一步完善和优化社会组织分类评估体系，突出评估指标体系的针对性、导向性和可操作性。北京在民政部评估指标的基础上，结合北京市社会组织的实际情况，进一步修改和完善了行业协会、异地商会、学术类社团、专业类社团、联合类社团、教育类民办非企业单位、非教育类民办非企业单位和基金会评估指标。

3. 周密组织实施，提升评估工作水平

为确保评估工作规范合理、有效扩大评估工作的深度和广度，各省市结合社会组织现状和管理实际，建立科学有序的评估流程，做好组织评估的重点环节工作，严格履行自评自查、资格审查、专家组实地考核、评估委员会审核、社会公示等程序，评估后实行动态管理。山东省青岛市在评估中强调“三个坚持”——坚持以实地调查为依据统一评估标准，坚持调查评估与现场指导相结合，坚持公开、公平、公正的评估原则。评估工作启动后，各省市利用网站、会议、新闻媒体广泛宣传、深入动员，将评估相关材料通过各省市民政局或社会组织网站予以公示，为社会组织做好申报和参评工作提供方便，提高社会组织对评估工作的认同度。同时，为提高评估的质量，各省市注重分类分层进行指导，积极组织参评社会组织接受培训，培训重点为评估工作流程、相关政策规定和资料整理等。

4. 强化评估结果应用，发挥评估激励作用

为了保证评估机制持续运行，使评估工作的成果在更大范围内得到应用，东部地区各省（市）在评估结束后，将社会组织评估等级结果在全省（市）范围内公示、通报，并注重将评估结果应用于日常管理，给予不同评估等级的社会组织相应的简化年检手续等特权，同时积极协调，给予获得较高评估等级的社会组织专项奖励等。江苏省出台《江苏省体育社会评估表彰奖励办法》，对获得3A 及以上等级的全省性体育类社会团体，除优先承接政府购买服务、职能转移外，还给予5 万 ~ 10 万元不等的奖励，这些措施提高了社会组织参评的积极性。

二　东部地区省级社会组织评估工作取得的成果

1. 提升了各类社会组织的能力

随着东部各省市的评估工作不断深入，社会组织逐渐意识到评估的重要性，积极主动地参与到评估工作中来。通过评估，参评的社会组织看到了自身存在的不足，看到了与指标要求的差距，发现了自身日常运营管理中的漏洞，明确了今后努力的方向，实现了以评促建，提升了社会组织的能力。

2. 提高了社会组织的透明度和公信力

东部各省市的社会组织评估吸引了越来越多公众的目光，通过评估工作，政府有关部门和社会公众得以更直观、全面、深入地了解社会组织，公众与社会组织之间的沟通得到加强，社会组织运行的透明度得以提高，促进了社会组织健康有序发展，提高了社会组织的社会公信力和影响力。2013 年 9 月，浙江省民政厅、浙江省发展和改革委员会发布《关于加强社会组织信用体系建设的通知》，这是全国首个将社会组织等级评估纳入社会信用体系的规范性文件，使社会组织的透明度和公信力得到提高，促进了社会组织健康发展。

3. 培育了一批具有示范引领作用的社会组织

随着东部各省市社会组织评估工作的不断推进，一批专业性强、社会示范效应好的社会组织脱颖而出，社会组织的影响力得以提高，社会组织整体的良好形象得以树立。同时，评估工作的开展有利于其他社会组织参照检查，不断提升规范化运作和科学管理的水平。

三　东部地区省级社会组织评估工作的特点

1. 社会组织参评率不断提高

为推进社会组织积极参与评估工作，东部各省市对社会组织评估做了全面部署，通过不断加大宣传力度、制定多样的奖励机制、针对社会组织举办评估业务培训班等措施，使 2013 年度东部各省市社会组织的参评率有了明显提高。广东深圳 2013 年社会组织参评的数量是前三次参评数量的总和。

2. 第三方评估机构的专业性和独立性增强

由于第三方评估机构既有专业的评估知识，又有丰富的评估经验且能保证评估的公开性，因此东部各省市纷纷聘用第三方评估机构。北京市在全市具备资质条件的支持性社会组织中选聘了北京德城社会组织评估与促进中心等六家单位作为第三方评估机构，负责实施评估，并保证其独立性。而第三方评估机构也确实对评估工作组织、实施的内容进行了有序的安排，对参评社会组织的咨询和疑问做了专业性解答并对实地评估阶段的工作做了周密的安排，收到了非常好的评估效果。

3. 评估等级结果得到很好的应用

东部各省市对评估等级结果进行了有效的应用。对于3A及以上等级社会组织主要有评估等级与年检挂钩，评估等级与评选先进挂钩，评估等级与政府职能转移、政府购买公共服务挂钩，评估等级与示范基地建设、品牌建设挂钩。对于2A及以下等级的社会组织，登记管理机关下发整改通知书，限期整改。

四　东部地区省级社会组织评估工作存在的问题

1. 评估指标体系尚不完善

社会组织评估的部分指标存在适用性窄、难以操作、缺少一些必要的扣分项以及“社会评价”相关指标难以考量等问题，指标与指标之间存在交叉重叠的部分，一定程度上影响了社会组织评估结果的准确性、公正性和评估过程的有序、高效。

2. 与社会组织评估相关的政府部门人员缺乏

社会组织评估今后将成为常态化工作，这对各级政府相关部门来说都是一项工作压力，而相关政府部门尚未及时补充人手，如福建省存在编制少、人员严重不足的问题，甚至一人承担多项民政业务工作，不仅个人压力大，而且会造成多项业务工作不能首尾相顾，影响社会组织评估工作的效果。

3. 评估激励机制尚需探索

与社会组织评估等级相配套的奖励政策和措施仍不完善，对获得评估等级较高的社会组织在资金扶持、评选先进、优先承接政府购买服务等方面的激励条件仍不明确和缺少可操作性，这导致部分有参评资格的社会组织放弃参与评估，是提高参评率需要解决的重要问题。

参考文献

郭圣莉、吕红艳：《国家与市场的双重扩张》，载徐家良主编《中国第三部门研究》第二卷，上海：上海交通大学出版社，2011。

国家民间组织管理局编《中国民间组织评估》，北京：中国社会出版社，2007。

康晓光、冯利：《2011 中国第三部门观察报告》，北京：社会科学文献出版社，2011。

李彭源：《规范化评估与评估规范化——社会组织评估实践断想》，《社团管理研究》2012 年第 3 期。

李旸：《上海社会组织建设与社会转型研究》，《科学发展》2012 年第 8 期。

廖鸿主编《社会组织评估指引》，北京：中国社会出版社，2012

刘惠苑、叶萍：《广州社会组织评估指标体系富有操作性、针对性》，《中国社会组织》2014 年第 7 期。

潘旦、向德彩：《社会组织第三方评估机制建设研究》，《华东理工大学学报》2013 年第 1 期。

田雪莹、胡文波、孙建军：《基于多元回归分析的非营利组织评价体系构建——以浙江宁波区级红十字会为例》，《科学决策》2009 年第 10 期。

王守文：《“SCC”理论：中国社会组织评估机制研究》，华中科技大学博士学位论文，2013。

温庆云：《对社会组织评估工作的再认识》，《中国社会组织》2013 年第 2 期。

徐家良：《社会团体导论》，北京：中国社会出版社，2012。

曾永和：《上海加大宣传力度推进社会组织登记管理改革》，《中国社会组织》2014 年第 18 期。

B.7

中部地区省级社会组织评估分析

一 中部地区省级社会组织评估工作基本情况与基本做法

我国中部地区（包括山西省、河南省、湖北省、安徽省、湖南省、江西省）社会组织数量不断增加，各省市对社会组织的规范管理和评估工作日益重视。2013 年度中部地区省级社会组织评估数共有 446 家，累计评估数有 1283 家。

中部地区各省市社会评估的基本做法如下。

1. 加大社会组织评估工作的宣传力度

中部各省市利用多种渠道加大对社会组织评估工作的宣传，做好对社会组织评估相关文件的深入介绍，使参与评估的社会组织认识评估、了解评估，做到有据可循、有法可依，同时对获得较高等级的社会组织，通过网站、报纸等对其进行深入报道，展现社会组织风采。安徽省利用“安徽社会组织信息网”、《安徽社会组织》期刊、社会组织 QQ 群等载体，借社会组织负责人培训之机，深入宣传社会组织评估工作的目的和意义，提升社会组织对评估工作的认知度，动员引导社会组织自觉参加评估。

2. 制定和完善评估指标与评分标准

将社会组织评估的一级指标分为基础条件、内部治理、工作绩效和社会评价 4 个方面，根据实际情况给予不同的分值，并在这四项一级指标下进一步针对每一个方面列出更加具体的二级、三级甚至四级评估指标，给每一项评估指标赋值。湖南省《行业协会商会评估指标》共分一级指标 4 项，二级指标 18 项，三级指标 50 多项，四级指标 100 多项。通过制定和完善社会组织评估指标和评分标准确保社会组织评估工作的公正性与可操作性。

3. 规范评估程序

首先是社会组织自我评价和提交申报材料，各省市在这一阶段主要做好对社会组织参评资格的审核工作，解决社会组织在准备评估材料过程中遇到的疑难问题；其次是实地考察和初评阶段，各评估专家组在认真阅读分析社会组织自评材料的基础上，分组对参评社会组织的基础条件、内部治理、业务开展和财务资产管理等情况进行重点检查，并对工作人员和相关人员进行询问调查，给出参评社会组织的初评分数和建议等级；最后是评估委员会终评和向社会公示，初评后及时召开评估委员会会议，各评估委员对专家组的初评结论和建议等级进行认真审核，最终以投票表决形式确定社会组织的评估等级，并在各省市民间组织信息网上进行公示。

二　中部地区省级社会组织评估工作取得的成果

1. 从社会组织的角度看，评估工作强化了社会组织的自律、规范和发展意识

通过评估工作，社会组织发现自身存在的问题，认识到自身的薄弱环节，从而树立规范发展的意识，明确今后发展的方向。同时，借助评估工作促进社会组织的制度和能力建设，一些社会组织在准备自评材料时，就对照评估要求及时健全了组织结构，建立了监督机制，加强组织建设，不少社会组织及时建立和完善民主议事制度、日常办公制度、财务管理制度、档案管理制度，促进了社会组织的规范化建设。

2. 从管理者的角度看，评估工作创新了管理思路

评估工作开展后，实现了管理机关与社会组织的近距离接触，政府主管部门对社会组织的发展情况有了更感性、更直观、更全面的了解，可以根据社会组织的实际情况有针对性地制定政策，改进工作，分类指导，实施管理，丰富了对社会组织的管理手段并收到了明显的管理效果。

3. 从社会的角度看，评估工作在社会上引起了广泛关注

评估工作吸引了公众的视野，为社会组织提供了一个更加广阔的展现自身的舞台，透明度大大增加。评估结果向社会公开，加深了社会各界对社会组织的了解，使社会组织的社会影响力得以提高，促进社会组织与社会各界展开交流与合作，有利于社会组织发挥更大的作用。

三 中部地区省级社会组织评估工作特点

1. 学习先进地区评估经验

中部各省市注重与社会组织评估工作成熟、经验丰富的省市交流，积极学习相对完善的评估流程、评估指标和评估办法等，并在学习先进的基础上与自身实际相结合，不断创新，形成了一套适合自身更好地开展社会组织评估工作的方法。如湖北省积极打造地区交流平台，学习其他省市社会组织评估的先进经验。

2. 评估专家队伍规模扩大

由于中部各省市参与评估的社会组织数量不断增多、社会组织等级效用不断增强、社会关注度持续上升，对社会组织评估的质量和专业性要求日益提高，各省市纷纷扩大评估专家队伍，确保评估专家队伍的多样性和专业性，以前没有评估专家队伍的也建立起来，如江西省建立了由省民管局、省科协工作人员和注册会计师共 7 人组成的评估专家组，为评估工作的顺利开展提供了有力保障。

3. 注重评估工作的多元效应

中部各省市不仅注重评估工作对社会组织的发展建设发挥的积极作用，同时强调通过评估工作为政府部门对社会组织的管理开辟更加合理、有效的途径，最大限度地提高社会组织的社会影响力，努力使社会组织评估工作的效应辐射到更多的方面。

四 中部地区省级社会组织评估工作存在的问题

1. 第三方评估机制尚不成熟

中部各省市努力引进专业型评估中介机构。但由于政府部门没有明确政府与第三方评估机构的定位和分工，因而常常干涉第三方评估机构的评估工作，而第三方评估机构在如何与政府相处方面缺乏经验，导致第三方评估机制不健全。

2. 开展评估工作的资金压力大

随着参评的社会组织越来越多，政府部门的培训费用、购买第三方评估机构服务的费用、对评估等级较高的社会组织的奖励费用等都在不断增加，这对财政资金的要求越来越多，而由于用于社会组织评估的财政资金本来就不多，从而大大影响了评估工作的开展，不利于调动社会组织参评的积极性。

3. 社会组织评估范围有待扩大

由于中部各省市参与评估工作的人员较少、资金不充足，加上评估工作尚不成熟，各省市在开展评估工作的过程中往往挑选部分社会影响大、口碑好的社会组织，最终在这些社会组织获评等级较高的同时忽视了对其他规模小、社会影响小的社会组织的评估，导致社会组织评估范围较小，使以评促建的效果不明显。

参考文献

段海艳、仲伟周：《国外非营利组织评估对我国的启示》，《中国社会报》2007 年 6 月 11 日。

国家民间组织管理局编《中国民间组织评估》，北京：中国社会出版社，2007。

贾文德：《对完善社会组织评估机制的几点思考》，《社团管理研究》2012 年第 5 期。

李劲夫：《开展社会组织评估定级推动社会组织科学发展》，《中国民政》2012 年第 9 期。

廖鸿主编《社会组织评估指引》，北京：中国社会出版社，2012。

田雪莹、胡文波：《我国非营利组织评估体系研究》，《中国地质大学学报》2007 年第 4 期。

殷民娥、沈跃春：《安徽社会组织管理创新面临的突出问题及对策建议》，《决策》2011 年第 11 期。

张晓霞、马雪松、涂龙峰：《发展与创新：江西省社会组织的调查与思考》，《求实》2012 年第 12 期。

章晓懿、沈崴奕：《政府补贴对非营利养老机构的发展影响研究》，载徐家良主编《中国第三部门研究》第五卷，上海：上海交通大学出版社，2013。

朱晓红：《评估，社会组织管理培育的有效手段》，《中国社会组织》2013 年第 6 期。

B.8

西部地区省级社会组织评估分析

一　西部地区省级社会组织评估工作基本情况与基本做法

我国西部地区（包括内蒙古自治区、新疆维吾尔自治区、宁夏回族自治区、陕西省、甘肃省、青海省、重庆市、四川省、西藏自治区、广西壮族自治区、贵州省、云南省）社会组织评估工作起步较晚，但2013年度各省区市参评社会组织数量较多，省级社会组织评估数有1019家，累计评估数2386家。

西部地区各省市社会组织评估的基本做法如下。

1. 健全机构，完善管理机制

由于西部地区多数省区市的社会组织评估工作刚刚起步，需要首先组建成立社会组织评估委员会和复核委员会这两个基本的评估机构；在具体运行方式方面，尝试引入第三方评估机制对社会组织进行先期评估，并在此基础上将评估结果递交评估委员会进行审定，从而确保评估组织的严密性和公正性，为评估工作提供有力的组织保证。云南省依托云南三方社会政治评估服务中心成立了评估办公室，具体负责评估委员会的日常工作和评估的组织工作。

2. 开展培训，做好指导和服务

社会组织评估工作是综合型和专业型较强的管理手段，为使参评组织了解评估的目的、意义及作用并全面熟悉评估考评内容，正确解读指标体系，同时，为提高评估机构和评估专家专家组在社会组织评估中的公信力和权威性，保证社会组织评估工作公平、公正，各省区市都非常重视举办与社会组织评估有关的培训活动，此种培训活动保证了评估工作有序开展、按时完成。

3. 以评促建，促进社会组织的规范化建设

在评估中坚持评估不是目的只是手段。评估前，各省区市中不少社会组织对自身作用、地位、发展方向、运作模式等缺乏全面的认识，通过评估使他们发现了工作中的不足和薄弱环节，明确了今后的发展方向，树立了规范发展的意识。云南省部分社会组织针对专家在实评现场提出的反馈意见制订了下一步整改计划，真正发挥以评促建、以评促改、以评促发展的作用。

4. 坚持公平公正原则，确保评估专家组的独立性

西部各省区市为保证社会组织评估工作的公开、公平、公正，将社会组织评估的文件尽可能地通过网络等多种渠道公平，扩大公开范围，确保社会组织评估工作规范透明。各组评估专家根据工作方案和指标体系，独立完成初评、实评和意见反馈工作，保证评估过程的独立性，初评结果经评估委员会审议、终评后向社会公示，使社会组织评估工作做到公开、公平、公正。

二　西部地区省级社会组织评估工作取得的成果

1. 有效提高社会组织参评的积极性

各省区市积极探索吸引社会组织参评的激励机制，如重庆市将评估结果与申报中央财政项目、社会组织年检、政府购买服务等挂钩，获评等级越高获得的相应优惠政策越多。同时，各省区市通过对获得评估等级的社会组织进行多方宣传和报道，使其获得了良好的社会效应，有效提高了社会组织的参评积极性。

2. 促进社会组织建设和发展

评估工作的开展，对社会组织提出了更为严格和专业化的要求。参评社会组织为获得较高的评估等级，必须在基础设施、内部管理等各个方面不断改进和完善，从而促进了社会组织的自我管理和自我完善，提高了社会组织的自律性和诚信度，增强了社会组织服务社会的能力，提高了社会公信力。重庆市参评的行业协会和学术类社团均创办了刊物，增进了相互间的交流与合作。

3. 为全面开展社会组织评估工作打下了基础

各省区市通过对社会组织的评估，对评估工作有了更深的认识，总结了评估工作取得的经验和存在的不足，掌握了更多的评估工作技巧，并开始探索如何更公开、公平、公正、有效地做好社会组织评估工作，为全面开展各省区市社会组织评估工作打下了良好的基础。四川省强调在评估过程中加强登记管理机关、业务主管单位和社会组织之间的良性互动，不仅提高了社会组织的参评意识，也丰富了评估机构的评估经验。

三　西部地区省级社会组织评估工作的特点

1. 注重宣传和培训的作用

西部各省区市由于社会组织评估工作开展较晚，评估机构对评估工作的流程、进度、注意事项等尚不熟悉，社会组织更是不能认识到评估工作的重要意义和对自身的积极作用。因此，各省区市非常注重社会组织评估前期的宣传和培训工作，如广西不仅在南宁举办了全区社会组织评估培训班，而且对社会组织及评估机构评审人员进行了分批培训，从而为社会组织评估工作的顺利开展打下了基础。

2. 尝试引入第三方评估机构

各省区市在开展社会组织评估工作的过程中，逐渐意识到仅靠政府部门无法保证评估工作的专业性、公正性和透明性，因此开始学习并尝试引入第三方评估机构。

四　西部地区省级社会组织评估工作存在的问题

1. 对评估工作的认识有待提高

西部各省区市社会组织对评估工作缺乏深层次的理解和认识，对评估的内涵、作用认识不足，主要体现在不了解参加评估对自己的意义和帮助，不清楚评估工作是否具有专业性和公正性，致使部分社会组织参与评估的积极性不足。

2. 相关政府部门不够重视

由于社会组织评估工作的社会知晓率不高，社会组织评估参与率低，部分业务主管单位也对其所辖社会组织是否参与评估不重视，对评估工作的宣传力度不够，对评估指标设计、评估流程等方面缺乏深入的了解。如广西存在业务主管部门对评价内容不签署意见的现象，致使社会组织参加评估的积极性不高，评估工作不能顺利展开。

3. 缺乏相应的激励机制

西部各省区市目前与评估结果相挂钩的政府扶持、政府购买服务、税收优惠等政策较为缺乏，操作性不强，评估工作的社会效应有待提高，社会组织评估还停留在评估工作本身，有无评估等级、评估等级高低区别不大，影响了社会组织参与评估的积极性和可持续性。

参考文献

陈恒亮：《非营利组织绩效评估》，《合作经济与科技》2008年第22期。

陈玮、马占彪、马学勤：《青海社会组织管理合力问题探析》，《青海社会科学》2006年第4期。

贾文德：《浅议社会组织评估工作的四个作用》，《社团管理研究》2011年第3期。

刘宏、何霞萍：《推进社会组织评估体系建设的实践与思考——以广西为例》，《中国社会组织》2013年11期。

田华：《云南社会组织社区服务作用发挥问题探究》，《中共云南省委党校学报》2011年第5期。

廖鸿主编《社会组织评估指引》，北京：中国社会出版社，2012

马慧娟、诸葛达、杨忠：《非政府组织（NGO）评估机制研究》，《云南大学学报》2013年第6期。

王先明：《关于社会组织评估的思考与建议》，《社团管理研究》2012年第7期。

无党派人士课题组：《社会组织如何服务重庆社会管理创新》，《新重庆》2013年第7期。

徐家良：《第三部门资源困境与三圈互动》，载徐家良主编《中国第三部门研究》第三卷，上海：上海交通大学出版社，2012。

张雅娴：《基于社会组织评估实践的几点思考》，《社团管理研究》2012年第4期。

赵挺：《公益服务组织与基金会的不对称合作及其矫正》，载徐家良主编《中国第三部门研究》第三卷，上海：上海交通大学出版社，2012。

案　　例

Case Studies

B.9

中国黄金协会评估个案

一　基本情况

中国黄金协会（China Gold Association）于 2001 年在民政部登记注册成立，是国务院国有资产监督管理委员会直接管理的 21 家全国性行业协会商会之一。2014 年 3 月 13 日，民政部评估专家组对该组织进行实地评估，形成了初评报告，并在此基础上经全国性社会组织评估委员会全体会议终评，确定中国黄金协会获评 5A 等级。

中国黄金协会拥有良好的办会基础，法定代表人产生程序规范，管理活动资金的银行账户状态正常，办公用房、办公设备和场所规模满足业务活动开展需要。协会内部治理结构完善，工作机制顺畅，管理制度健全。协会按时召开会员代表大会，相关材料详细完备。协会现有执行理事 449 名，常务理事 253 名，常务理事的选举和罢免符合章程及有关规定。理事会和常务理事会履职情况良好，能按时召开会议，重要事项的表决均以投票形式进行。协会设有秘书处负责日常工作，由专职秘书长领导管理，协会每年对秘书长工作进行绩效考核，绩效考评体系科学规范。秘书处现有工作人员 24 名，全部为专职人员，其中 22 人的学历在本科以上，工作人员素质较高。协会档案资料齐全，制定了档案、证书、印章管理规定，财务管理制度完善，执行严格。协会执行《民间非营利组织会计制度》，各项收据、票据开具规范。

在过去两年中，中国黄金协会依照相关社会组织管理规定，认真贯彻执行有关规定，发挥行业协会职能。协会坚持为行业、为政府、为社会服务的宗旨，建立和完善了行业自律机制，逐步实现行业自我管理；发挥连接政府与企业的桥梁纽带作用，向会员企业宣传国家政策，向政府反映行业需求；开展国际合作交流活动，促进对外经济技术合作；开展科学技术奖评奖和科技应用与推广活动；培育民族品牌，扩大黄金消费市场。现在，中国黄金协会聚集了黄金行业上下游具有影响力、带动力的大型骨干企业和知名品牌企业。截至 2013 年，510 家单位会员黄金产量占全国总产量的 90% 以上，黄金首饰加工量占全国总产量的 85% 以上，会员企业产值占全行业的 86%，行业影响力较大，代表性较强。

二　工作特色与经验

1. 特色项目

获评 5A 等级的中国黄金协会重视社会宣传，并能够利用多种形式、多种途径向社会宣传黄金知识，扩大协会影响。2009 年，全球金融危机来袭，中国黄金协会变危机为机遇，大力宣传黄金的保值价值。协会在北京王府井大街举办“黄金中国”大型公益展览，展览面积超过 1000 平方米，向社会公众介绍新中国成立 60 多年来黄金行业的发展，宣传了黄金的重要作用。展览历时 3 个多月，吸引了超过 100 万人次参观。此外，针对“黄金无用论”，协会在新华网和央视网设立了专栏，并与中央电视台合作拍摄题为《谁在看空黄金》的深度报道，对上述观点进行反驳，阐释黄金在国家安全方面的重要作用，维护行业利益。

2. 工作经验

中国黄金协会重视行业人才培养、行业管理以及与政府的合作，并在相关工作中积累了丰富的经验，取得了可观的成果。

（1）多渠道、多形式培养行业人才。协会承担着黄金投资分析师的培训与鉴定工作，修编《黄金投资分析师》教材，制定《注册黄金投资分析师职业资格注册管理办法》，对黄金投资分析师进行继续教育和执业跟踪管理。协会还举办“中金杯”全国黄金行业职业技能竞赛，以多样化的业务活动提高从业人员技能。此外，经国家科学技术部批准，协会设立了“中国黄金协会科学技术奖”，奖项设立12年来，超过5000人次获奖，以此鼓励行业人员的技术创新，为行业培养人才。

（2）重视行业管理。一方面，协会申请成立了全国黄金标准化技术委员会（以下简称黄金标委会），制定行业标准，促进行业发展。截至目前，黄金标委会已制定标准32项，其中6项国家标准和21项行业标准已颁布实施。另一方面，协会致力于加强行业自律，制定了行规行约、自律公约、职业道德准则等自律性规范，避免不正当竞争；启动黄金行业诚信评价工作，提高会员企业的自律意识和信用水平。

（3）积极与政府合作。首先，协会积极参与相关法律、法规和政策的起草修订，参与了《关于促进黄金行业持续健康发展的指导意见》、《黄金市场管理条例》、《黄金及黄金制品进出口管理办法》等多项相关政策的制定，维护行业利益。在协会努力下，黄金行业增值税的税率保持不变，黄金资源税降低，减轻了行业负担。其次，协会承担了发改委、人民银行、工信部、国土资源部、海关总署等部委约30项研究课题，研究内容涵盖黄金行业战略发展规划、产业政策、技术改造等多个领域，研究过程中协会与政府相关部门的沟通联系得到了进一步加强。

三　存在问题及完善建议

本次评估也发现了中国黄金协会在内部治理和业务开展方面存在的一些问题。在内部治理方面，其一，协会的常务理事会人数超过理事人数的三分之一，违反章程规定，需要规范；其二，协会理事会或常务理事会应该加强对协会工作的监督力度，对秘书长的年度述职报告进行评价并提出建议；其三，协会应加强对分支机构的管理，保证分支机构能够正常开展活动，散发活力；其四，协会应加强投资与核算管理，评估发现协会目前存在潜亏，未提减值准备。在业务开展方面，协会一方面需要进一步加强行业自律，建立行业自律的奖惩机制，确保现有的行规行约得到遵守执行；另一方面，协会应在国际交流与合作方面有所拓展，目前，协会在国际交流方面的工作还处于平台搭建的阶段，应更多地加入国际组织，并在组织中扮演一定角色，同时加强与国际机构的项目合作，为国内黄金企业“走出去”提供更高层次的平台。

B.10

中国家具协会评估个案

一 基本情况

中国家具协会（China National Furniture Association）成立于1988年，业务主管单位为国务院国有资产管理委员会。根据《社会组织评估管理办法》和全国性社会组织评估的相关规定，2013年11月6日民政部组织人员对该组织进行了实地评估，形成了初评报告，并在此基础上经全国性社会组织评估委员会全体会议终评，确定中国家具协会为5A等级的全国性行业协会。

中国家具协会拥有坚实的办会基础，法定代表人按章程规定产生，协会资产状态正常，有能力自购办公用房，办公设备和场所规模满足业务活动开展的需要。协会内部治理比较完善，组织结构合理，管理制度健全，人员队伍素质较高。协会现有单位会员6430家、个人会员114人，理事701名，常务理事280名。协会按时召开会员代表大会、理事会和常务理事会，相关材料详细全面。协会常设机构为秘书处，同时设立了5个职能部门与14个工作委员会。协会档案资料齐全，制定了档案、证书、印章管理规定，制定了超过8个方面的财务管理制度，执行情况较好。协会现有工作人员23名，全部为专职，其中17名员工学历在本科以上，员工素质较高。在过去两年中，中国家具协会依据相关社会组织管理规定，认真贯彻落实有关文件精神，履行行业协会职能。协会积极开展行业调查统计工作，定期组织展览会等行业专业性活动，积极维护会员利益，培养行业人才，促进行业自律，并接受政府部门委托参与行业管理及规划工作。这种坚持不懈的努力，获得了业务主管单位、登记管理机关和政府有关部门的一致好评。

二 工作特色与经验

1. 特色项目

中国家具协会重视平台的搭建，并在多年的业务开展中建成了交流、信息、教育、标准化与咨询等五大平台，平台工作互相促进，影响广泛。在行业交流平台方面，协会每年举办 3 次大型国际家具展览会以及主题多样的研讨会、年会与论坛，组织并参与多场国际性展览，为会员搭建多层次、多主题、多主体的交流平台。在信息发布平台方面，协会基于常规性和规律性的调查研究形成多项研究成果或报告，在网站、报刊、会议、论坛等平台上发布，提高信息发布的及时性和影响的广泛性。在教育培训平台方面，协会重视培训基地地区分布的广泛程度，在全国共设立了 25 个培训分站、27 个培训基地，为行业人才培养提供了广阔的平台基础。在标准化平台方面，协会成立全国家具标准化技术委员会，主抓标准化建设工作，以出色的工作成就获得国家质量监督检疫总局颁发的“中国标准创新贡献奖”。在咨询服务平台方面，协会不仅为政府和企业等提供咨询，还开展了家具产业集群建设，目前已与 13 个产业集群签订共建协议，打造行业服务平台。虽然上述多项工作并不为中国家具协会所独有，但协会以优质平台作为业务活动载体的观念较为先进，值得其他协会参考。

2. 工作经验

中国家具协会能够获得 5A 等级，与协会重视提高服务行业及会员的水平紧密相关。

（1）定期举办高水平的行业展览。协会常办的 2 项大型展览，已成为行业内的品牌项目。其一为每年 9 月在上海举办的中国国际家具展览会，目前已连续举办了 28 届，展会面积达 60 万平方米，是中国轻工业十大品牌展会之一，世界排名第二位；其二为每年 3 月在广州举办的中国广州国际家居博览会，已连续举办了 29 届，展览面积近 70 万平方米。此外，协会还经常组织召开世界家居大会、健康睡眠产业大会、中国出口论坛、中国红木家具精品品鉴会等，在推动行业发展、创造贸易机会等方面起到显著的作用。

（2）参与行业相关的国际事务，在国际市场上维护会员权益。中国家具协会是世界家具联合会的创始单位，是国际家具标准化委员会会员，亚洲家具联合会会员。协会于2012年在上海举办了世界家居大会和首届世界健康睡眠产业大会。协会组织团队考察、接待外宾来访十余次，并组织会员参观家具展8次。协会还与多个国家的行业组织签订了长期合作协议，和意大利工业研究中心合作出版《世界家具展望》，和意大利家具木工与装饰业协会联盟签订合作友好协议，与新加坡家具工业理事会签署《关于进一步加强合作的谅解备忘录》，等等。在加强合作之外，协会还参与了美国针对中国木制卧房家具反倾销的应对工作，成立反倾销应对办公室，并通过努力使美国商务部确定的最终裁定税率对中国木制卧房家具整体出口的影响降到最低。

三　存在问题及完善建议

尽管中国家具协会已获得最高5A等级的社会组织评级，在各方面开展的工作都有不俗的成绩，但在社会组织评估的过程中，仍发现其存在一些问题。其一是协会理事会治理工作需要完善。目前，协会的常务理事总人数超过理事总人数的1/3，违反了管理规定。其二是协会管理制度需要完善，并且要特别强调制度的执行落实情况。协会目前的薪酬制度未得到执行，现行薪酬管理与制度规定不符。此外，协会的报销审核程序在操作过程中还存在不规范之处。其三，协会需要强化在公共服务方面的作用。中国家具行业内现有企业6万多家，2011年全行业产值已达到10100亿元，中国家具产品已经销往世界200多个国家和地区。作为国内家具行业的重要服务和管理机构，协会的会员覆盖了家具制造、家具流通、家具贸易与研究院校等多种组织形态和多个产业链环节。协会需要肩负起推动行业履行社会责任的职责，同时也应注意在公益项目、低碳环保与知识宣传等方面为更广泛的社会群体提供服务，履行协会本身应肩负的社会责任。

B.11

中国家用电器协会评估个案

一 基本情况

中国家用电器协会（China Household Electrical Appliances Association）于1988年成立，业务主管单位为国务院国有资产管理委员会、中国轻工业联合会与民政部。根据《社会组织评估管理办法》和全国性社会组织评估的相关规定，2013年9月23日，民政部组织人员对该组织进行了实地评估，形成了初评报告，并在此基础上经全国性社会组织评估委员会全体会议终评，确定中国家用电器协会为5A等级的全国性行业协会。

中国家用电器协会拥有良好的办会基础，法定代表人产生程序规范，管理活动资金的银行账户状态正常，有能力自购办公用房，办公设备和场所规模满足业务活动开展的需要。协会内部治理结构比较完善，管理制度相对健全。协会按时召开会员代表大会，相关材料详细全面。协会现有理事87名、常务理事35名，常务理事的选举和罢免符合章程及有关规定。理事会和常务理事会履职情况良好，能按时召开会议，重要事项的表决以投票形式进行。协会组织架构完整，设有秘书处、信息咨询部、标准法规部、综合业务部、会员部、展览部、办公室及财务部八个部门。协会现有工作人员22名，全部为专职，其中20人的学历在本科以上，工作人员素质较高。协会档案资料齐全，制定了档案、证书、印章管理规定，财务管理制度完善，执行情况较好。协会执行《民间非营利组织会计制度》，各项收据、票据开具规范。协会另设有10个分支机构，制定了相应的管理办法，业务活动开展正常。在过去两年中，中国家用电器协会依据相关社会组织管理规定，认真贯彻落实有关文件精神，履行行业协会职能。协会定期开展行业调查统计工作，定期举办展览会等行业专业性活动，为会员提供咨询、鉴定等服务，同时积极参与法律法规的制定，维护会员利益，促进行业自律，并接受政府部门委托参与行业管理及规划工作。协会现有会员376家，会费收缴率连续两年超过90%。这种坚持不懈的努力，不仅得到了理事的高度评价，而且获得了业务主管单位、登记管理机关和政府有关部门的一致好评。

二　工作特色与经验

1. 特色项目

中国家用电器协会重视履行行业社会责任，在推动行业节能环保方面做了大量工作，成绩斐然。自20世纪90年代起，协会承接了《蒙特利尔国际公约》在中国冰箱及空调行业淘汰破坏的臭氧层CFC（氯氟烃）类物质的工作，并以此为契机开展HCFC－22物质替代路线的讨论、研究及联合国项目的申请和实施工作。在家电产品节能方面，协会也有突出表现。协会一方面积极参与能效标准的制定和实施；另一方面组织召开节能技术的研讨与交流，推广节能技术。协会推进全球环境基金（GEF）中国节能冰箱项目，将我国家用电冰箱行业的平均能效水平提升了28.7%。2011年，协会又获批GEF节能房间空调器推进项目，正在开展相关工作，这将有力地促进空调行业产品能效水平的提升。协会在环保节能方面的工作得到了多方的认可。1998年，协会获得美国环保部“气候保护奖”；2003年，协会获得国家环境保护总局“首届保护臭氧层贡献奖金奖”；2006年，协会获得全球环境基金、联合国开发计划署、国家环境保护总局联合颁发的“特别贡献奖”；2007年，协会再次获得联合国环境规划署、联合国工业发展组织与国家环境保护总局联合授予的“履行联合国保护臭氧层公约，淘汰全氯氟烃/哈龙贡献奖”。

2. 工作经验

中国家用电器协会能够获得5A等级，与积极承接政府委托项目与用心服务行业及会员密不可分。

（1）积极承接政府委托项目。协会接受政府部门委托，参与了多项行业标准、行业发展规划和行业技术规范的制定工作。其中，协会起草了《使用异丁烷制冷剂生产家用和类似用途制冷器具安全技术规范》等4项行业标准，制定了《中国家电电器工业“十二五”发展规划》及《低碳产品评价技术规范——家用电冰箱》等技术规范。

（2）用心服务行业及会员。协会定期进行行业调查统计，每年发布家用电器行业经济数据统计信息，定期发布《中国家用电器发展研究报告》。协会定期组织行业专业性活动，其中“中国家用电器技术大会”已连续举办9届，每届大会都有论文集发放；“中国家电博览会”已连续举办13届，具有广泛的影响力。协会重视会员及行业利益的表达和反馈，向财政部、工信部等部门提交的《关于家电下乡到期结束的建议》和《关于节能惠民政策不再延长的建议》均被采纳。协会积极参与行业国际事务。协会与日本电机工业协会合作举办会议，定期交流；与美国家电制造商协会就公共政策、家电能效、产品生产责任、产品安全与自由贸易等签署了谅解备忘录；与欧盟家用电器制造商委员会签订了《公平贸易平台协议》等。上述业务活动的开展促进了行业发展，深受会员单位的好评并得到会员单位的支持。

三　存在问题及完善建议

尽管中国家用电器协会已获得最高5A等级的社会组织评级，在各方面的工作都有不俗的成绩，但在社会组织评估的过程中，仍发现其存在一些问题。其一是协会理事会治理工作需要完善。目前，协会的常务理事人数超过理事总人数的1/3，违反管理规定；目前协会的财务报告过于简单，缺少展会等项目的收支小结，理事会应在审阅过程中更加仔细，对类似问题提出改正建议。其二是协会管理制度需要健全，并且注意制度的执行落实。协会目前已制定了较多的规章制度，但缺少奖惩制度。此外，协会的个别分支机构没有工作计划和年度总结，需要加强对分支机构的管理。其三，在业务开展方面，协会在培训及行业人才培养方面有待加强，建议制订完善的培训计划，落实人才培养工作。此外，协会还应加强新技术、新产品的推广工作，保证以同等力度推进研究开发与技术应用，提高工作效率。

B.12

中国皮革协会评估个案

一 基本情况

中国皮革协会（China Leather Industry Association）于1988年成立，接受国务院国有资产监督管理委员会、民政部以及中国轻工业联合会三个部门的业务指导和监督管理。根据《社会组织评估管理办法》和全国性社会组织评估的相关规定，2014年1月9日，民政部组织人员对该组织进行了实地评估，形成了初评报告，并在此基础上经全国性社会组织评估委员会全体会议终评，确定中国皮革协会为5A等级的全国性行业协会。

中国皮革协会拥有良好的办会基础，法定代表人按照章程规定产生，银行账户资产状态正常，有能力自购办公用房，办公设备和场所规模满足业务活动开展的需要。协会内部治理结构比较完善，协会现有会员单位824家，能够按章程规定每四年召开一次会员代表大会，相关材料详细全面。协会现有理事367名、常务理事206名，理事的选举和罢免符合章程规定，通过投票形式进行表决。理事会和常务理事会履职情况良好，能按时召开会议，会议纪要规范。协会组织架构完整，有专职秘书长管理协会日常工作。协会拥有工作人员31人，全部为专职，其中拥有本科以上学历者26人，工作人员素质较高。协会拥有10个分支机构，分别制定了管理办法，业务活动正常开展，有相关工作计划和总结材料。协会档案资料齐全，管理制度较为健全，会计核算执行《民间非营利组织会计制度》，电算化形式符合要求。近两年来，协会依据相关社会组织管理规定，认真贯彻落实有关文件精神，履行行业协会职能。协会定期开展行业调查统计工作，定期组织展览会等行业专业性活动，为会员提供咨询、鉴定、认证与人才培养等服务；积极参与法律法规的制定，为行业发展建言献策；重视节能环保工作，践行绿色发展理念；注重参与国际活动，争取国际发言权。协会目前会费收缴率达到80%，业务开展得到会员和行业支持。这种坚持不懈的努力，得到了业务主管单位、登记管理机关和政府有关部门的一致好评。

二　工作特色与经验

1. 特色项目

中国皮革协会推出“真皮标志”，实施行业质量自律，打造培育行业品牌的平台，平台效应明显，影响广泛。1994年，中国皮革协会在国家工商行政管理总局注册了“真皮标志”的证明商标，并在美国、意大利、法国等18个国家和地区进行了国际注册。协会对该项商标实行严谨的管理，采用动态的考核机制，不采用检测结果终身制，力保真皮标志产品的质量和信誉，使“真皮标志”成为享誉世界的中高档天然皮革、毛皮及其制品的标志，受到消费者的信赖。时至今日，全国已有521家企业的562个品牌获得了真皮标志佩挂资格，这些品牌企业因此提高了其产品的市场占有率，引领并带动了行业的品牌建设与发展。

2. 工作经验

中国皮革协会重视服务会员、服务行业和服务政府，在各方面都有出色的表现，也因此获得了5A等级。

（1）服务会员，充分整合资源，做好信息服务工作。协会设有专门的信息办公室，负责行业统计和信息传递工作。协会定期进行行业调查、统计，加强经济运行分析，提高信息服务的及时性和有效性。协会自2005年起，按月度发布进出口数据；自2006年起，每年发布皮革行业生产和进出口数据；自2010年起，每年发布《中国皮革、毛皮及制品和制鞋行业经济运行年度报告》；自2012年起，每月发布《中国皮革行业经济运行指数分析》。此外，协会还创办了《皮革世界》，自2004年创刊起到2013年底，已出版250期。

（2）服务行业，组织国内和国际的行业交流等活动。协会举办的专业展会、品牌发布会、论坛与国际会议等形成了品牌，影响力较大。其中，中国国际皮革展、中国国际鞋类展和中国国际箱包、裘革服装及服饰展等已持续举办十几年，跻身世界性皮革展会前三名。同时，协会还积极履行行业代表的职能，参加国际组织，承办国际会议，开展国际交流。自 1995 年以来协会先后加入 7 个国际组织，并在国际皮业贸易协会、国际鞋业技师联合会等多个组织中担任重要职位。协会于 2009 年承办第 30 届国际皮革工艺师和化学家协会联合大会，于 2013 年主办第 18 届国际鞋业技术大会，两会均为国际相关领域内最高级别会议，且首次在中国甚至亚洲举办，在国际上产生了重要影响，为中国皮革行业在世界市场上立足提供了良好的支持。

（3）积极承接政府委托项目。协会受政府部门委托，承接政策性课题 30 多项，经费总计 400 万元，参与了行业标准、行业发展规划、行业准入条件、行业技术规范等制定工作，制定并发布了《皮革行业“十二五”规划指导意见》，编制了《制革行业准入条件》等，高水平地完成了政府委托的项目，得到了相关部门的高度评价。

三　存在问题及完善建议

尽管中国皮革协会已获得最高 5A 等级的社会组织评级，在各方面的工作都取得了较好的成绩，但在社会组织评估的过程中，仍发现其存在的一些问题。其一是协会理事会治理工作需要完善。目前，协会的常务理事人数超过理事人数的三分之一，违反管理规定；内部治理机制和制度需要健全，目前协会缺少会员大会召开方案或制度，同时也缺少理事会议事规则。其二是协会自身发展规划制定得较为简单，缺少规章制度、治理结构、人才队伍建设等方面的内容。协会的发展规划为年度工作计划的制订提供指导方向和基础，其规范性和落实情况影响到协会未来的发展情况，需要协会加以重视。其三，在业务开展方面，协会在行业自律方面的工作可进一步优化，可对已有的行规行约内容进行整合，并在网站媒体上向社会公布。同时，协会可根据行业自身情况，补充制定行业争议处理规则，使行业自律体系更加完善，有助于后续工作的开展。

B.13

中国工程爆破协会评估个案

一　基本情况

中国工程爆破协会（China Society of Engineering Blasting）于1994年在民政部登记注册成立，业务主管单位为国务院国有资产监督管理委员会，同时受民政部、公安部、国家安全生产监督管理总局、中国有色金属工业协会等部门指导。2013年10月10日，民政部评估专家组对该组织进行实地评估，形成初评报告，并在此基础上经全国性社会组织评估委员会全体会议终评，确定中国工程爆破协会为4A等级的全国性行业协会。

中国工程爆破协会在过去两年中，依据相关社会组织管理规定，认真贯彻落实有关文件精神，工作开展顺利，取得了一系列成绩，受到协会理事、登记管理机关以及业务主管单位的好评。协会目前拥有会员单位642家，基本涵盖了全国跨部门、跨行业、跨地区从事爆破教学、科研、生产、设计、施工及管理等方面的企事业单位、省（自治区）市工程爆破协（学）会以及专业性社会团体。

二　工作特色与经验

（一）工作特色

协会办会基础较好，法定代表人产生程序规范，管理活动资金的银行账户状态正常，办公用房、办公设备和场所规模满足业务活动开展的需要。协会内部治理情况较好，能够按时召开会员代表大会、理事会和常务理事会，会议纪要规范且表决形式符合规定。协会的日常工作由专职秘书长领导管理，协会每年对秘书长工作进行绩效考核。协会拥有工作人员20人，全部为专职，其中13人拥有本科以上学历，工作人员素质较高。协会档案资料齐全，制定了财务管理、印章管理、收支管理等多项管理制度，各项收据、票据开具规范。在内部治理逐渐完善的同时，协会注重发挥行业治理作用，坚持行业统计，定期组织行业研究，积极承接政府委托和购买的服务；协会人才培养机制健全，重视维护会员权益，参与和行业发展相关的国际合作，成绩显著，深受会员单位支持，会费收缴率达85%。

中国工程爆破协会获评4A等级，不仅仅是由于其在服务行业的某一方面表现突出、成绩显著，更是由于其能够在行业调查、权益维护、行业自律和国际合作等多方面都有所作为，各方面的职能发展均衡。

（二）工作经验

（1）重视行业人才培养工作，形成了自身的培训认证体系。由于培训专家队伍水平高、培训效果显著，受到行业的认可，已成为协会的重要项目。协会设有学术交流与人才培训部，负责制订详细的培训计划。同时，协会组织全国高校、科研院所的知名爆破专家20多人作为培训师资队伍，编印培训教材《爆破设计与施工》和《爆破设计与施工试题库》，并组织行业从业人员参与培训。自培训计划启动以来，共培训34493人次。以培训为依托，协会颁发的初、中、高级爆破工程师证是从事爆破设计、施工、科研的唯一职业资格证书，在行业内认可度高。

（2）重视行业规范与行业自律工作。协会参与行业标准、发展规划、准入条件、技术规范等制定工作，参与起草了《爆破安全规程》、《爆破工程消耗量定额》等四项行业标准，编写了《中国工程爆破行业中长期科学和技术发展规划（2006～2020年）》等三项行业发展规划及《爆破工程工程量计算规范》技术规范。行业还制定了《中国工程爆破行业自律公约》、《中国工程爆破行业争议处理规则》等五项行业自律制度，履行行业自律职能。

（3）履行行业代表职责，在国际行业相关的组织和事务中发挥作用。协会加入了国际爆破破岩委员会和中日韩炸药与爆破技术委员会，担任委员会委员和组委会主席等职务。协会还与韩国及意大利开展相关合作项目，参与制定了《国际爆破综合管理条例》、《美国田纳西州爆破项目施工准则》等国际标准，使中国企业的声音在国际行业规则的制定中被听取和采纳，为国内企业参与国际市场竞争创造了良好的条件。

三　存在问题及完善建议

本次评估发现中国工程爆破协会在内部治理方面存在的问题，需要协会予以注意。在负责人选任方面，协会现任会长年龄超出章程规定，协会需依据章程进行会长改选任命工作。在理事及常务理事产生程序及作用发挥方面存在程序不合法问题，如协会的部分理事和常务理事不是由会员大会产生及通过，而是由常务理事会通过，违反了章程规定；此外，协会常务理事人数超过理事总人数的三分之一，同样不符合章程规定。在财务资产方面，协会的会计基础工作不规范，存在签章不全、现金及日记账未按规定编号、未缴纳企业所得税等问题。针对上述问题，协会需要注意完善在治理结构与财务资产等方面的建制及监督工作，提高协会法人治理程度，为协会可持续发展提供良好的组织基础。

B.14

中国眼镜协会评估个案

一　基本情况

中国眼镜协会（China Optometric and Optical Association）由轻工业部联合商业部、卫生部、机械工业部、兵器工业部和农业部发起筹备，于 1985 年在民政部登记注册成立，业务主管单位是国务院国有资产监督管理委员会。2014 年 1 月 7 日，民政部评估专家组对该组织进行实地评估，形成初评报告，并在此基础上经全国性社会组织评估委员会全体会议终评，确定中国眼镜协会为 4A 等级的全国性行业协会。

近两年来，中国眼镜协会依据相关社会组织管理规定及协会章程规定的业务范围开展工作，认真贯彻落实有关文件精神，取得了一系列成绩。协会目前拥有单位会员 877 个、个人会员 6 名，会员涵盖了境内从事眼镜及眼镜相关产品的生产、验配、经营、服务企业，教学培训单位，技术机构，以及相关的社会团体与个人。协会办会基础较好，法定代表人产生程序规范，管理活动资金的银行账户状态正常，办公用房、办公设备和场所规模满足业务活动开展的需要。协会内部治理情况较好，能够按时召开会员代表大会、理事会和常务理事会，会议纪要规范。协会的日常工作由专职秘书长领导管理，协会每年对秘书长工作进行绩效考核。协会拥有工作人员 11 人，全部为专职，其中 8 人拥有本科以上学历，工作人员素质较高。协会档案资料齐全，建立了财务管理、印章管理、收支管理等多项管理制度，各项收据、票据开具规范。在主体办事机构运行正常且管理规范之外，协会还设有 6 个分支机构、7 个专业委员会以及 1 家行业相关杂志社。协会以企业服务，自律、协调、监督和维护企业合法权益，协助政府加强眼镜行业管理三个方面的职能为核心开展业务，业务涵盖行业管理、信息交流、专业展览、业务培训、国际合作与咨询服务等多个方面。协会在多个方面成绩显著，深受会员单位支持，会费收缴率达 80%。

二 工作特色与经验

1. 特色项目

中国眼镜协会重视公益活动的开展，能够结合行业特点设计、组织开展公益活动，活动足迹遍布全国，在服务社会的同时提高了协会的影响力，值得其他组织借鉴。协会面向学生群体举办“关注青少年视力健康”活动，与地方眼镜行业协会合作，在北京宏志中学、河北涞源中学、北京西藏中学免费为超过 1600 名学生提供验光配镜、视功能检查等服务。此后该项活动还分别在福建、江苏、湖北、四川、北京等地开展，成为一项长期的全国性公益活动。在以“为国家做出突出贡献”为主题的公益活动中，协会为敦煌研究院科技人员进行视力检查，举办爱眼讲座，并赠送专门配置的眼镜 700 多副；协会为航天工作者免费验光配镜，2013 年 12 月，30 多名协会理事现场观看嫦娥卫星发射，在行业内产生了广泛影响，树立了协会良好的社会形象。

2. 工作经验

中国眼镜协会在行业管理、咨询服务等多个业务领域开展了许多工作，尤其在举办专业展览和承接政府转移职能方面表现突出。

（1）开展眼镜产品展览工作，打造行业活动平台，促进行业结构调整，扩大行业与协会的社会影响力。中国眼镜协会的展览工作主要包括两个部分：一是在每年春秋两季主办中国国际眼镜业展览会，二是组织境内眼镜企业出国参加眼镜职业展。其中，秋季的中国国际眼镜业展览会在 1985 年首次成功举办，截至 2012 年，已举办了 25 届；春季的中国（上海）国际眼镜业展览会，始于 1988 年，至 2012 年已举办了 12 届；最近的春秋季展览会分别吸引了眼镜行业专业人士 7 万人次和 4.5 万人次到会参观，在秋季展览会上，国内参展商签订合同协议金额高达 0.7 亿人民币。2012 年和 2013 年，“中国（上海）国际眼镜业展览会”连续两年被商务部列为国家重点引导支持的品牌展会；2007 年和 2012 年，“中国国际眼镜业展览会”被授予首届和第二届“中国轻工十大品牌展会”荣誉称号。

（2）承接政府转移职能，协助政府促进劳资和谐。自2003年起，协会承担起国家质检总局委托的全国工业产品生产许可证办公室眼镜产品审查工作，相继开展了产品实施细则起草、眼镜产品生产企业实地调查、企业申报审核及汇报等工作；协会还负责眼镜产品的生产许可证初审工作，每年受理企业200多家。此外，协会还受委托参与起草了《眼镜片磨边机》等国家标准和行业标准共计16项。另外，协会还积极协助政府促进劳资和谐，组织眼镜产业集群劳资双方就工资进行集体协商，并制定《眼镜行业部分劳动定额指导标准》，该标准于2013年5月正式发布实施，面向全国推广。

三　存在问题及完善建议

本次评估发现中国眼镜协会在内部治理和会员管理方面存在问题，需要协会加以注意。首先，在内部治理方面，协会应建立健全会员代表产生办法，使会员代表的产生更具权威性；协会应制定和完善理事议事规则；行业自律等方面的各项制度应在更高级的决策机构如会员大会或理事会上通过，目前仅在常务理事会层级通过。在人力资源方面，协会应注意与工作人员签订劳动合同，目前协会的社会招聘人员均为聘用合同人员。其次，在会员管理方面，协会目前未统计团体会员的数量，建议对会员进行分类管理，加强对会员产值与数量的统计，并以此为基础，对更广泛的行业单位进行调查统计，以使统计结果覆盖整个行业，提高行业调查统计结果的准确性和可用性。

B.15

中国对外服务工作行业协会评估个案

一　基本情况

中国对外服务工作行业协会（Constitution of China Association of Foreign Service Trades）于1989年在民政部登记注册成立，业务主管单位最初为商务部，后于2009年更改为中国国际贸易促进会。2013年7月31日，民政部评估专家组对该组织进行实地评估，形成初评报告，并在此基础上经全国性社会组织评估委员会全体会议终评，确定中国对外服务工作行业协会为3A等级的全国性行业协会。

中国对外服务工作行业协会在过去的两年中，依据相关社会组织管理规定，认真贯彻落实有关文件精神，工作开展顺利，取得了一系列成绩，受到会员单位和业务主管单位的好评。协会目前拥有会员单位153家，覆盖了人力资源服务产业不同业态的各类机构，其中不乏人力资源领域的国内领军企业和知名外资企业。协会基础条件较好，法定代表人产生程序规范，管理活动资金的银行账户状态正常，办公用房、办公设备和场所规模满足业务活动开展的需要。协会致力于完善内部治理结构、机制和制度。依据协会章程，所有会员单位都为理事单位，理事会即为会员大会，享有最高权力。协会现有执行理事110名、常务理事30名，常务理事的选举和罢免符合章程以及有关规定。理事会和常务理事会履职情况良好，能按时召开会议。协会设有秘书处负责日常工作，由专职秘书长领导管理，协会每年对秘书长工作进行绩效考核。秘书处现有工作人员6名，其中5名为专职工作人员，分别负责办公室管理、会员联络、研究、财务等工作。协会档案资料齐全，建立了财务管理、印章管理、收支管理、秘书处内部管理、来访者接待等多项管理制度，各项收据、票据开具规范。在内部治理逐渐完善的同时，协会注重发挥行业治理作用，坚持开展行业统计、行业研究，打造国际化行业交流平台，向政府反映会员诉求，成绩显著，深受会员单位支持，会费收缴率达 90%。

二　工作特色与经验

1. 特色项目

中国对外服务工作行业协会重视交流活动的开展，并且为会员参与行业交流搭建了多个资源丰富的平台。一方面，以协会进行的行业统计和行业分析为基础，针对当年行业发展趋势和重点问题，协会先后举办了“猎头与招聘外包产业（上海）高峰论坛”、“第三届上海猎头经营者峰会”、“中美人力资源服务业务与技术交流会”、“中国人力资源服务产业论坛”等交流活动，且其中多场峰会论坛与协会的会员大会同场举行，邀请来自行业和业务主管部门的领导参加，会议成果丰富，会员参与度极高。另一方面，协会成功地搭建起中、日、韩三国协会间的交流合作平台，成功举办民间职介机构国际同盟第六届亚洲区域会议，达成“上海共识”，配合三国政府“共同建立东北亚人力资源市场”。协会还多次组员参加或举办海峡两岸人力资源服务论坛及两岸人力资源合作联盟及两岸专业人员互访机制，建立台商投资企业人力资源保障合作联盟，促进两岸资源交流。

2. 工作经验

中国对外服务工作行业协会一直把专业化和市场化作为自身的发展原则和基础，依托协会在行业内的战略眼光，从内部和外部两个方面入手促进行业做大做强。

（1）协会组建高层专家顾问团队，致力于专业化发展。为吸纳高层次人才、促进行业发展和会员单位经济转型，协会于 2010 年底组建了一支高层专家顾问团队，聘请人力资源和社会保障部市场司司长毕雪融等四位官员、中国人民大学公共管理学院院长董克用等五位国内顶级专家学者，共计九位顾问，为协会以及会员单位提供高水平的咨询服务。

（2）反映会员诉求，建言献策改善行业发展的外部环境。协会关心行业发展前景，能够利用行业统计等基础性工作的成果为行业发展提出战略性建议，有根据地向政府反映行业发展的问题和需求，提出政策建议，改善行业发展的外部环境。协会向政府提出“劳动合同法律修正案的意见和建议”、“我国人力资源服务行业税收政策的思考”等建议，其中“人力资源服务行业营改增的模拟测算”被北京市国税局采纳，为改善人力资源行业的税收环境做出了贡献。

三　存在问题及完善建议

本次评估也发现中国对外服务工作行业协会在内部治理和业务开展方面存在的一些问题。在内部治理方面，协会存在民主决策制度需要落实、管理制度建设不完善、工作人员队伍建设需加强等问题。协会在会费标准更改等重要问题上仍采用举手表决的方式；未制定聘用、奖惩、档案及证书管理制度，档案管理不够规范；财务管理制度制定较早，内容过于简单，不能满足当前社团财务管理的需要。同时，协会的专职工作人员学历较低，会计人员均为兼职，出纳没有会计资格证书，协会一方面需要加强现有工作人员的继续教育工作，另一方面注重引进人才和储备力量的培养。在业务开展方面，协会需要加强行业培训工作，并且更积极地承接政府转移职能和购买服务，推动协会获得更大的发展。

B.16

中国罐头工业协会评估个案

一 基本情况

中国罐头工业协会（China Canned Food Industry Association）于1995年在民政部登记注册成立。2013年9月17日，民政部评估专家组对该组织进行实地评估，形成初评报告，并在此基础上经全国性社会组织评估委员会全体会议终评，确定中国罐头工业协会为3A等级的全国性行业协会。

中国罐头工业协会在过去的两年中，依据相关社会组织管理规定，认真贯彻落实有关文件精神，工作开展顺利，取得了一系列成绩，受到理事、登记管理机关和业务主管单位的好评。协会办会基础较好，法定代表人依据章程规定产生，利用银行账户规范管理活动资金，办公场所和办公设备满足业务活动开展的需要。协会内部治理结构较为完善，管理制度全面且执行情况良好。协会拥有单位会员489家，会员大会为协会最高权力机构，按章程规定每五年召开一次会员大会，对重要事项进行表决。日常管理决策由理事会负责，目前有理事163名、常务理事50名，理事会召开次数符合章程规定，履职情况较好。协会设有秘书处，聘任专职秘书长，领导管理10人的工作团队完成协会日常工作。工作人员整体素质较高，8人拥有本科以上学历。协会重视管理制度的建设，建立了档案、证书、印章及财务等方面的管理制度作为协会管理依据。在业务开展方面，协会定期开展行业调查统计工作，组织行业专业性活动，为会员单位提供人员培训、技术咨询等服务，同时协会积极与政府有关部门合作，承接政府委托项目和购买服务，参与行业治理，得到会员单位的支持和合作单位的好评。

二　工作特色与经验

1. 特色项目

举办展会、搭建平台，为会员单位创造贸易机会。罐头是中国的主要出口产品之一，且进一步扩大出口的潜力巨大，因而中国罐头工业协会一直致力于开发罐头行业的国外市场，促进行业发展。为此，中国罐头工业协会定期举办展览会、博览会等行业性活动，加强与世界各地相关行业组织、商会、企业以及科研机构的联系，创造贸易机会。其中，协会主办的白桃产业交流会已连续举办 18 年，国际罐藏食品及原辅材料、机械设备博览会也已连续举办 5 届，成为协会的品牌项目，产生了较大的影响。以第三届罐头博览会和 2010 年中国烹饪与采购博览会为例，博览会汇聚了国内从事罐头生产的主要品牌企业以及上下游设备配套厂商，总计参展企业近百家，展会面积突破一万平方米。展会期间协会还举办了 300 名大型连锁餐饮企业采购经理和厨师长与部分展商的专场对接活动，创造了对接罐头工业发展与餐饮后厨采购供应的商机。这次展会成功地动员了行业内企业参与，为参会者提供了交流平台，创造了有益的合作机会，影响广泛。

2. 工作经验

中国罐头工业协会对内重视协会财务管理制度的建立与规范执行，对外积极承接政府部门委托项目和购买服务，内外兼修，是助其获得 3A 等级评价的重要因素。

（1）建立健全协会财务管理相关制度。协会重视财务管理工作，制定了 8 个方面以上的财务管理制度，涵盖会费收支、票据使用、财务档案管理、货币资金管理以及固定资产管理等多个方面，且执行情况良好。协会建立的支出审批、收支管理制度对支出标准或审批权限有明确规定，各项支出审批手续齐全。协会执行《民间非营利组织会计制度》，会计核算实行电算化，财务软件合规。协会发票、会费收据、捐赠专用收据等的开具均规范性较强。

（2）积极承接政府部门委托项目和购买服务。协会受政府部门委托，参与了行业标准、行业发展规划、行业准入条件、行业技术规范等的制定工作，为承接政府转移职能以及行业发展做出了贡献。2012 年，协会配合政府部门将罐头行业的 70 多项行业标准合并修改为 40 多项，新标准已送审报批。此外，协会还为环保部制定罐头行业相关产品的排污标准，受质监局委托开展“食品安全准入条件研究”，帮助国家海关总署制定《金枪鱼加工贸易单耗标准》，等等。

三　存在问题及完善建议

本次评估也发现中国罐头工业协会在内部治理和业务开展方面存在理事会职能履行不规范、行业代表性较弱、行业自律工作欠缺等问题。首先，协会理事会在履行职能时缺少相应的议事规则作为依据，理事会成员在换届时需要进行换届审定，在对协会发展规划的落实方面需要加强监督，此外还需要加强对协会财务报告的审查。其次，协会行业代表性较弱，连续两年会费收缴率都在30%左右，在加强会费管理的同时，协会需要拓宽为会员单位和行业的服务范围、创新服务方式、提高服务质量。最后，协会行业自律工作欠缺，尚未制定详尽的行规行约；在行业规范方面，需要协会根据自身对行业发展的理解和把握，主动发现问题，开展行业自律工作，如此方能全方面地提高协会自身能力，更好地承担政府转移职能。

B.17

吉林大学校友会评估个案

一　基本情况

作为我国教育部直属的全国重点综合性大学，吉林大学有着丰富的校友资源。加强与广大校友的联系、促进校友与母校的互动和合作，是吉林大学实现国内一流、国际知名的高水平研究型大学办学目标的重要保障。20 世纪 90 年代，吉林大学设立“吉林大学校庆筹备工作办公室”，并于 1996 年将其变更为“吉林大学校友工作办公室”，成为服务高校和联络校友的专门机构。为了进一步联络凝聚校友、加强母校与校友的联系、促进校友间的交流，经国务院批准、教育部和民政部审查同意，吉林大学校友会（Jinlin University Alumni Association）于 2010 年 1 月 5 日正式成立。目前，吉林大学校友会共设有 36 个代表处，遍布海内外主要城市。吉林大学校友会严格按照社会团体相关制度规定，加强组织内部治理建设，充分发挥校友与母校间中介桥梁的作用，取得了良好的成绩，得到校友、学校和社会的高度肯定。

吉林大学校友会在 2011 年、2012 年的年度检查合格，且并未参加过社会组织评估，2012 年度也未受到登记管理机关处罚，符合民政部社会组织评估的规定，因此提出参加民政部 2013 年全国性联合类社团的评估申请。民政部随后对其进行了全面考核，最终认定吉林大学校友会获得了 3A 等级。这与吉林大学校友会的创新精神和多年来坚持不懈的努力是密不可分的。

吉林大学校友会的个人会员应当是在吉林大学（包括原吉林工业大学、白求恩医科大学、长春科技大学、长春邮电学院、中国人民解放军军需大学）学习和任职任教过的人员（含授予名誉学位者和吉林大学聘请的兼职教授），单位会员则要求是具有法人资格的企事业单位和社团组织，并以单位名义加入本团体的。目前，吉林大学校友会个人会员有 177 人，单位会员有 3 家。

校友会最高权力机构是会员代表大会，会员代表大会每届4年，延期换届最长不超过1年。理事会是会员代表大会的执行机构，在闭会期间领导本团体开展日常工作，对会员代表大会负责。理事会每年至少召开一次会议。校友会设立常务理事会。常务理事会由理事会选举产生，常务理事人数不超过理事总人数的1/3，在理事会闭会期间行使部分理事会职权。2009年9月26日召开会员代表大会，按照《吉林大学校友会章程》，选出第一届理事会。在过去的两年里，理事会分别于2011年10月和2012年9月召开理事会全体会议，同时分别召开了常务理事会会议。目前，校友会秘书长以上人员有13人，秘书长为兼职。

二　工作特色与经验

1. 特色项目

业务活动体现出校友会的工作内容，业务活动的水平则反映出校友会工作的质量和校友会的能力。积极推动学术互动、主动参与交流活动和重视建言献策是校友会开展工作的主要特色。

首先，积极推动组织间互动，提高组织发展能力。作为一种组织形式，校友会只有不断创新服务形式、完善内部治理结构，才能提高服务校友、学校和社会的能力。在过去的两年里，吉林大学校友会分别于2011年和2012年，组织或承办了2011年东北地区校友工作研讨会、2011年法律金融行业校友高峰论坛、校友企业与中关村发展集团产业会谈、吉林大学校友会会长（秘书长）年会、2012年大连校友张晓达企业代表团回访母校等活动7项。这些业务活动的开展，为校友会赢得校友尊重与学校认可提供了有力的保障。

其次，主动参与交流活动，增强校友会的凝聚力。校友是校友会的主要服务对象，也是校友会存在的基础。加强与校友间的联系，既可以及时了解校友的需求并予以回应，增强校友的认同感，又能激活组织服务校友的热情，提高组织绩效，增强发展动力。吉林大学校友会在2011年9月与俄罗斯科学院、圣彼得堡国立技术大学以及圣彼得堡的校友进行了亲切交流，在2011年11月与美国纽约、新泽西州的校友进行广泛的对话与沟通，在2012年访问了日本冈山大学、日本校友会和韩国校友会。

最后，重视建言献策献计，提升组织活动水平。调查研究是校友会开展自身能力建设、提高组织绩效水平的一条重要路径。吉林大学校友会依托自身优势，积极进行课题研究，并将研究成果向有关部门汇报，以消除组织发展的障碍，推动校友会健康发展。吉林大学校友会在2011年3月就北京、上海部分高校校友工作进行了调查，在2011年9月就深入学习科学发展观活动进行了调研，在2012年12月就如何提高校友刊物的出版质量进行了专项调研。这些调研均形成了研究报告，并且向有关部门进行了汇报，为校友会进一步的发展提供了重要支持。

2. 工作经验

通过梳理吉林大学校友会的业务活动，可以概括出吉林大学校友会的主要工作经验，分为以下几个方面。

第一，以服务校友为核心业务和组织使命。校友是校友会这一组织存在的基础，也是学校实现跨越式发展的重要资源。了解校友需求、精准发力、有的放矢是提高校友会能力、服务好校友的重要方式。校友会开展的诸多活动，均与提高校友会服务校友的能力有关。比如，校友会向吉林大学等机构提出“关于搭建我校海外学子回国创业平台的建议报告”、“吉林大学校友发展规划”等建议或研究报告；校友会还通过搭建平台，方便会员互助，促进会员合作，先后推动成立吉林大学－辽宁省共建产学研合作平台、中国国土资源经济研究院－吉林大学共建国土资源研究合作平台、吉林大学－徐工集团战略合作平台等机构。

第二，业务活动形式多样。吉林大学的校友会活动形式多样，极大地满足了校友们的不同关切、组织发展的多元需求。2011年和2012年，举办了考察、研讨、联谊等活动8次，参加国际交流活动4次，开展了3项调查研究、2项课题研究，向有关部门提出3项建议，开展5次组织培训，推动3个共建科研平台的建立。

三　存在问题及完善建议

民政部评估专家经认真评估后认为，吉林大学校友会总体运行情况良好。

不过，校友会还存在一些改进的空间，主要表现在以下两个方面。

首先，制度建设需要进一步加强。一是制度执行不力，主要表现为常务理事会召开次数不符合章程规定；会议纪要也不规范；年度工作内容不具体，缺乏项目名称和时间安排；财务人员配备不足，尚未采用会计电算化的方法。二是制度内容不健全，主要表现为多依赖学校相关制度，制度设计的独立性不足；财务制度不够完善。因此，校友会不仅需要尽快完善相关制度，确保有规可依，而且要加大制度执行力度，保证有规必依、违规必究。

其次，业务活动既要有广度，也要有深度。校友会活动形式多样，涉及联合类社团业务的活动的诸多方面。然而，目前校友会业务的活动深度还有待进一步挖掘，比如在国际交流方面狠下功夫，在原先仅有交流和考察等活动的基础上，加强国际合作研究，举办国际会议；对校友参与政府、社会的项目予以关注和支持。

B.18

中国社会学会评估个案

一 基本情况

中国社会学会（Chinese Sociologicial Association，以下简称为学会）成立于1979年3月，是由从事社会学教学、理论研究的工作者和实际工作者自愿组成的全国性学术性社会团体，由中国社会科学院作为业务主管单位，民政部作为登记管理机关。学会依据章程，紧扣组织使命，在培养大批人才、普及社会学知识、推动社会学学科建设、开展国内外学术交流等方面做了大量的工作。

中国社会学会在2011年、2012年年度检查合格，且并未参加过社会组织评估，2012年度也未受到登记管理机关处罚，符合民政部社会组织评估的规定。为进一步提升学会规范化运行的能力，提高社会公信力，学会提出参加民政部2013年全国性学术类社团的评估申请。民政部随后对其进行了全面考核，最终认定中国社会学会获得了3A等级。

学会的法定代表人能够按照章程有关规定产生，而且能够提供会议纪要；拥有固定的办公用房，名称牌匾的悬挂符合要求，年末净资产不低于注册资金。这些方面反映了学会基础条件不错，能够满足基本办公需求。

学会能够按照章程规定召开会员代表大会、理事会会议，最近分别于2011年7月、2012年7月召开。目前，学会共有201家单位会员和2400多人的个人会员，会费收缴率达到60%。社会学界主要研究机构和重要学者均已加入，因而代表性较强，发展势头良好。学会副秘书长以上人员有12名，现任会长为宋林飞，秘书长为谢寿光。学会现有工作人员2名，均为本科以上学历。学会现已建立23个分支机构，建立了党组织，组织机构比较健全，为学会持续、快速发展提供了重要支持。

二 工作特色与经验

1. 特色项目

首先，以学术交流为主线，搭建学界互动平台。学会非常重视学术交流和沟通，积极举办学术交流会、年会学会等，搭建学界互动平台，促进社会学事业的发展，推动提高我国社会学教学与研究的水平。2011 年与 2012 年两个年度共召开 17 次国内学术会议、10 次国际学术会议，分别有 2730 人次和 1145 人次参加了上述会议。比如，学会于 2011 年 7 月在江西南昌召开“新发展阶段：社会建设与生态文明”、8 月在宁夏银川举办“社会管理创新：理论与实践”等国内会议，2012 年 8 月在北京举办“社会管理与社会政策创新”国际性会议，另外还举办了第六届亚洲社会学大会和第三十六届世界社会学大会。

其次，以学术成果出版为支撑，推动学术研究工作向前发展。学会通过举办学会会议、论坛等，积累了非常可观的参会论文和研究成果。为促进学术成果传播及社会学理论不断发展，学会积极编辑各种论文集，结集出版或汇编成内部资料，比如汇编《当代社会政策研究国际论坛论文集》、《聚焦当代中国社会劳动热点问题》等，出版《新发展阶段社会建设与生态文明》、《中国道路与社会发展》、《当代社会政策研究》等论文集。

最后，积极承担社会责任，推动学术成果社会化。学会除了支持社会学界进行理论知识创新外，还树立起服务社会的责任意识，以非常负责任的姿态屹立于社会组织之林。一方面，学会主动承担课题研究，服务党和政府以及其他机构的决策。学会承担了中国红十字会总会的“中国红十字会改革与发展战略研究”课题，研究成果得到了中国红十字会总会领导的认可、国家发改委和学术界的高度评价。另一方面，学会积极开展科普活动，推动学术成果社会化。学会充分利用自身的网络平台，开设《群学科普》栏目，同时在学会年会期间举办学术讲座，普及社会科学知识。

2. 工作经验

第一，有众多品牌学术活动。随着社会学学科的快速发展，经过几代学人的不懈努力，学会已经有众多品牌学术活动。截至 2013 年，由学会主办的社会学年会已经连续举办 24 届，成为社会科学界最重要的学术活动之一。2011 年 8 月，学会在广州举办主题为“社会政策与社会管理创新”的“第七届社会政策国际论坛暨系列讲座”，2012 年 8 月在北京举办主题为“老龄时代的新思维：挑战、机遇与战略”的“第八届社会政策国际论坛暨系列讲座”，并将会议论文结集出版，形成了两部《当代社会政策研究》论文集。

第二，建立对外交流机制。学会主动参与国际交流合作，推动中国社会学走向世界。学会与日本社会学会、韩国社会学会建立轮流举办东亚社会学论坛的机制，到 2012 年已经连续举办 10 届东亚社会学论坛。学会分别于 2011 年和日本社会学会、韩国社会学会，2012 年和印度社会学会签订学术交流协议。这些对外交流机制的建立和交流范围的扩大，为中国社会学“走出去”和国外社会学优秀学术成果“引进来”创造了重要条件。

第三，重视制度建设。学会在重视对外交流活动的同时，对组织内部规范运行也投入了很多精力。学会制定了档案管理规定、证书使用管理规定以及印章管理使用制度，确保组织的严肃性和权威性；制定了 6 个方面以上的财务管理制度，为资金合法、合规运行奠定了基础；学会严格执行《民间非营利组织会计制度》，会计核算按照财政部等部门的有关规定实行电算化，财务管理软件符合要求。

三　存在问题及完善建议

民政部评估专家经认真考察后认为，中国社会学会总体运行情况良好。不过，学会还存在一些问题，主要表现在以下两个方面。

首先，会议制度存在执行不力现象。按照学会章程，常务理事会至少半年召开一次会议。也就是说，常务理事会会议一年至少应召开两次。然而在现实中，学会的常务理事会只在 2011 年 7 月和 2012 年 7 月召开过，一年只召开一次，不符合章程规定。另外，学会的会员代表大会、理事会和常务理事会的会议纪要过于简单，不利于组织管理和外部监督。因此，学会有必要落实会议制度。

其次，组织内部管理存在一些问题。一方面，学会没有专门的工作人员负责学会运行。从学会领导层到工作人员，均为兼职，但学会拥有庞大的会员群体，需要组织众多学术活动。工作人员数量不足给组织运行带来一定的风险。另一方面，学会拥有 23 个分支机构，使得管理这些分支机构面临一些挑战。为保证学会健康发展和持续壮大，学会需要加强对分支机构的统一管理，规范分支机构的运行。

B.19

中国食品科学技术学会评估个案

一　基本情况

中国食品科学技术学会（Chinese Institute of Food Science and Technology，以下简称学会）成立于1980年，是由全国广大食品工业科学技术工作者和相关从事食品行业的单位自愿结成的全国性学术性社会团体，并由中国科学技术协会担任业务主管单位，民政部作为登记管理机关。自成立以来，学会就将自身定位为发展我国食品科技事业的重要社会力量和政府联系食品科技工作者的纽带桥梁。在业务活动开展过程中，学会紧密团结广大食品科技工作者，遵守法律法规和公共政策，积极就食品科学开展学术自由讨论，从而推动食品科学技术的发展和繁荣，促进食品科学技术的普及提高，提升食品科技人才的培养水平，为经济发展和社会进步提供了重要动力。

中国食品科学技术学会在2011年、2012年的年度检查为合格，而且并未参加过社会组织评估，2012年度也未受到登记管理机关的处罚，符合民政部社会组织评估的基本规定。为进一步提升学会规范化运行的能力，提高社会公信力，学会提出参加民政部2013年全国性学术类社团的评估申请。民政部随后对其进行了全面考核，最终认定中国食品科学技术学会获得了4A等级。

学会的法定代表人能够按照章程有关规定产生，而且能够提供会议纪要，目前法定代表人为理事长孟素荷。学会能够提供房屋租赁合同，拥有固定办公用房，名称牌匾的悬挂符合要求，年末净资产不低于注册资金。在这些评估指标上，学会得到评估专家组的认可，充分反映出学会基础条件良好，能够满足办公需求。

学会能够按照章程规定召开会员代表大会、理事会和常务理事会，最近分别于2011年10月、2012年10月、2012年7月召开，会议纪要规范。目前学会共有理事257名，常务理事86名。学会发展势头良好，行业代表性较强，现有112家单位会员和490多人的个人会员，会费收缴率达到60%。学会副秘书长以上的人员有6名，现任理事长为孟素荷，秘书长为邵薇。学会现有专职工作人员20名，其中13人拥有本科以上学历，工作人员整体素质较高，能够满足社团发展需求。学会现已建立了19个分支机构，建立了党组织，组织机构比较健全，为学会持续快速发展提供了重要支持。

二 工作特色与经验

1. 特色项目

首先，以学术交流为主要内容，促进食品科学界进行知识互动。学会在上两个年度共组织学术会议18次，参会人数有4300多人，交流论文570多篇，内部资料7种，其中“中国面制品大会”、“两岸食品产业合作及交流会议”、“中国食品科学技术学会年会”等学术会议已经成功地连续举办，并有较为广泛的影响。除此之外，学会积极参与国际交流活动。在2011年和2012年，学会共开展5次国际学术交流活动和5次国外学术考察，并与美国、日本、英国和巴西等国家签署合作备忘录，举办国际性食品安全论坛，参加亚洲乳酸菌联盟大会、美国食品科技学会年会、印度营养保健食品产业大会等，成功地推荐6位科学家当选国际食品科学院院士，推荐中国产品荣获“IUFOST全球食品工业奖”。

其次，积极为政府和社会服务，推动理论的实践应用。在过去的两年里，学会向中科协呈送《有效应对五大挑战，确保我国食品安全》报告、向国家发改委呈报《关于食品工业“十二五”发展规范（征求意见稿）的修改意见》等。同时，学会还积极开展专业咨询服务/研究16次，包括针对蒙牛乳业开展的普及食品安全新型嗜热链球菌在发酵乳工作化生产中的应用及其益生功效研究、提出尽早发布《速冻面米制品》食品安全国家标准的建议并获得国家部委的批准。

最后，普及食品安全知识，消除社会恐慌。食品安全问题是社会公众目前极为重视的问题之一。任何食品安全问题都会引发行业危机，但部分“问题”

只是误解。传播正确的食品安全知识，消除公众误解，是学会需要承担的责任。在过去的两年里，学会对食品添加剂、金黄色葡萄球菌等社会普遍关注的热点问题，组织业内专家研讨并在达成共识后，“团队式”地表达科学见解，消除消费者的恐慌。除此之外，学会为实现食品安全知识的普及，成立科普工作委员会，利用中国食品公众科普网和手机报等多种形式，向公众传播食品安全信息，提升了学会的社会形象。

2. 工作经验

第一，充分利用媒体资源，提高社会公信力。学会能够积极利用媒体资源，开展各项业务活动。学会在开展科普活动的过程中，充分利用学会网站、手机彩信、中央电视台等媒体，及时、广泛地传播食品安全知识，逐渐探索出一条“以专业优势为基础、以媒体合作为路径”的科普模式。利用人民网、新华网、《中国食品学报》等媒体，对学会主办的活动进行报道，让社会公众更加了解学会，提高学会的社会公信力，为学会发展营造有利的外部环境。

第二，重视打造品牌活动，扩大社会影响力。学会连续举办“国际食品安全论坛”、“中国面制品大会”、“两岸食品产业合作及交流会议”、“中国食品科学技术学会年会”等学术会议，成为食品科学界重大的学术交流活动，具有很大的行业影响力。另外，学会主办的《中国食品学报》、《中外食品》和《食品与机械》等专业期刊，为广大食品科学界同仁尤其是食品安全从业人员提供了学术交流平台。学会充分利用“中国食品公众科普网”等网络媒体资源，在传播科学知识的同时，也树立了学会的专业形象，极大地提高了学会的社会影响力。

三　存在问题及完善建议

民政部评估专家经仔细考察后认为，中国食品科学技术学会总体运行情况良好；不过，学会还存在一些问题，主要表现在以下两个方面。

（1）财务管理制度方面存在不足。首先，学会财务管理制度不够详尽，缺乏可操作性，有效性不足；其次，学会未将全额投资办的《中国食品学报》按照长期投资进行核算，账面没有体现出来；最后，个别会计科目的设计不规范，如用财政拨款购置的固定资产未计提折旧。建议学会做好财务制度的设计和规范工作，进一步提高财务会计管理制度的可操作性。

（2）机构管理方面存在不合理之处。第一，理事会召开次数不符合章程规定，常务理事人数超过理事总人数的1/3；第二，分支机构管理不严，部分分支机构名存实亡，经济业务未列入符合规定的单位账簿，也未按要求每年至少定期报送一次会计报表等财务材料。建议学会严格按照章程办会，将分支机构纳入总部统一管理，提高学会的组织管理绩效。

B.20

中国性病艾滋病防治协会评估个案

一 基本情况

中国性病艾滋病防治协会（Chinese Association of STD and AIDS Prevention and Control）成立于1993年11月30日，是由性病艾滋病防治工作者和热心性病艾滋病防治事业的志愿者、社会各界人士以及与性病艾滋病防治工作相关的企事业单位和社会组织自愿组成的全国性公益类社会团体，是联系政府和其他性病艾滋病防治组织的桥梁和纽带，是参与国家性病艾滋病防治工作的重要社会力量。协会由卫生部作为业务主管单位，并在民政部登记注册。协会自成立以来，坚持独立自主和民主集中的办会原则，团结社会各界力量，围绕各个时期国家性病艾滋病防治工作的重点，努力贯彻落实《艾滋病防治条例》，积极配合各级政府卫生机构参与性病艾滋病防治工作，有效地防止性病艾滋病的传播，推动防艾防性病知识的普及，促进社会形成重视性病艾滋病防治的氛围。

中国性病艾滋病防治协会在2011年、2012年年度检查合格，且并未参加过社会组织评估，2012年度也未受到登记管理机关处罚，符合民政部社会组织评估的规定。为进一步提升协会规范化运行的能力，提高社会公信力，协会提出参加民政部2013年全国性公益类社团的评估申请。民政部随后对其进行了全面考核，最终认定中国性病艾滋病防治协会获得4A等级。

协会的法定代表人能够按照章程有关规定产生，而且能够提供会议纪要。协会能够提供无偿使用协议，拥有固定办公用房，办公条件较好；名称牌匾的悬挂符合要求；2012年年末净资产不低于注册资金，能够保证协会各项业务活动正常进行。协会能够提供负责人备案通知书和会费标准备案表，符合“一届一备、变更必备”的原则。协会在这些评估指标上的表现得到评估专家组的认可，充分反映出协会基础条件良好，能够满足办公需求。

理事会会议纪要和常务理事会会议纪要规范；章程修改、会费制定、负责人的产生和罢免都采取投票表决方式，充分体现出协会推进民主选举与决策的决心和努力。协会秘书长以上人员有11人，负责人无超届情况，秘书长为专职。协会现有工作人员32名，其中29人为专职，24人拥有本科以上学历，占工作人员总数的75%，工作人员整体素质较高，能够满足社团业务活动开展的需要。协会现已建立9个分支机构，建立了党组织，组织机构比较健全，为协会持续、快速发展提供了重要支持。

二　工作特色与经验

1. 特色项目

中国性病艾滋病防治协会注重通过项目管理模式开展业务活动，并通过自身努力，取得了一定的成绩。近年来，协会主要承担了社会动员项目、中盖艾滋病项目和全球基金艾滋病项目。

首先，积极做好社会动员项目。社会动员项目是由中央财政提供专项艾滋病防治经费，重点支持社会组织参与艾滋病防治工作。截至2013年，协会已经承担社会动员项目管理工作4年，并获得经费共计1670万元，主要用于动员所有有关社会组织承担艾滋病防治任务，引导受艾滋病影响的社区组织有序参与艾防工作。目前已经有30个省区市、205个社会组织、187个项目中标，涉及不同类型的社区组织316个，发挥它们更贴近目标人群、方式更为灵活和针对性更强的优势，推动防治知识的普及、健康教育的开展和行为干预，并为受艾滋病影响的人群提供心理咨询。这些工作为全面落实国家艾滋病防治工作任务发挥了重要的补充作用。

其次，做好中盖艾滋病项目。中盖艾滋病项目是中国卫生部和国务院防治艾滋病工作委员会办公室与美国比尔及梅琳达·盖茨基金会签署的艾滋病防治合作项目。协会主要负责北京、天津、青岛、西安、武汉、南京和昆明七个城市的社会组织部分，目标人群为艾滋病病毒感染者、病人和高危行为人群（以男男性行为者为主），周期为5年（2008～2012年）。该项目围绕国家扩大检测的策略，通过社区组织承接动员检测工作，扩大阳性发现，同时跟踪提供心理支持，承担关怀随访的工作，探索出疾控、医疗和社会组织共同参与的“三位一体”的工作模式，实现“以结果为导向”的项目经费管理模式。截至2012年年底，该项目涉及的7个城市累计干预高危人群共计82万多人次，其中25万多人接受了HIV检测，共发现HIV阳性携带者将近7000人，占当地检出阳性数量的一半左右；该项目共对3万多名感染者、病人开展了随访关怀工作，截至2012年，关怀覆盖率达到50%。经过协会、艾防社会组织和社区组织坚持不懈的努力，我国出色地完成了该项目的各项任务，同时也提高了社会组织承接政府购买社会组织服务的能力。

最后，做好全球基金艾滋病项目。协会自2012年2月开始接受政府委托，作为中国全球艾滋病项目社区组织项目国家级执行机构。该项目聘请29个省级性病艾滋病防治协会/预防医学会作为该项目的省级项目执行机构，公开选择近千个受艾滋病影响的人群/社区组织作为项目实施单位，形成项目三级管理模式。该项目重点是加强社区组织能力建设，以及在不同目标人群中开展综合性干预和关怀活动。该项目通过开展大量培训活动和多种形式的能力建设活动，使参与项目的社会组织自身的组织管理、项目管理和开展培训的能力得到大幅提高。

2. 工作经验

其一，以宣传交流为重要手段，提高社会重视防治艾滋病性病、尊重受艾滋病影响人群的程度，为协会开展工作打下良好的社会基础。协会动员各种社会力量，以多种形式开展世界艾滋病日主题宣传活动，开展艾滋病致孤儿童关爱活动、“A1成长营”活动和艾滋病防治优秀论文推选活动，制作艾滋病治疗宣传片《重回幸福》，同时设立“艾滋病与权益”对话平台——中国红丝带北京论坛，就艾滋病防治有关人员的权益诉求，展开论坛讨论和政策倡导，积极准确地向政府和社会反映有关人员的利益诉求，致力于减少社会歧视。这些宣传教育和交流沟通活动，为协会顺利开展各项项目活动营造了良好的社会氛围。

其二，以项目管理为主要模式，坚持结果导向，提高项目绩效。项目管理是协会采用的主要业务活动形式。项目管理能够推进协会工作活动的标准化，从而使其更容易预测、管理和跟踪，确保工作绩效的稳定性。目前，协会一方面建立了详尽的项目管理制度，并在所有项目中实施；另一方面，协会拥有多个重点项目，如上文提到的社会动员项目、全球基金艾滋病项目、中盖艾滋病项目等。在中央财政专项经费和基金会的资助下，覆盖范围进一步扩大，为取得防性病防艾滋工作的阶段性胜利做出了贡献。

其三，动员社会力量，增强防性病防艾滋病参与力量。社会力量的广泛参与是协会有效开展工作的重要因素。协会建立公益事业平台“爱携平台”，组织200多名医疗、卫生志愿者通过网络平台提供咨询服务，为受影响群体提供及时的帮助；此外，通过公益项目开展专业培训，增强社会防性病防艾滋病的力量。

三　存在问题及完善建议

民政部评估专家经认真考察后认为，中国性病艾滋病防治协会总体运行情况良好。不过，协会还存在一些问题，主要表现在以下三个方面。

（1）内部管理需要加强。近两年来，协会未按照章程规定召开会员代表大会、理事会、常务理事会，理事会未能如期换届，常务理事人数超过理事总人数的1/3；党组织活动较为单一；负责人存在超龄现象，并且存在公务员兼职情况。建议协会严格按照章程办事，做好内部管理，加强党组织建设，丰富活动形式。

（2）制度建设亟待加强。其一，证书管理与会员代表的产生尚无规可依，奖惩制度相对简单，可操作性不强；其二，信息公开制度不完善，对捐赠接收和使用情况公开不够及时、详细，并且未在网站媒体平台上发布年度工作报告摘要。建议加强制度建设，完善制度内容，提高制度的可操作性，强化信息公开工作，做好项目的定期监督反馈工作。

（3）财务会计管理工作规范性不足。首先，财务管理制度内容不够规范，财务报告缺少预算、计划，分支机构管理较为薄弱，其活动未能在协会财务账上体现出来，也未被纳入财务统一管理；其次，在会计核算方面，无法有效区分捐赠收入、政府补助收入、政府购买服务收入的界限，同时将受委托代理资产作为捐赠收入进行核算。建议协会加强财务会计管理工作，准确、全面地反映协会的财务运行情况。

B.21

中国照明学会评估个案

一 基本情况

中国照明学会（China Illuminating Engineering Society，以下简称学会）成立于1987年6月，是由照明科技工作者及有关照明领域的科研、教学、设计、生产开发和推广应用的单位自愿组成的全国性学术类社会团体。学会作为是中国科学技术协会的组成部分，是党和政府联系照明科技工作者的桥梁和纽带，是发展我国照明科技事业的重要社会力量。

中国照明学会在2011年、2012年年度检查为合格，且并未参加过社会组织评估，2012年度也未受到登记管理机关处罚，符合民政部社会组织评估的规定。为进一步提升学会的规范化水平，提高社会公信力，学会提出参加民政部2013年全国性学术类社团的评估申请。民政部随后对其进行了全面考核，最终认定中国照明学会获得了4A等级。

学会基础条件良好，为学会发展提供了有力的支持。学会章程规定理事长为法定代表人，而理事长是由理事会选举产生。现任理事长是在2012年6月第六届一次理事会上选举产生的，符合章程有关规定。办公场所系租赁而来，能够满足办公需求。2012年年末净资产高于注册资金，能够正常开展业务活动。

学会内部治理结构完整。学会能够按照章程规定召开会员代表大会、理事会和常务理事会。协会最近在2012年6月召开会员代表大会，应出席172人，实际出席155人，其中委托出席15人，符合章程规定。协会理事会分别在2011年12月和2012年6月召开；常委理事会在2011年6月、2011年12月、2012年2月和2012年6月召开，符合章程规定。学会现有办事机构1个，分支机构20个，建立了党组织，组织架构比较完善。目前学会有个人会员3000

人，团体会员有775家，行业代表性较强；有工作人员11人，其中社会招聘7人、返聘4人，10人拥有本科以上学历，3人拥有高级职称，工作人员配备合理，能够适应工作需要。秘书长以上负责人有16名，秘书长为专职，符合《社会团体章程示范文本》，有利于其开展工作。

学会管理制度建设比较到位。学会制定了档案管理制度、印章管理使用制度、财务管理制度、支出审批制度、收支管理制度等，会计核算实现电算化，使用的财务软件符合规定。这些制度的制定和实施，为组织发展提供了有力的保障。

二　工作特色与经验

1. 特色项目

首先，学会以举办学术活动为工作重点，重点举办学术会议、主办学术专业期刊等。举办学术活动是学术类社团最重要的工作内容，学术会议则是学术类社团开展学术交流的最重要的形式之一。2011年和2012年，共召开国内学术会议21次，参会人数总计3000多人；举办国际学术会议3次，参会人员1000多人，有力地促进了学科发展和行业交流。主办学术专业期刊2种，其中《照明工程学报》有公开发行刊号，体现出学会较强的学术影响力。

其次，学会以专业优势为基础，为政府建言献策。学术类社团建言献策的表现方式分为参与法律法规或发展规划的制定和向政府提出政策建议。学会参与起草了《中国照明电器行业“十二五”规划纲要》、《半导体照明科技发展“十二五”专项规划》、《中国绿色照明工程中长期规划》等国家专项规划以及法规工作，承接并完成了“绿色照明发展战略研究”等多项国家发改委、科技部等相关部委课题研究工作。

2. 工作经验

第一，推动行业工作职业化。为推动中国照明事业健康发展，经学会申请，原劳动和社会保障部于2006年将“照明设计师”纳入国家职业资格认证体系。照明设计师职业资格制度的确立，是学会创新发展、承接政府职能的一项重要工作，是推进照明人才事业发展的主要内容。作为全国唯一获准从事

“照明设计师”职业技能鉴定的机构，学会在中国科协的领导下，完成《照明设计师国家职业标准》的制定等相关工作。目前，学会在北京、上海和广州设立培训站。自学会开展“照明设计师”培训鉴定工作以来，培训规模不断扩大，社会影响力逐渐增强，提高了照明行业人才的培养水平。

第二，走向世界，加强国际交流，扩大国际影响力。学会自成立以来就积极参加世界照明行业组织，承办国际性专业会议。学会在 1987 年成立当年，就以中国国家照明委员会的名义加入国际照明委员会（CIE），成为国际照明委员会中代表中国的唯一组织，成功地申请并顺利举办第 26 届国际照明委员会大会。在学会的推荐下，中国代表首次担任国际照明委员会副主席；学会与日本、韩国照明学会共同发起举办的中日韩照明国际会议，已经成为亚太地区规格最高、规模最大、最具实效和国际影响力的照明技术及应用发展学术研讨会之一。对外交流取得的一系列成果，为学会的发展提供了强有力的支持。

三　存在问题及完善建议

民政部评估专家经仔细考察后认为，中国照明学会总体运行情况良好；不过，学会还存在一些改进的空间，主要表现在以下两个方面。

其一，财务方面需要明确责任制。学会财务方面主要存在四个方面的问题。首先，学会财务人员管理及职责分配较为混乱，建议重新界定机构职责，明确财务人员职责；其次，分支机构财务管理制度不完善，应将其财务制度剥离出来，以利于财务监管；再次，财务投资管理方面存在不足，建议规范现金管理；最后，财务报告内容欠缺，建议完善财务报告内容，做好会计报表、会计报表附注和财务情况说明书等，并且按照相关规定，主动接受理事会监督审查。

其二，会费管理有待加强。目前学会有个人会员 3000 多人，团体会员 775 家，为学会发展奠定了基础。然而，2011 年和 2012 年的会费收缴率分别仅为 41% 和 45%，在一定程度上影响了学会的财务绩效。因此，建议会员管理部门与财务部门就会员数量、会费收取、会费收据等建立有效的沟通机制，做好会费收据管理和会费征收工作，必要时可以建立会员和会费管理系统。

B.22

中国针灸学会评估个案

一 基本情况

中国针灸学会（China Association of Acupuncture and Moxibustion）成立于1979年5月，是由全国针灸医学科技工作者自愿结成的全国性学术类社会团体。学会作为中国科学技术协会的组成部分，是党和政府联系针灸医学科技工作者的桥梁和纽带，是促进我国针灸医学事业发展的重要社会力量。学会接受业务主管单位中国科学技术协会和行业主管单位国家中医药管理局的业务指导，接受登记管理机关民政部的监督管理。学会自成立以来，紧紧抓住国家大力发展中医药针灸事业的有利时机，突出服务意识和创新意识，努力推动中医针灸理论发展和实践创新，加强中医针灸人才队伍建设，提升了中医针灸的社会影响力。

中国针灸学会在2011年、2012年的年度检查结果为合格，并且并未参加过社会组织评估，2012年度也未受到登记管理机关处罚，因而符合民政部社会组织评估的规定。为推动组织的规范化运作，学会提出参加民政部2013年全国性学术类社团的评估申请。民政部随后对其进行了全面考核，最终认定中国针灸学会获得4A等级。

学会与其他单位签订场地无偿使用协议，办公场所可以满足办公需求。2012年年末净资产不低于注册资金。名称牌匾能够按照规定悬挂。综合来看，学会基础条件良好，为业务活动的开展提供了坚实的物质保障。

学会能够按时召开会员代表大会、理事会和常务理事会。会员代表大会最近于2011年8月召开，2011年和2012年共召开3次理事会、6次常务理事会，均符合章程规定。章程规定，常务理事会由理事会选举产生，常务理事人数不超过理事人数的1/3。目前学会共有理事210名、常务理事66名，符合章程规定。学会目前有单位会员1家，个人会员4915名，行业代表性较强；秘书长以上负责人有15名，工作人员10名，其中9人拥有本科以上学历，工作人员素质较高，能够满足社团业务发展需要；建立了党组织，设立了22个分支机构，组织机构完善。学会制定了档案管理规定，证书使用管理规定，印章管理使用制度，财务管理制度，支出审批、收支管理制度，实行会计核算电算化，制度设计规范全面，组织内部运作机制良好。

二　工作特色与经验

1. 特色项目

首先，以学术交流为纽带，为针灸医学科技工作者提供学习交流平台。学会始终把开展好学术交流活动作为学会工作的主旋律。近年来，学会将重点放在提高学术会议质量、发扬学术民主和进行理论创新方面，鼓励多学科和交叉、基础理论与临床实践的结合，活跃学术交流氛围，提升理论科研能力。学会在2011年召开了中国针灸学会年会，有1000多人参加，收到会议论文115篇。同时，学会与国外针灸学术组织建立联系，组织中国专家参加国际会议，充分展现我国针灸临床与科研的水平，此外，还注重将国际性学术会议吸引到中国举办，让更多的国内针灸工作者能够有机会了解国外的先进经验和科研理念。学会在2012年8月举办了第三届腹针国际学术研讨会和首届皇甫谧故里拜祖大典暨《针灸甲乙经》学术思想国际研讨会，吸引了数百人参加，收到会议论文百余篇。

其次，积极建言献策，服务政府和社会，促进行业发展。学会经常对针灸事业的发展状况进行广泛调查，对针灸进行深入研究，找出制约针灸学术发展的影响因素，并就这些因素提出政策性建议。比如学会承担了“2011年度针灸学学科发展研究”项目、“2011年度中国针灸学会针灸标准示范基地的创建评估与内涵建设”项目等。另外还接受政府委托，完成行业发展的调查研究，充当政府公共决策的得力助手和重要参谋。学会在2011年参与了国家中医药管理局的中医医疗百项技术整理工作，包括起草草案、意见征求、专家咨询等；利用人力资源和社会保障部修订《中华人民共和国职业分类大典》的机会，将“中医针灸科医师”这一职业上升为“中医针灸医师”，参与新增“拔罐保健”、“砭石理疗”和“艾灸保健”等职业的调研修订工作。

除了向国家提出政策建议，还向社会提供专业咨询服务。学会在2011年和2012年共开展专业咨询服务8次，体现了学会服务社会和承担社会责任的精神。比如，学会在2011年5月举办了“十一五”国家科技支撑计划“针灸诊疗方案和评价研究”、在2012年举办了“制定十二五中医针灸事业发展规划”的讲座。

最后，注重培养人才，建立针灸传承基地。学会非常重视针灸新技术、新方法的推广应用以及针灸专科特色人才培训工作。仅2011年和2012年，学会就完成了国家级继续医学教育项目19项，组织各类继续教育培训班、研修班和学习班共计98期，培训各地区卫生专业技术人员3726人次，免费培训各地残疾卫生技术人员100多人次。人才的培养为推广普及中医针灸医疗技术提供了雄厚的人才资源。

2. 工作经验

第一，抓住国家发展中医药的机遇。20世纪末在市场经济大潮的冲击下，我国针灸事业发展的萎靡现象十分严重。在此背景下，学会积极为政府制定有关决策建言献策。学会整理“新世纪针灸发展论坛”中众多专家的意见，撰写了《关于加大针灸投入、加快针灸发展的建议》，呈交有关政府部门并引起领导的高度重视，后者积极采取相关政策，使得针灸发展步入新的阶段。之后，学会积极利用自身独特的角色，紧紧抓住国家发展中医药的机遇，朝向新的目标前进。

第二，主办学术刊物，激发行业创新热情。学会主办学术期刊，为行业科研工作和理论创新成果的公开发表提供平台，不仅增强了学会的权威性和感召力，而且提高了行业内科研工作人员的专业认同度和行业凝聚力，促进了行业内智慧的碰撞与交融。学会目前主办并公开出版《中国针灸》、《针灸研究》和《世界针灸杂志》三种学术刊物。

三　存在问题及完善建议

经民政部认真评估，中国针灸学会总体运行情况良好。不过，学会还存在一些可以提升的空间，主要表现在以下两个方面。

首先，会员相关活动需要进一步管理。一是表现为会员数据库的缺失，目前学会尚未建立会员数据库，也无法知晓会员发展状况，从而可能造成学会服务会员的能力存在问题，对组织发展也有不利影响。建立会员数据库，方便对会员的管理，使学会能更好地服务会员。二是内刊内容单一，发放周期过长，不利于会员及时获知学会的重要信息。建议丰富内刊内容，增加向会员发放的频率。三是单位会员过少，建议扩大会员范围。

其次，财务制度的执行需要强化。在评估过程中发现，学会个别费用支出未严格按照制度执行，且在制度设计中也未明确审批人如何进行费用审批。学会每年末执行财务汇报制度，分支机构收支情况模糊。建议进一步完善财务制度，明确分支机构收支情况，落实年末财务汇报制度。

B.23

中国中小企业协会评估个案

一 基本情况

中国中小企业协会（China Association of Small and Medium Enterprises，以下简称协会）成立于2006年12月，是由全国中小企业、企业经营者自愿组成的全国性联合类社会团体，接受国家发展和改革委员会业务指导与民政部的监督管理。作为政府与中小企业之间的桥梁和纽带，协会自成立以来，始终坚持以推动中小企业健康发展为中心，围绕提升中小企业市场竞争能力、自主创新能力和自我发展能力，提高中小企业家的素质和经营管理水平，维护中小企业和企业家的合法权益，反映中小企业的建议和要求，为中小企业开拓市场和加强国际交流与合作而开展各项活动，促进中小企业做强做大、又快又好地发展。

中国中小企业协会在2011年、2012年年度检查合格，2012年度也未受到登记管理机关处罚，符合民政部社会组织评估的规定。为进一步提升组织的规范化水平，提高社会公信力，协会提出了参加民政部2013年全国性联合类社团的评估申请。民政部随后对其进行了全面考核，最终认定中国中小企业协会获得了5A等级。这与协会自成立以来坚持不懈的努力是密不可分的。

协会基础条件较好。根据协会章程规定，会长为法定代表人，而理事长是由国家发改委提名、理事会选举产生。现任会长是在2011年11月第二届一次理事会上选举产生的，符合章程有关规定。办公场所系租赁而来，能够满足办公需求。2012年年末净资产高于注册资金，能够正常开展业务活动。

协会内部治理结构较好。学会能够按照章程规定召开会员代表大会和理事会。协会最近在2011年11月召开了会员代表大会，应出席586人，实际出席471人，其中委托出席34人，符合章程规定。协会理事会分别在2011年11月和2012年11月召开，符合章程规定。协会现有办事机构14个，分支机构3个，建立了党组织，组织架构比较完备。目前学会有团体会员586个、专职工作人员60人，其中58人拥有本科以上学历，占工作人员总数的97%，工作人员配备合理，素质较高，能够适应工作需要。秘书长为专职，符合民政部发布的《社会团体章程示范文本》的要求，有利于其开展工作。

协会管理制度建设比较到位。协会制定了档案管理规定，印章管理使用制度，财务管理制度，支出审批、收支管理制度，会计核算实现电算化，使用的财务软件符合规定。这些制度的制定和实施，为协会的发展提供了有力保障。

二　工作特色与经验

1. 特色项目

第一，研发中国中小企业发展指数（Small and Medium Enterprises Development Index）。该指数是协会通过对国民经济八大行业的中小企业进行调查，利用中小企业对本行业运行和企业生产经营情况的判断与预期数据编制而成，是反映中国中小企业（不含个体工商户）经济运行状况的综合指数。协会每季度都会向社会发布中国中小企业发展指数，为政府部门和中小企业判断经济走势、行业发展趋势以及中小企业的投资决策分析和经营活动提供重要参考依据。

第二，开展中小企业金融服务。协会和中国建设银行、中国邮政储蓄银行签订金融服务战略合作协议，为协会会员和中小企业获得总计600亿元的授信。协会与国家开发银行、中国农业银行、中国银行、中国工商银行等多家银行就节能减排、能源管理和文化创意产业等开展合作，拓宽中小企业在融资渠道，降低中小企业融资成本。

第三，举办中小企业投融资交易会。在国家发改委、工信部、央行、银监会和证监会的支持下，协会策划并联合相关行业协会为举办“首届中国中小企业投融资交易会”做好准备，拟设立银行金融产品、供应链融资、非银行金融产品、金融服务外包、中小企业产业聚集区、中小企业低碳化智能化信息化和高端理财等九大展区，其间拟举办多个论坛，为金融机构和企业搭建项目与资本对接的平台，促进金融产品和投融资服务的创新。

第四，承担低碳产品信息化智商评价工作和低碳产品信息化推广工作。工信部批准同意协会牵头成立中国低碳产品信息化推进委员会，制定低碳产品信息化指数测评标准，启动系列低碳产品信息化指数测评工作，发布低碳产品信息化指数测评结果，积极促进低碳产品的推广应用。

第五，加强与地方政府的全面战略合作关系。协会成立地方合作部，作为负责协会与地方政府全面合作的专门管理部门。协会积极推进中小企业在融资服务、人才培养培训、产业对接、节能减排、合同能源管理、低碳产品推广、专项资金申报等方面的全方位合作；另外，协会协助地方政府做好招商引资工作，支持有条件的城市设立中小企业产业园区，建设中小企业总部基地，并协助地方政府对园内即总部基地内的企业提供增值服务。

第六，开展中小企业信用评价工作。2009 年底商务部和国务院国资委批准协会参与行业信用评价资质工作。为配合这一工作要求，设立中国中小企业协会信用评价管理中心，积极组织开展中小企业信用度等级评价工作，提供自主研发的信用管理与认证服务。

2. 工作经验

首先，全心全意为中小企业服务。协会的大多数工作都是以服务协会会员和中小企业群体为核心的。无论是联合银行为中小企业提供融资便利，还是与地方政府合作建立中小企业园区，抑或是开展中小企业信用评价，这些工作的推进和落实为中小企业带来了实实在在的好处，也为社会经济发展、产业结构调整、就业机会提供等提供支持，最终也为协会带来很多荣誉，协会获译 5A 等级便是其之一。

其次，为企业、国家提供创新服务。协会研发的中国中小企业发展指数，已经成为社会各界判断中国经济发展是否景气的重要窗口。在国家有关部门的支持下，协会举办中小企业投融资交易会，搭建资本与项目的一站式对接平台。协会开展中小企业信用评价工作，为中小企业提供信用管理与认证服务。这些工作都集中体现了协会敢于创新服务方式、提升服务能力和水平，是其他社会组织尤其是行业协会需要学习的。

最后，拥有先进的管理思想和观念。为了加强与地方政府的全面战略合作关系，协会成立地方合作部；为配合行业信用评价资质工作，设立中国中小企业协会信用评价管理中心。同时，协会面向社会公开招聘工作人员，推广工作日志、项目管理和客户管理等自动化管理系统办公软件，建立并不断完善各部门工作目标责任制和严格的绩效考评制度，以及内部培训制度。这些先进的管理思想与实践，为提高协会组织绩效夯实了基础。

三　存在问题及完善建议

民政部评估专家经仔细考察后认为，中国中小企业协会总体运行情况非常好；不过，协会还存在一些问题，主要表现在财务方面。其一，财务报告通过理事会审核的证明材料不足，建议做好会议纪要和相关档案管理工作；其二，尚未制定项目收支管理制度及会计电算化管理制度，建议根据《会计法》等法律法规，建立健全相关制度；其三，协会对下属投资实体的财务监督较弱，建议强化财务监督，以保证财务数据的准确性和合法性。

B.24

神华公益基金会评估个案

一　基本情况

神华公益基金会是神华集团有限责任公司于2010年7月1日出资2亿元人民币发起成立的全国性非公募基金会，业务主管单位为民政部。基金会自成立以来，以“神州弘大爱，华夏倡仁心”为理念，秉承“奉献神华爱心，支持公益事业，促进社会和谐与发展”的宗旨，主要业务范围为扶贫济困、救助灾害、援藏、文化教育、科学研究、环境保护、合作交流、社区共建等。

基金会理事会共有理事21名，监事1名；现有办公室、财务处2个办事机构，专职工作人员10名，平均年龄为35岁，均为本科以上学历，其中硕士研究生以上学历5人，占总人数的50%；拥有神华爱心志愿者918人。

截至2013年底，基金会共募集资金13.5亿元，捐资总额达7.1亿元，开展自有公益项目7个、捐赠活动39项，受益地区涵盖28个省（自治区、直辖市）2000多个县（区），受惠人数达405万人。

二　工作特色与经验

（一）特色项目

基金会实施了一系列以“神华爱心”为品牌的公益慈善项目，包括以下三大爱心项目。

1. 神华爱心行动

基金会2010年启动“神华爱心行动”，捐资5000万元、携手中国社会工作协会发起旨在全国范围内帮助贫困家庭0~18周岁患有白血病、先天性心脏病的儿童完成医疗康复的公益项目。目前，与27个省（自治区、直辖市）的77家三甲医院签约，已累计救助“两病”患儿10066名；“神华爱心行动”项目荣获第八届“中华慈善奖——最具影响力慈善项目”奖。

2. 神华爱心学校

基金会于2010年底启动“神华爱心学校”项目，项目以基础设施建设为主，目前在江西、云南、青海、广西等地建设9所神华爱心学校，其中7所已经投入使用，2所尚在建设中。爱心学校的建设有效地改善了当地的教育条件，缓解了当地学生上学难的问题，受惠学生达1.4万人。尤其是项目还撬动了政府资源，多方力量推进革命老区、民族地区教育事业发展。如江西省的5所爱心学校，基金会以3000万元善款，带动政府配套资金1亿元，资金配赠比达1∶3.3，并推动吉安县、余干县2个教育园区发展，真正发挥了“捐建一所、惠及一方”的作用。

3. 神华爱心书屋

以中国光华科技基金会“书海工程”项目为公益平台，借助其成熟的项目经验和丰富的图书资源，于2011年设立“神华爱心书屋”项目，依据各中小学校的需求精心选择合适的书籍，并分拣、包装、运送到边远学校。神华爱心书屋项目采取资助与实际操作相结合的运作模式，三年来，基金会已累计向向宁夏、新疆、青海、内蒙古、福建、陕西等边远贫困地区的中小学校捐赠图书1295万册，价值3.04亿元，建立了4481所爱心书屋，为396万中小学生送去丰富的精神食粮。

（二）工作经验

基金会锐意进取、探索创新，规范发展、完善自身，已制定五年内从慈善领域起步，进入公益领域继而跃升到社会创新高度的“三级跳”公益战略；建立了一套专业、规范的管理制度；创建了基金会网站与自有刊物《神华爱心》；进行了具有“神华公益特色”的三大创新。

1. 管理制度创新

坚持制度先行，已制定各类规章、制度共21项，管理制度体系不断完善。

工作人员均为专职，不在集团公司兼任职务；实行“零费用”管理，保证所有捐赠资金全部用于项目；严格遵循项目公益性原则，杜绝关联方交易，对神华内部员工及家属不做任何形式捐助，并将此项规定写入章程。

2. 运行机制创新

建立“理事会会议－秘书长办公会－周例会”的常态化会议机制。建立项目前、中、后期的全程跟踪监督机制；严格依据项目进度分批付款，保证项目监管到位。

3. 项目模式创新

项目实行深度管理，采取资助与实际操作相结合的项目运作模式，精心选择合作伙伴，依托平台、“强强联合”；边实施项目，边总结经验，与有关机构合作开展相关课题研究，为公益发展战略和有关后续项目提供理论支撑。

三　存在问题及完善建议

（1）专业化治理还需完善。基金会的秘书长为兼职人员，没有跟基金会签订劳动合同；基金会内部组织机构分工不够精细化、专业化。秘书长只在基金会兼职，做志愿者，不在基金会领取薪酬。与高挑战、高强度的工作内容相比，基金会行业普遍薪酬水平偏低，导致部分基金会执行层面没有相应专职人员。但根据《基金会管理条例》第二章第八条的规定，设立基金会应当有与其开展的活动相适应的专职工作人员。基金会未来的发展和壮大，除需要资金外，高素质的人才和专业的组织机构也不可或缺。

（2）档案管理还需改进。基金会档案文件的收集虽比较齐全，但有些文件归案的整理及其收集标准不够规范；数项援藏公益项目缺少捐赠协议；向某杂志社划拨捐赠款，开具的发票内容为资料费，不符合财务要求。这些不足说明基金会在档案管理方面对细节重视不够。通常基金会会比较关注项目的运行，但对记录项目运行的文件没有严谨和及时的归档习惯，从长远来看不利于对项目经验和教训进行归纳总结，继而影响公益项目的延续和改善。

（3）策划项目仍有提升空间。基金会对项目的宣传策划和操作不够完备，项目管理办法不够健全，宣传时需要对公益项目关键词、基本理念等加以提炼；规范化评估建议基金会进一步加强对公益品牌项目的建设，充分展示基金会的特色。基金会应该逐步确立和优化现有的品牌项目，利用传统媒体和网络等现代传播手段进一步宣传和推广，提高社会公众对基金会公益活动的认知水平，发挥品牌项目的示范效应，也为基金会行业树立优秀公益项目的典范。

B.25 中国文学艺术基金会评估个案

一　基本情况

中国文学艺术基金会（China Literature and Art Foundation）成立于1994年，是在民政部注册的全国性公募基金会，由中国文学艺术界联合会主管。其宗旨是：广泛争取海内外热爱和关心中华民族文化艺术的团体、企业和个人之支持与捐赠，根据国家文艺政策，资助精品文艺项目创作工程，培养优秀文艺人才；资助国内外文化艺术交流合作活动，扶持多元文化发展；致力于增进中国文学艺术界的国际交流，推动中国文化艺术“走出去”；资助非物质文化遗产的保护与传承，扶持老、少、边、穷地区的文学艺术事业；开展有益于社会、有益于人民生活的文化活动，促进中国文学艺术事业的繁荣与发展。

中国文学艺术基金会理事会由文艺界领导、著名艺术家、港澳地区知名企业人士组成。基金会理事会共有理事25名、监事3名；现设有7个部门、专职工作人员25名。

近年来，基金会动员社会力量广泛参与，累积实施精品创作项目100多个、人才培养项目30多个、送欢乐下基层项目近50个；2011年至今累计实施各类有影响力的社会公益项目169个，举办大型活动17次，覆盖全国31个省区市；近万名贫困地区有艺术天赋的少年儿童受到艺术培训，得以全面发展。2011年基金会筹款总额为1.18亿元，2012年为1.01亿元，2013年为1.32亿元，2013年筹款额是1994年的52倍。

二　工作特色与经验

（一）特色项目

在工作中形成了以下品牌项目。

1. 人才培养

“朝霞工程”是由中国文学艺术基金会主办，设立于1999年，在十余年的发展过程中，数千名有艺术天赋的贫困儿童得到资助，许多已进入艺术院校深造或进入专业团体从事文艺工作，有不少优秀的个人和团队荣获国内外艺术大奖。“百年树人”计划是中国文学艺术基金会为培养国际型艺术人才设立的重点项目，有计划地选派高级访问学者、优秀青年文艺教师和有艺术发展前景的学生到海外高水平大学留学、访问进修、合作研究，开拓文艺人才海外培养渠道，学习世界先进的教学科研方法，拓展文艺学者、文艺教师和学生的国际视野。

2. “字典援助活动”

“字典援助活动”是中国文学艺术基金会在公益活动方面的创新性实践。捐赠大批《新华字典》的社会爱心行动，充分体现了社会公众心系下一代、关心祖国文化的社会责任感和文化使命感；集中反映了社会公众对正版字典缺乏、盗版字典泛滥现象的忧虑，以及对《新华字典》之于国民教育重要性的深刻共识。在两年的时间内，分别为河南新野、吉林四平、贵州平坝、宁夏银川、西藏等地赠送了近七万本字典，已有8个省区400多所学校的近20万孩子收到爱心字典和书籍的捐赠。

3. 资助文艺创作

2008年以来，中国文学艺术基金会运用中国文学艺术发展专项基金，资助了一批创作类项目，推出了《响九霄》、中国版《胡桃夹子》、《铡刀下的红梅》、《红河谷》、《延安记忆》等一批精品剧目，此外，还举办了庆祝中国共产党成立90周年美术作品展览、摄影展和《人间正道是沧桑》大型摄影展；其中《铡刀下的红梅》和《延安记忆》荣获中宣部“五个一”工程奖。

（二）工作经验

在活动过程中，逐渐积累了自己的工作经验，表现在以下几个方面。

1. 立足文化事业

基金会立足于中国文学艺术界，依托中华民族文化艺术团体，由文艺界领导、著名艺术家构成理事会，支持精品文艺创作，培养优秀文艺人才，资助文艺交流活动，促进中国文学艺术事业的繁荣。特别是近两年，中国文学艺术基金会加大了资金募集力度，先后举办了北京大红门爱村敬老公益活动、中国五老书画展、“时代的领跑者”绘画书法摄影展、纪念辛亥革命一百周年——孙中山肖像中国画作品展、文化中国——马尔代夫行暨中国青少年非物质文化遗产展演、翰墨书香传播文化——苏士澍读书箴言书法展等文化公益活动，取得了良好的社会效益。

2. 专业团队建设

基金会奉行“以责任树品牌”的工作方针，努力打造一流的基金管理专业团队，动员更多的社会力量参与文化建设。基金会专职人员积极参加各类讲座、论坛和培训，并组织部门主任参加北大 - 阳光慈善/公益组织事业发展高级研修项目培训；聘请有丰富经验的专家担任顾问；利用每周例会组织部门主任讲课，对基金会筹款、自律、公信力、财务与税收等专题进行研究。

3. 志愿者

基金会积极推进品牌项目——中国文化志愿者计划，根据国外机构、驻外使领馆和中国文化中心提出的申请和需求，选派书法、美术、戏剧、音乐、舞蹈、杂技、民间文艺等领域的专业人士，作为文化志愿者，赴国外教授相关中国文化的知识和技能。该项目自启动以来，已成功派出 7 名文化志愿者赴厄瓜多尔、德国、毛里求斯、佛得角、法国、越南等国开展志愿活动，在不同国家传播和弘扬中华文化，受到当地民众的热烈欢迎。

4. 申请财政支持

近两年来，基金会积极申请财政支持，提高专项基金的经费额度，加大了对创作类项目的扶持力度，同时增加了人才培养、送欢乐下基层及服务老艺术家等项目内容；在规范管理方面，基金会为专项基金制定了一系列管理制度和工作流程，使中国文学艺术发展专项基金的管理更科学，使用更规范。

三　存在问题及完善建议

（1）决策和监督机制尚不健全。没有充分发挥理事和监事的作用，基金会应提升理事会在公益项目决策中的地位。理事会决策模式是保障基金会业务活动公开性和公正性的基础，重大事项交由理事会集体决策，可以降低决策的随意性和出现失误的概率，提高决策内容的理性化程度，形成科学决策机制，实现理事会对基金会重要决策的有效管控。另外，设立基金会监事，是保障基金会程序合规、项目公开的有效机制，如不重视监事的作用，监事将无法发挥监督功能，基金会的理事会功能也会受此影响而无法有效发挥。

（2）财务管理能力不足。基金会的日常现金余额过大，个税计算方法存在误差，会计核算未实行电算化，财务软件功能陈旧，财务管理跟不上精细化管理的要求。财务管理是规范、透明地管理社会公益资产的前提条件，也影响到捐赠资金的管理效率，应被视作基金会内部治理的关键部分。基金会应严格遵守国家以及地方政府的财务管理规章，完善自身财务制度，更新财务管理手段，明确财务岗位职责，公开资金使用信息，自觉加强公益项目的财务管理和监督。

（3）应加强公益项目的品牌建设。基金会应及时评估项目执行效果，滚动筹款以实施后续项目，逐步扩大公益项目的覆盖面和影响力。若品牌项目未能产生规模社会效应，就不能有稳定而持续的社会捐赠，势必受制于其他机构的注资情况，项目执行就会被动。筹资能力是基金会生存和发展的关键所在，对公募基金会尤为重要，建设品牌项目是基金会公益事业进入良性循环的标志。

B.26

华润慈善基金会评估个案

一　基本情况

近年来，华润集团奉行“践行社会责任，做优秀企业公民”的理念，以各种方式回馈社会，每年在赈灾、扶贫、助学及环保等领域捐助过亿元，积极履行华润作为优秀央企的社会责任。为统筹管理华润集团慈善公益事业，提高慈善公益活动的社会效益，体现华润超越利润之上的追求，从2008年起，华润集团发起设立华润慈善基金。2008年10月华润慈善基金有限公司在香港注册成立；2010年1月，华润慈善基金会（China Resources Charity Foundation）经民政部批准在中国内地成立。华润慈善基金有限公司（香港）和华润慈善基金会（中国内地）统称为华润慈善基金（以下简称慈善基金），上级主管部门为民政部。华润慈善基金的宗旨：常怀感恩之心，不忘回馈大众，构建和谐社会。

基金会理事会共有理事7名、监事2名；现设有5个部门，专职工作人员55名，兼职工作人员18名。截至2013年底，基金会共募集资金5.26亿元，支出总额达3.65亿元，开展慈善公益项目56项，受益农民8062人。

二　工作特色与经验

（一）特色项目

基金会建设“华润希望小镇”的构想，主要包括环境改造、产业帮扶、组织重塑三个方面，初步想法是：选择人口不多的贫困红色老区，从改变村容村貌出发，进行对口产业帮扶，最终提高小镇居民收入。

1. 环境改造

在地方各级政府的支持下，基金会本着“共建家园”的建设理念，通过统一规划、就地改造、重建，彻底改变农民的居住环境。华润百色希望小镇在2008年11月破土动工，华润置地负责村民民居的建筑施工，华润电力和华润燃气为希望小镇新建了太阳能发电站和沼气站，利用人工湿地将生活污水进行过滤净化，以保护小镇的良好生态环境。对民居实施了“改厨、改水、改房、改厕、改圈、改院”六项工程，逐步引导村民养成现代文明的生活方式。基础设施改造和公共服务提升使小镇初步具备了农村医疗服务、教育服务、养老服务、行政服务和商业服务等功能，彻底改变了小镇村民的生活环境。华润百色希望小镇成了中国内地第一个实现太阳能路灯夜间照明的新农村，小学、幼儿园、卫生站、养老院、社区文化设施、农贸市场等其他公共设施一应俱全。2009年9月，华润百色希望小镇竣工。

2. 产业帮扶

建设之初，基金会就确定了华润希望小镇建设必须以发展产业为根本，为推动希望小镇产业发展，聘请专家担任产业发展顾问。产业帮扶工作以收购和改良并进，先以最低价格帮助村民销售，再进行村民培训，将先进的养猪、养鸡等新技术带到华润希望小镇。华润万家超市利用市场销售终端的优势，将市场欢迎且附加值较高的品种引入华润希望小镇，产品以“绿色环保”和“希望小镇”作为特点，深受市场欢迎，其他大型超市如百佳、家乐福也来到华润希望小镇采购，村民收入得到明显提高。一年多的产业帮扶取得了明显成效。2008年华润希望小镇村民人均收入3062元，2009年增至5172元，2010年达到6419元，是2007年人均收入2360元的2.7倍。

3. 组织重塑

产业帮扶走上正轨后，2010年7月，华润百色希望小镇开始进行土地流转与整理的试点工作，尝试农民专业合作社这一组织形式。同年10月底，首批120亩土地流转示范基地完工，由华润百色希望小镇润农合作总社下辖的希望农庄进行管理。农民专业合作社理事由民选产生，在理事会的民主决策下，合作社组织入社农户统一采购农资、指导农户进行科学种植和养殖业生产，并为入社农户的农副产品统一注册了商标。基金会创新基层组织结构，进行现代化社区管理，成立了新的华润希望小镇社区居民委员会，成立了社区党支部，通过党、政、社三位一体的管理模式，最大限度地体现了希望小镇三大组织之间的组织协同。基金会还引入了城市物业管理的理念，在华润百色希望小镇成立广西首支女子盘鼓队，多年来持续举办希望小镇春节联欢会、运动会，华润百色希望小镇日益发展为人文小镇、宜居小镇。

（二）工作经验

在活动过程中，逐渐积累了自己的工作经验，表现在以下几个方面。

1. 贴近需求

公益机构参与扶贫开发建设，一定要结合实际，努力发挥自身优势。华润希望小镇的建设构想，是在希望小镇建设过程中，边实践、边摸索，逐步形成和充实完善的。董事会通过华润希望小镇项目后，各公司立即抽调年轻专业人才组成项目组常驻百色，走访348户村民，外部很多专家顾问受邀参与。同济大学建筑设计研究院的教授主持完成了华润希望小镇规划设计方案；长期研究“三农”问题的中国人民大学教授，则担任项目的产业发展顾问，并多次就华润百色希望小镇的发展组织调研。另外，基金会与政府形成良性互动的合作关系，充分发挥地方政府的作用。建设华润希望小镇的过程中，基金会与所在地各级政府建立了密切的合作，因而政府在统筹协调、公共服务和政策支持等方面发挥了非常重要的作用。

2. 项目执行高效

为加强对华润希望小镇项目的统筹安排和流程管控，特别成立了成本控制部，严控华润希望小镇的建设成本，并制定了《项目管理手册》，在项目组织机构、建设工作流程指引、成本管理、人事管理、例会和工作汇报、项目管理费支出、车辆使用、项目安全、舆情、档案等方面，严格规定了项目的执行办法。经过5年的建设，华润百色希望小镇实现人均纯收入12000元，发展成为一个粗具规模的现代化小城镇。基金会用创新的精神落实科学发展观，为国家探索出一条公益机构、企业利用自身资源积极参与社会主义新农村建设和城镇化建设的扶贫开发新模式、新道路。

3. 多元化

探索与多元化企业特色相结合的慈善。在华润希望小镇建设过程中，基金会协调了零售、食品、地产、水泥、电力、燃气等多个业务单元，这些业务单元在华润希望小镇建设过程中扮演了重要的角色，华润多元化企业的产业资源得到了有效的整合，协同优势得到了充分的发挥。专业化企业可将一套机制从上到下加以应用；而多元化企业涉及各行各业，社会责任主题不尽相同。利用集团的产业和资源优势，帮助农民成立专业合作社，发展新型农村集体经济，把华润希望小镇建设成为生态、有机、绿色，和当地自然环境保持和谐一致，具有农业发展活力、鲜明地方特色的社会主义新村镇。

4. 创新基层管理

创新基层组织结构，进行现代化社区管理。经过改造重建，华润希望小镇突破了原有行政管理框架，成为一个功能齐全的全新农村社区。基金会在帮扶过程中注重培养农民的市场意识，让农民逐步积累应对市场、自主经营的经验，提升能力素质。通过组建农村合作经济组织，开展土地流转工作，发展现代农业，华润希望小镇村民的收入来源从原来的单一务农收入，转变为包含土地租金、务工工资、合作社分红、自种水果收入四部分收入，初步实现了脱贫致富。目前，华润希望小镇的组织建设打破了当前中国农村村委会管理薄弱、村级集体经济发展滞后的困局，建立了一种新型的农村组织管理架构，保障小镇可持续发展，为农村基层管理向社区化管理转变，进行了有益的探索。

5. 可持续

华润希望小镇所在之处，改变了原本贫穷落后的乡村面貌，初步实现了农民安居乐业的设想。华润希望小镇让农民真切感受到“合作起来有好处”，未来希望小镇还将以农民专业合作社为平台，探索组织农民以土地经营权入股，对小镇现有土地进行基本农田改造后，通过适度规模化的种植模式，使希望小镇走上可持续发展之路。目前已建成广西百色、河北西柏坡、湖南韶山、福建古田华润希望小镇，贵州遵义、安徽金寨华润希望小镇也在规划建设中，海南万宁华润希望小镇、湖南韶山华润希望小镇、河北西柏坡华润希望小镇均已动工，未来更多的华润希望小镇还将在北京密云、贵州、江西等贫困地区建设起来，华润希望小镇模式将复制和延续下去。

三 存在问题及完善建议

（1）机构建设需进一步加强。基金会在机构建设方面存在以下不足：名称牌匾未悬挂，仅有部分监事出席理事会，没有规定办事机构职责，财务人员均为兼职，没有建立财务人员交接制度，较少参与社会组织建设培训，没有留存培训记录，没有制定基金会发展规划。基金会机构建设管理粗放，会影响基金会的运行效果。建议完善机构内部流程，这样可以提升基金会的运行效率和反应能力，及时满足社会发展需要，发挥基金会这一公益组织的和谐社会黏合剂功效。

（2）内部档案工作有欠缺。基金会没有独立的档案保管地点，对档案实行分散管理。项目档案文件是记录公益项目执行情况的关键文件，也是今后梳理和研究公益项目的一手基础资料。随着基金会项目数量和资助总额逐年增加，档案管理的重要性将日益凸显，需要及早重视档案管理，集中管理档案，并设专岗负责这项工作，为后续发展提供翔实而充足的历史文档资料。

（3）项目及财务管理不够完善，基金会重大公益项目总结等信息的公开不够详尽。建议进一步完善对公益项目的总结与评估，重视基金会的信息公开工作，及时并且详细地公开资金使用情况。另外，投资账务存在财务隐患，部分长期投资未做减值准备；未做专项审计，财务制度不够详尽。根据《基金会管理条例》第二十八条规定“基金会应当按照合法、安全、有效的原则实现基金的保值、增值”。基金会应针对投资项目的特点做好减值准备，逐步规范长期投资决策程序，提高对投资风险的防控能力。

B.27

中润社会影视制作中心评估个案

一 基本情况

经民政部批准，根据《民政部关于中润社会影视制作中心成立登记的批复》的要求，中润社会影视制作中心（Zhongrun Social Film and Television Production Center，以下简称中心）于2010年成立，业务主管单位为民政部。根据《社会组织评估管理办法》和全国性社会组织评估的相关规定，中心作为在2010年12月31日前在民政部登记成立，且未参加过评估的民办非企业单位，2012年度检查合格，没有受到有关部门行政处罚或者其他调查，因此须参加2013年度社会组织评估。2013年11月1日，民政部组织人员对该组织进行实地评估，并在此基础上经2014年4月25日全国性社会组织评估委员会全体会议终评，确定中润社会影视制作中心的社会组织评估等级为3A等级。

在过去的两年中，中心能够依据相关社会组织管理规定，根据组织基本情况，认真贯彻落实有关文件精神，取得了一系列的成绩。在法人资格方面，中心能够按照有关规定执行法定代表人产生程序，设立银行账户管理活动资金，办公用房、办公设备和场所规模基本符合规定。中心在章程核准、组织变更、负责人等的备案、年度检查方面，能够积极配合民政部社会组织管理部门的要求开展工作。理事会是中心的重要内部治理机构，其有效运作是组织发展的保障，中心严格执行理事的产生与罢免程序，按照人数和换届要求组建理事会，符合相关要求。在监督机构和办事机构方面，中心通过设立监事会履行监督职责，设立的办事机构也都运转良好。中心高度重视人员培训与学历职称管理，确保组织成员拥有足够的知识和技能解决中心遇到的问题。负责人作为中心的领导班子，其一举一动对组织日常运行和管理起到举足轻重的作用，因此中心严格按照负责人选举产生程序，实施年度绩效考核，并对行政负责人提出了学历和行业影响力的要求。另外，中心在业务计划、业务效益等方面也取得了不错的成绩，对外开展了多种形式的合作和交流。这种来之不易的成就，不仅得到了理事和监事的高度评价，而且获得了业务主管单位和登记管理机关的好评。

二　工作特色与经验

1. 特色项目

中心工作的最大特色就是以影视拍摄业务为核心，紧紧围绕民政题材，积极发挥自身优势，扩大中心的影响力。在2011年和2012年，中心共承接、合作拍摄影视节目5部。2011年6月，中心开始进行大型画册《大道为民》的资料搜集、整理和编写工作；2011年10月，中心与广西壮族自治区民政厅、广西东方文化传播有限公司联合摄制了公益性电影《能帮就帮》；2011年11月，中心承接了民政部人教司和社会工作司的两部电视宣传短片（《发展中的中国社会工作》和《中国民政人才》）的拍摄制作工作；2012年1月，中心与民政部人事教育司合作，拍摄制作《农村党员干部现代远程教育民政专题教材》电视系列片；2012年6月，中心拍摄制作“聚焦中国之科学发展民政部篇”之《福祉中国》。这种聚焦民政、服务社会、凸显公益的业务发展模式，有力地推动了中心的发展，提高了中心的社会影响力和知名度。国家广播电影电视总局在2011年授予中心“广电总局2011年第一批优秀国产动画片推荐”的荣誉，便是中心努力付出的真实写照。

2. 工作经验

中心能够获得3A等级，与中心积极承接政府购买服务和委托项目、认真执行社会组织管理规章制度密不可分。

第一，积极承接政府购买服务和委托项目。在2012年和2013年两年的时间里，中心共承接政府委托项目和购买服务3项。其一是2011年来自民政部人事司的《农村党员干部现代远程教育民政专题教材》；其二是2012年来自民政部人教司和社会工作司的两部电视宣传短片《发展中的中国社会工作》和《中国民政人才》；其三是2012年来自国务院新闻办公室的对外宣传片

《福祉中国》。

第二，认真执行社会组织有关规定，夯实组织发展基础。中心在法人资格、事项变更备案、年度检查、建立起理事会及监督机构和办事机构等内部治理结构、人员培训、领导班子产生、税务票据管理、业务活动、专业队伍建设、面向政府和社会提供服务、国际交流与合作等方面，严格执行相关规定。在本次社会组织评估过程中，相关得分相对较高，这是中心以后应该继续做好并完善的重要工作。

三　存在问题及完善建议

尽管中心通过努力工作，获得了3A等级，但在社会组织评估的过程中也发现中心存在两个方面的问题。

其一是人才匮乏。这可能与薪酬制度、年金制度和奖惩制度等管理制度尚不完善存在关联，从而影响中心引进优秀人才、激活组织活力等。在当今社会，人才按照市场规律进行配置。薪酬制度的模糊和年金制度的缺位，严重影响了专职工作人员的收入预期；奖惩制度不完善，难以调动组织成员的积极性，激发他们的创造力。因此，中心很难吸引人才和留住人才。缺乏专职工作人员对财务管理秩序、组织发展规划、业务活动开展和项目监督检查等方面也产生了消极影响。中心年度业务项目计划完成情况、社会影响力等业务效果存在进一步提升的空间，资产增加的需求也更加迫切，另外专职会计人员和会计机构负责人等财务人员的缺乏，导致在执行《民间非营利组织会计制度》方面存在不到位的现象，在内部财务管理制度的制定和执行方面也存在一些问题。

其二是内部治理亟待进一步优化。首先要建章立制，完善内部治理的依据和准则。尽管中心有员工代表大会，但却没有与员工代表大会相关的制度。薪酬制度和年金制度等管理制度的缺失，不仅不利于人才引进，也不利于组织有序发展。签订劳动合同是用人单位与劳动者确立劳动关系的重要依据，然而该组织并没有与员工签订劳动合同。其次要完善组织结构。这主要体现为要落实职工代表担任理事的规定，建立党组织，开展党员活动，聘用财务人员，建立会计机构。

因此，中心还存在一些可以提升的空间，主要表现在以下三个方面。

（1）增强组织自主性及创新性。自主性不足是当前社会组织普遍面临的重要问题之一。民政部通过评估，发现中心过于依赖业务主管单位，从而丧失了部分自主权，影响到中心的健康、持续发展。随着市场机制的日益强化和社会组织“政社分开”制度改革的推进，依赖业务主管单位支持的发展模式将面临一系列问题。为此，中心应该坚持以民政主题为基础，按照市场发展规律，强化影视内容创新，提升社会公众认可度，走出一条具有民政特色的影视创作拍摄之路。

（2）加快组织制度建设，确保组织健康有序运行。科学规范的制度是保障组织健康运行的重要基础。当前，中心的薪酬年金、工作奖惩、劳动合同、财务管理和证书管理等方面的制度制定和贯彻执行存在一定问题。中心应该根据以往组织管理的经验教训，积极制定相关规章制度，努力做到让中心依法依规运行，从而促进组织成员养成良好的行为习惯，提高组织绩效。

（3）完善社会公开内容，提升社会监督水平。向社会公开组织信息是社会组织必须积极面对的问题之一，是获得社会认可、公众支持的重要途径之一。目前，中心的财务状况和年度工作报告等重要内容尚未按照有关规定向社会公开，这不仅对中心提升组织绩效产生消极影响，而且可能引发社会公众质疑。因此，中心应该充分利用网站和报刊等媒体，按照社会组织有关规定，及时、准确地向社会披露相关信息，为组织发展营造良好的外部环境。

B.28

北京市城市再生资源服务中心评估个案

一 基本情况

北京市城市再生资源服务中心（以下简称中心）成立于2010年8月，是经北京市民政局登记注册、由北京市社会建设工作办公室直接管理和重点孵化扶持的市级民办非企业单位。中心自成立以来，秉持“发展再生资源回收事业、培育再生资源回收人才、助力绿色北京建设”的宗旨，积极开展再生资源环保收集处理工作，努力做好再生资源分拣加工利用、技术开发推广以及相关环保回收的宣传工作。

根据北京市民政局《关于开展2013年社会组织评估工作的通知》，中心认为自己于2010年12月31日前在北京市民政局注册登记成立，2011年和2012年年检合格，并且未参加过社会组织评估，符合申报条件，因此提出参加2013年社会组织评估。随后北京市民政局对其就基础条件、内部治理、业务活动与诚信建设和社会评价进行了认真评估，最终认定北京市城市再生资源服务中心获得了3A等级。

法定代表人于2010年8月16日经第一次理事会表决通过，符合章程规定。中心拥有独立的银行账号和120平方米的办公用房（北京森力技术发展公司无偿提供），网络、办公桌椅、电话、保险柜、档案柜等办公设备齐全，能够满足基本办公需求。不过，年末净资产低于注册资金（50万元）。总之，中心基本条件较好，基本能够满足中心各项业务活动开展的需要。

中心章程于2010年8月16日经第一次理事会表决通过、后经市民政局核准，目前内容未做过修改。中心内设办公室、社区服务处、宣传教育处、基地建设管理处、财务处5个部门。中心制定了未来三年的中长期发展规划，并在逐步有效地落实；已制订年度工作计划，并进行了工作总结。中心设有员工大会，有完善的员工大会召集管理制度，于2011年12月、2012年12月召开员工大会，符合章程规定。理事是按规定的条件和程序由举办者和业务主管部门推荐产生，理事会召开次数符合章程规定。监事会能够正常履行职责，监督违反法律、法规或章程的行为。办事机构设置合理、职责明确、运转良好，有健全的规章制度，有与机构规模相适应的专职工作人员，其中50%的人拥有本科以上学历，无中级以上职称的工作人员。中心与员工均签订了劳动合同，并制定了薪酬管理制度与奖惩制度，按规定交纳社会保险（五险）和住房公积金。中心对员工定期开展业务培训，定期组织参加社会组织管理知识培训。领导班子按章程规定的程序选举产生并履行职责，行政负责人是专职，按章程规定产生，行政负责人在行业内的影响力较大。中心暂时无党组织。总体而言，中心机构设置比较合理，各种制度较为完善，人员配置相对适宜，管理较为规范。

中心有完善的档案管理制度，档案资料齐全，整理有序，交接手续完备，执行证书使用的管理规定情况较好，各种证书均在有效期内，证书保存完好，在办公场所均已悬挂登记证书正本，按照中心制度章程使用、保管印章。

二　工作特色与经验

1. 特色项目

其一，建立再生资源便民服务网点。中心承担的政府购买服务项目“公益再生资源环保回收站点建设试点”正在稳步推进，目前已在西城、丰台、海淀等区建立了部分标准化的再生资源便民服务网点。再生资源集中回收有利于维护公共安全、节约市场资源、净化社会环境，得到了相关部门和社区居民的广泛好评。

其二，组织公益活动。开展公益活动可以动员社会公众参与，提高社会公众对再生资源的认识，促进再生资源环保回收工作顺利开展。中心在北京大栅栏街道举办“废旧物品公益行”主题活动多次，受到社会公众和政府部门的好评。相关部门与中心签订了《“废旧物品公益行”活动综合包户服务共建协议》及《“废旧物品公益行”活动战略合作协议》。

2. 工作经验

首先，功能新颖，模式创新。中心将再生资源回收、培育再生资源回收作为事业，以助力绿色北京建设为使命，在当前构建节约型社会和绿色生活的背景下，显得非常重要且极具创新性。中心选择以此为组织宗旨和使命，丰富社会组织的功能，促进了再生资源回收模式的变革。

其次，制度健全，机制健全。中心在2010年8月成立，在参加社会组织评估时相对比较年轻。但是，中心机构设置合理，规章制度完备，运作高效，这为中心以后健康发展和持续壮大提供了良好的基础。

三　存在问题及完善建议

中心模式新颖，机制健全。法人按规定产生，章程按程序制定，登记备案手续齐全，按规定参加年度检查，且均为合格；各种制度较为完善，人员配置相对适宜，管理较为规范；财务核算符合国家关于财务处理的相关规定；制定了中长期发展规划，并有效落实；相关信息能够及时披露，诚信建设工作开展较好；开展的“废旧物品公益行”活动得到了北京市西城区政府和区委领导的表扬和重要批示，新华网、《北京日报》、《北京晚报》等十多家主流新闻媒体进行了报道。不过在评估过程中也发现中心存在一些问题，主要表现在以下几个方面。

（1）应付款数额较大，存在资金压力。建议中心在坚持再生资源回收发展方向的前提下，积极发展特色业务，并通过多元化的渠道筹集资金。

（2）目前没有执行《民间非营利组织会计制度》，建议中心组织财务管理人员认真学习并严格按照《民间非营利组织会计制度》，做好财务工作，进一步规范账务管理，提高财务管理水平。

（3）无中级以上职称人员。建议中心优化人才队伍结构，提高员工整体素质。

（4）未建立重大事项报告制度，缺少领导班子年度审核制度。建议中心进一步完善、细化规章制度，提高制度的可操作性和有效性，从而提升中心管理水平。

B.29

北京市志愿者联合会评估个案

一 基本情况

北京市志愿者联合会（Beijing Volunter Service Federation，以下简称市志联）的前身北京志愿者协会于1993年报北京市社团办批准，在全国范围内率先成立了第一个省级志愿者协会，为北京志愿服务事业的长足发展奠定了基础。2003年7月在全国范围内率先成立了共青团北京市委员会志愿服务指导中心（以下简称团市委志愿服务指导中心）。2007年12月，《北京市志愿服务促进条例》颁布，确定了北京志愿者协会指导全市志愿服务工作的法律地位。2009年3月，市委市政府召开全市志愿者工作大会，出台《关于进一步加强和改进志愿者工作的意见》，将北京志愿者协会改造提升为北京市志愿者联合会，确认市志联为“枢纽型”志愿者组织。2009年12月，北京志愿服务基金会成立，助推志愿服务工作长效机制的建设。

在全国加强和创新社会管理、全面推进社会建设的形势下，北京市高度重视志愿服务对社会建设的积极促进作用。团市委志愿服务指导中心于2010年更名为北京市志愿服务指导中心。2010年10月，《北京市志愿者管理办法（试行）》颁布实施，赋予市志联组织指导全市志愿者招募与注册、管理与服务、表彰与激励的职责。2011年4月，市志联发起成立北京志愿服务发展研究会，从而形成了“三会一中心”的工作架构，进一步推进全市志愿服务工作常态化发展。

为了提升组织的规范化水平，提高开展志愿服务的能力，市志联根据北京市民政局《关于开展2013年社会组织评估工作的通知》，认真对照评估条件，认为自身属于2010年12月31日前在北京市民政局注册登记成立的社会团体，在2011年和2012年年检合格，并且尚未参加过社会组织评估，因此提出参加

2013年社会组织评估的申请。随后北京市民政局对其础条件、内部治理、工作绩效和社会评价等方面进行了全面考核，最终认定北京市志愿者联合会获得了5A等级。

市志联目前有理事单位201个，理事223人，常务理事63人。领导班子健全，会长、副会长、秘书长、副秘书长共计17人，监事长1人，监事2人。秘书处目前设立了办公室、保障部、研究培训部、规划指导部、协会服务部、项目建设部、党团办7个部门，办事机构设置合理，职责清晰明确，运转高效。目前志愿者注册人数达到2027276名，志愿服务团体注册总数7207个，志愿服务项目总数12180个（立项志愿服务项目总数1623个、运行志愿服务项目总数5612、结项志愿服务项目总数4945个）。

二　工作特色与经验

1. 特色项目

首先，发挥枢纽型组织功能。市志联在总结奥运会、国庆志愿者工作经验的基础上，充分发挥“枢纽型”组织功能，以“让志愿服务走进生活”为主题，推动志愿服务不断朝着规范化、常态化方向发展，为服务首都民生大局、建设和谐社会做出了一定贡献。枢纽型社会组织的经验和做法得到了社会的普遍认可，先后获得联合国“卓越志愿服务组织奖”、“中国杰出志愿服务集体”、“全国先进民间组织”、“北京市先进民间组织”、“首都中华人民共和国成立60周年庆祝活动筹办工作最佳组织奖”等荣誉称号。

其次，加强对外交流合作工作。通过参与国际资源项目可以提高市志联的志愿服务组织水平，提高我国志愿者的服务水平。为此，市志联实施了一系列对外合作项目。比如，2012年市志联启动“通过公民参与、地区及国际合作加强北京志愿服务发展”项目；联合英国海外服务社等国际组织举办2012中国志愿服务博览会，吸引国内外及港澳台地区120多家志愿者组织参展，举办6期论坛和5场讲座，服务志愿者1000人次。另接待国际组织共计19批260人次，累计选派31名志愿者前往美国、韩国、巴西等国家和中国港澳台等地区学习交流，扩大了志愿服务的国际影响力。

最后，加强志愿培训活动。市志联积极推进“志愿北京之阳光阶梯”培训项目，切实服务志愿服务事业发展。2012 年全年举办培训活动 30 场，指导各级各类志愿者组织开展培训 90 场，直接培训 6000 多人，受训人员在基层广泛开展培训，培训总人数达到 42000 人。2013 年广泛开展“基层青年汇”等志愿者组织能力培训，加强培训师队伍建设，组织编写培训教材，系统完善教学，丰富培训形式，加强市区两级志愿者培训基地建设，促进培训工作可持续发展。

2. 工作经验

其一，推进实践成果理论化。近年来，市志联以抢占学术制高点为目标，加强北京志愿服务发展研究会建设，以转化北京奥运志愿者工作成果为主线，先后编写了 29 部研究类书籍，总字数达到 741 万字，由人民出版社、中国人民大学出版社等具有较大影响的出版机构出版。特别是《经验·价值·影响》一书，系统总结了奥运志愿者工作模式，被联合国开发计划署评为大型赛会的“北京模式”，对国际赛会志愿服务工作产生了极大的影响，具有很高的参考价值。2012 年，该书作为奥运年的代表书籍在英国伦敦书展上被重点推荐。

其二，严格执行制度规定。市志联建立信息披露制度，通过网站、报刊等宣传平台公开组织的基本信息、收费项目及标准、重大事项活动等相关信息；建立了承诺服务制度，积极开展承诺服务活动，效果非常显著。

三 存在问题及完善建议

北京市民政局评估专家经过认真考察后认为，市志联总体运行情况良好，能够充分发挥自身枢纽型组织功能，科学组织协调全市志愿服务活动，扎实推进志愿实践成果的理论化。不过，在评估过程中也发现市志联存在一些问题，主要表现在以下两个方面。

（1）资金管理和利用。建议市志联进一步规范基金管理制度和经费使用流程，并实现信息公开透明；科学使用政府引导性资金，更加重视从社会上募集资金，积极申请政府购买公共服务资金。加大对基层志愿服务的投入力度，在队伍建设、项目培育、志愿者激励保障等方面加大投入，推动基层志愿服务深入开展。

（2）志愿服务人才培养。建议市志联开展广泛调研，制定全市志愿服务核心人才培养规划，同时加强志愿者与社会工作者的联动机制建设，形成通用志愿者队伍、管理型骨干队伍和高端专业人才队伍。

B.30

上海市商业联合会评估个案

一　基本情况

上海市商业联合会（Shanghai Commercial Association，以下简称联合会）成立于1992年，是上海市流通类社团组织和从事商品分销业、餐饮业、服务业的企事业单位及专家学者组成的联合类社会团体，其登记管理机关为上海市民政局，业务主管单位是上海市商务委员会。联合会自成立以来，秉承“联合、服务、自律、创新”的理念，积极服务企业，规范行业行为，推进产业发展，受到业界的广泛好评。2005年荣获“上海市先进民间组织”称号，2012年荣获“上海市先进社会组织”称号。

根据上海市联合类社团规范化建设评估的内容要求，联合会申请参加2013年上海市社会组织评估。随后上海市民政局对其进行了评估，最终认定上海市商业联合会获得了5A等级。

学会的法定代表人能够按照章程有关规定产生。现任常务副会长、法定代表人蔡鸿生是在2010年联合会第四届会员大会选举产生理事会后，由四届一次理事会民主选举产生。联合会拥有建筑面积为476.37平方米的办公场地，基本实现秘书处办公设备自动化。年末净资产远远高于注册资金（5万元）。名称牌匾的悬挂符合要求。在这些评估指标上联合会得到评估专家组的认可，充分反映出联合会基础条件良好，能够满足办公需求。

联合会设有会员大会和理事会，并能按照章程规定按时召开会议，会员大会、理事会出席人数超过章程规定的2/3以上，没有设立常务理事会。现有会员153个，其中行业协会会员55个，区商业联合会会员16个，企业会员79个，个人会员3个；设有6个分支机构，分别为商业法制、对外经济、质量、价格、南京路步行街联合会和沉香专业委员会；设有秘书处，负责联合会日常工作，秘书处内设会员部、合作交流部、信息部、培训部、办公室四部一室，其中秘书长为专职；成立了联合会党委，下设直属党支部10个，双重管理党支部3个；现有专职工作人员11人，其中9人拥有本科学历、2人拥有大专学历，工作人员素质较高，能够满足办公需要。

二 工作特色与经验

1. 特色项目

首先，开展多种形式的活动，加强会员交流合作。联合会目前主要通过开展组织交流、研讨、联谊等活动，为会员单位提供各类咨询、信息服务，为会员单位提供相关培训以及创办内部刊物或简报四种方式，讨论行业发展问题，加深会员间的了解与信任。其中组织交流、研讨、联谊等活动主要包括主题沙龙、会员例会、联谊会、专题会议和成立联络委员等，比如，联合会在2011年举办了“应对2012——挑战与创新”主题沙龙、2012年举办了“新形势·新情况·新挑战”主题沙龙；成立区县联络委员会和食品药品行业联络委员会，加强区域、行业互动；联合会在2011年举办了“电子商务和未来市场”专题会议，2012年围绕“创新、转型、促跨越”主题举办了长三角企业经营论坛。为会员单位提供各类咨询、信息服务，主要包括举办形势报告会、政策宣讲、反映会员诉求、举办法制讲座等形式，如请政府官员做商业形势报告、与其他组织联合宣讲政策、邀请学者讲授法律知识。每月出版内部期刊《上海商联信息》。

其次，以专业优势服务政府决策。联合会服务政府的方式主要有参与制定相关法律法规、参与制定相关政策、接受政府委托项目和购买服务、认真贯彻落实政府的相关规定等方面。2012年联合会在《上海市推进国际贸易中心建设条例（草案）》征求意见的过程中，提出了重视“市场形象文明美观”等修改建议，部分建议被采纳。针对商业企业刷卡费率过高的问题，提交了《关于提高流通效率，进一步推进刷卡消费的情况汇报》报告。国务院同意银行卡刷卡手续费标准调整方案，于2013年2月25日起全面执行。联合会在近两年里，承担了上海市社团局、上海市商务委、质监局和知识产权局等的多项研究项目。

最后，积极参加公益活动，主动承担社会责任。联合会通过积极参加社会公益活动，来服务广大民众。比如在“3·15”期间，联合会开展“咨询、服务、鉴别、展示”活动，组织20多个行业协会、企业参与大型宣传活动，现场受理咨询、投诉，提供服务；在上海购物节期间，积极支持或会同有关协会主办“百家医药进社区”、“眼镜节”等便民利民活动。

2. 工作经验

其一，活动丰富多彩。联合会组织的活动形式多样，内容多元，规模庞大。除了以上活动外，联合会还举办了“上海市汽车销售服务节”等各种展会，承办了“百联杯”上海优秀商业形象作品评选活动，举办了上海市“加强知识产权保护，规范商业经营管理”培训班，等等。这些活动的开展，不仅为联合会的资产快速增长和会员数量的快速增加提供了基础，而且得到了政府领导的肯定和支持。如2012年为纪念联合会建会20周年，编纂了《回眸展望——上海市商业联合会二十周年》纪念画册，时任市长韩正、政协主席冯国勤、中商联会长张志刚发来贺信；举办的以“探索前进二十年，努力工作求奉献”为主题的大型报告会，市人大、市政府、市政协、中商联的9位部级领导，以及有关部门和会员单位的200多人出席了会议。

其二，严格执行制度。完善的制度为组织绩效的提高提供了可能。联合会建立了一整套完善的制度，包括针对分支机构的《分支机构管理暂行办法》、《专业委员会财务管理办法》，针对财务管理的《财务会计管理制度》，针对人力资源管理的聘任制度、奖惩任用制度，针对秘书长的年度述职报告制度和绩效考核制度，等等，这些制度在联合会运作过程中得到了执行，保证联合会高效、规范运作，为联合会的目标实现和使命履行提供了重要的支持。

三　存在问题及完善建议

联合会能够注重组织建设，健全规章制度，活动丰富多彩，能够较好地发挥各部门的作用，注重品牌创建和机制创新。不过评估中也发现联合会存在一些问题，主要表现为负责财务管理的会计、出纳的专业技能水平不高，对会费的使用效率不高。建议加强财务管理人员培训工作，从而优化会费等经费的管理与使用。除此之外，建议联合会加强人才培养，充分发挥咨询的作用。

B.31

天津市科技服务业协会评估个案

一　基本情况

为了进一步加快科技服务业的发展，完善科技服务业工作机制，2009 年 5 月，天津市科技服务业协会（Tianjin Science and Technology Services Information Association）在天津市民政局注册成立。它是由天津市软件研发、服务外包、动漫创意、工程设计、基础研究、科技中介、地质勘查等领域的科技服务业企事业单位和个人会员自愿组成的自律性、非营利性、专业性社会团体法人。天津市科技服务业协会的业务主管单位是天津市科学技术委员会，是天津市科技服务业工作推动小组办公室的具体工作单位。天津市科技服务业协会的职能有以下几个方面：一是开展科技服务业调查研究，参与科技服务业发展规划的制定，提出促进科技服务业发展的意见和建议；二是开展科技服务业统计与分析，配合有关主管部门建立科技服务业统计与运行监测体系；三是配合有关部门开展企业资质认定和科技服务业品牌评选活动；四是推进科技型企业平台建设；五是配合有关部门开展招商引资、人才培训活动；六是开展国内外科技服务业学术交流、展览展示活动，开展跨行业合作；七是编印出版《天津市科技服务业年度发展报告》、《天津市科技服务业动态》（半月刊）；八是推荐科技服务业项目及项目监理；九是完成政府有关部门和业务主管单位交办的其他事项。

截至 2012 年底，协会共有 148 家会员单位：普通会员单位 88 家、理事单位 60 家。其中常务理事单位 9 家、副会长单位 10 家。

2014 年 5 月，根据《社会组织评估管理办法》（民政部令第 39 号）、《天津市社会组织评估管理办法》及《关于开展天津市市属社会组织评估工作的通知》（津民发〔2013〕56 号）相关规定，2013 年度天津市属社会组织的等级评估工作，经过自评、初评和评估委员会审议终评，并经公示，已全部完成，确定天津市科技服务业协会获评4A等级。

二　工作特色与经验

1. 特色项目

第一，专项统计建设。协会对1100家规模以上单位的增加值等数据进行分析，定期编写《天津市科技服务业季度运行情况》分析报告，向有关政府部门提出咨询建议。2009年，地质勘查业被纳入天津市科技服务业统计范畴。为了建立科学、规范、制度化的科技服务业统计体系，2009年下半年，建立了专项统计体系，实施属地化统计，变原来区县、局级主管机关、中央驻津单位三个统计渠道为区县科技主管部门一个统计渠道，与市科委、市统计局联合研究制定《天津市科技服务业专项统计报表制度》。采取网络直报方式开展专项统计，配合市统计局，研究制定对可能出现的拒报、缓报等情况的执法检查措施。

第二，网站建设与政策宣传。2009年5月建立协会门户网站，便于加强天津市科技服务业信息平台建设。以天津市软件服务外包人才与科技服务信息平台的建设为项目，打造天津市科技服务网、天津市科技服务业统计网、天津市技术先进型服务企业认定工作网、天津市软件服务外包人才网的四网格局，在全国各省市科技服务业协会网站中属首创，达到国内领先水平。全年编印《天津市科技服务业动态》，完成《天津市科技服务业政策汇编》

第三，参与决策咨询和规划制定工作。天津市科技服务业协会参与市发改委组织的《天津市服务业发展报告（2009）》“科技服务业篇”1万字的编辑工作，撰写《加快促进天津市科技服务业发展的对策与建议》等调研报告。天津市科技服务业协会先后参与起草《天津市中长期科学和技术发展规划纲要》、《天津市服务业发展“十二五”规划》、《天津市科学技术发展“十二五”规划》、《天津市科技服务业发展三年行动计划（2014～2016年）》等，使会员企业的意见和诉求得到了充分表达，参与政府政策制定，影响政府决策，确保行业规划的民主化和科学化，保持行业发展的可持续性。

第四，交流活动。为了了解国内外的最新情况，2010～2013 年间，协会先后十多次参加满洲里、西安、上海、深圳、珠海等地的科技博览会、产品推介会、项目对接会。同时，2010 年专门去广州、珠海、杭州、苏州等地进行专题调研，了解兄弟省市的最新发展情况，考察益智卡通片《喜洋洋与灰太狼》设计制作企业、国内第一家动漫上市企业和三大互联网门户之一的网易科技（www. 163. com）、意库创意产业园、苏州工业园区，参观规划建设中的珠海航空产业园和从事云计算服务的卓朗科技等企业。

第五，联盟建设。以打造一流服务外包品牌、统筹在岸和离岸高技术服务业的发展为目标，以通过认定的技术先进型服务企业为依托，联合其他软件与服务外包企业、软件园区、行业协会及其他组织机构，发起成立“天津市服务外包产业联盟”，促进产业升级，转变经济发展方式，增加产品科技含量。2012 年 9 月，为了依靠科技创新推动纺织服装业升级，强化企业技术创新的主体地位，提升纺织服装业的核心竞争力，加快应用新材料、新技术、新工艺、新装备改造提升纺织服装业，成立“天津市现代纺织服装产业联盟”。

第六，分会建设。经天津市科委同意，市社团局审批，2012 年 8 月，成立天津市科技服务业生物医药分会，目前已经有 8 家分会会员。通过建立分会，更加细分会员单位，了解会员的最新动态，促进各会员相互了解。

2. 工作经验

天津市科技服务业协会中心能够获得 4A 等级，与协会和政府有关部门密切合作、制定执行科学的管理制度密不可分。

第一，与政府有关部门密切合作。与天津市科委、天津市统计局、天津市发改委有良好的合作关系，承接政府的委托项目，代表会员企业参与发展规划的制定，引导行业规范化发展，参与决策咨询，对政府政策制定施加影响。

第二，制定与执行科学的管理制度。天津市科技服务业协会先后制定了《工作人员聘任和管理制度》、《奖惩制度》、《薪酬管理制度》、《财务管理制度》、《分支机构管理办法》、《档案管理规定》、《部门管理规定》、《证书管理规定》、《印章管理规定》，确保有一套好的管理制度，并在运行过程中逐渐完善。

三　存在问题及完善建议

第一，会费收缴率要提高。至2012年，协会的会员单位共有148家，其中普通会员单位88家，理事单位60家。但2010年只有14家会员单位缴纳会费（26000元），2011年有25家会员单位缴纳会费（35900元），2012年有43家会员单位缴纳会费（71000元）。尽管会费交纳总数在逐年上升，但与会员单位的总数相比，还是少了。

第二，增加自主开发的项目。由于与政府有关部门有良好的合作关系，因此，协会承接了诸多的政府委托项目，这是协会的特点和优势。建议协会在与政府合作的基础上，根据市场和社会的需要，增加自主开发的项目，提高行业竞争力，增强活力。

B.32 安徽省古籍整理出版基金会评估个案

一 基本情况

在 1989 年安徽省人大原副主任组建安徽省古籍整理出版规划委员会和《安徽古籍丛书》编审委员会的同时，为解决古籍整理出版经费不足的问题，经省政府批准成立了安徽省古籍整理出版基金会。后因机构调整等原因，基金会未能登记。2007 年 3 月在一些老同志的努力下，经安徽省民政厅批准，正式成立安徽省古籍整理出版基金会（Anhui Ancient Books Arrangement and Publishing Foundation，以下简称基金会），性质为非公募基金会。基金会的业务主管单位为安徽省社科联，登记管理机关为安徽省民政厅。

面对安徽省古籍藏量居全国前三位、古籍整理出版任务繁重的现实，基金会时刻铭记"整理出版安徽古籍，弘扬中华优秀传统文化"的宗旨，积极为安徽省古籍整理出版募集资金，资助优秀古籍整理与研究项目，奖励古文献学优秀研究生，调查、发掘、搜集古籍珍本、善本等有价值的版本，有力地推动了安徽古籍整理事业的发展。

基金会根据安徽省民政厅《关于开展全省性行业协会商会评估工作的通知》的文件精神，经认真对照评估范围，认为自 2007 年成立，已经取得基金会登记证书满 2 年，并在 2011 年和 2012 年两个年度检查合格，上年度和本年度未受到政府有关部门的处罚，也尚未参加过社会组织评估，具备社会组织评估申报条件，因此决定申请参加全省性基金会评估。安徽省民政厅随后对其进行了全面考核，最终认定安徽省古籍整理出版基金会获得了 3A 等级。

基金会年末净资产不低于注册资金，符合原始基金数额最低限额要求；能够提供法定代表人产生程序的会议纪要，符合章程规定；经理事会同意，已购买办公用房，能够提供产权证明，办公设备齐全；秘书长为专职，能够提供聘用文书。从社会组织评估结果来看，基金会基础条件良好，能够满足各项业务活动开展的需要。

基金会能够按照章程规定召开理事会会议，可以提供相应的会议记录、会议纪要和理事签名；目前有理事 13 名，监事 2 名，符合理事会理事为 5 人至 25 人的有关规定；制定了《安徽省古籍整理出版基金会工作制度》，对组织使命履行、内部运作机制、财务会计管理、重大事项报告和档案印章管理等制度进行了规范。基金会的公益支出比例达到或超过国家规定的标准，工作人员以及行政支出也从未超出标准。基金会所有重大事项须通过理事会决定，并同时上报业务主管单位和登记管理单位。基金会内部治理结构合理，做到有规可依，为组织发展提供了有力支持。

二　工作特色与经验

1. 特色项目

首先，评审选择重点古籍整理项目，资助古籍出版事业发展。基金会根据章程和《安徽古籍整理出版基金会项目资助评审试行办法》，每年都会组织安徽省古籍整理出版界的专家学者，本着公开、公正、透明的原则，对省内出版社申报的古籍整理出版项目组织评审并予以出版资助。基金会在 2011 年资助出版的 3 个项目已完成，其中两个项目已经完成出版工作，一个项目已经付印；在 2012 年对 7 个申报项目进行了审慎评议，最终确定 2012 年度资助古籍整理研究出版项目 5 个，共计 560 万字，资助金额达 17.5 万元。

其次，参与重大项目的编纂工作，突出基金会的学术专业水平。《中华大典》是国务院批准的重大文化出版工程，基金会的专家任《中华大典·古籍目录分典》主编，并经过多年的不懈努力，已完成该分典《经总部》420 万字的编写工作。同时基金会还承担了国家社科重大项目“百年中国古籍整理与古文献学科发展研究”的前期调研工作。此外，基金会组织编纂《方以智全书》，发表了多篇学术论文。这些成就的取得是基金会坚持章程、牢记使命的重要表现，是助推安徽古籍整理事业发展的重要标志。

最后，举办省属高校古籍整理优秀研究生评奖活动，努力培养古籍整理专业人才。基金会根据章程和广泛调研的结果，制定了《安徽省高校古籍整理优秀研究生奖奖励试行办法》，并在安徽热心企业的支持下，经过安徽大学等多所高校的精心组织和认真评审，2011 年和 2012 年共评选出 34 名安徽省高校古籍整理优秀研究生奖获得者，每人获奖金 3000 元。在奖励专业人才的同时，为激励更多的社会人士志愿参与到古籍整理事业当中，基金会在 2012 年设置优秀志愿者奖，共有 5 名志愿者获得共计 5000 元的奖励。

2. 工作经验

其一，谨慎资金运作，稳妥理财增值。作为非公募基金会，基金会的理财增值压力巨大。基金会根据《基金会管理条例》和本会章程，按照合法、安全、有效地实现保值增值的原则，努力实现基金的不断增值。基金会从 2010 年开始，与安徽某家公司签订了关于基金保值增值的协议，经过三年的探索，从中获得了不错的经济收益，这为基金会公益项目的实施和机构日常活动的开展提供了有力的物质保障。基金会在全面总结经验的基础上，经过认真考察、谨慎选择，结合省民政厅、法律事务所以及有关领导的意见，并征得全体理事、监事的同意，决定从 2013 年起与安徽一家公司签订关于基金保值增值的合同。根据合同规定，基金会年收益较之前将略有增加。基金会将其作为重大事项，已分别向主管单位（省社科联）和监管单位（省民政厅）报告。

其二，设立专门机构，筹得捐款支持。基金会自 2007 年正式成立以来，一直没有后续资金的补充，只能依靠原始基金的投资理财来保值增值。为争取有关单位和个人的资助，基金会成立了经济拓展部，专司筹款事宜，并开展了一些活动。经过基金会的努力，安徽某家公司决定给予支持，向基金会捐赠 5 万元。这为安徽省高校古籍整理优秀研究生奖奖学金的颁发提供了重要支持。

三　存在问题及完善建议

安徽省民政厅评估专家经仔细考察后认为，基金会总体运行情况良好；不过，评估中也发现基金会存在一些问题，主要表现在以下两个方面。

（1）社会影响力不大，影响基金会的捐赠收入。捐赠收入短缺是非公募基金会面临的最大挑战。基金会在2012年与安徽某企业签订了关于基金保值增值的合同，获得了首笔捐赠，尽管实现了零的突破，但也表明基金会在获取捐赠方面存在困难。基金会在成立专司筹款事宜的工作部门之外，还应该做大做强自己，积极参与重大项目，加大宣传力度，改善工作方式，努力提高基金会的社会影响力，借此实现捐赠收入的更大增长。

（2）工作人员为兼职，未能签订劳动合同和购买社会保险。基金会工作人员的合理配置，是基金会工作稳定开展的重要保障。工作人员兼职不利于基金会业务活动的持续开展，劳动合同和社会保险等方面不完善，不仅违反国家相关法律法规，而且不利于调动工作人员的积极性，使基金会业务发展处于不稳定状态。建议基金会招聘优秀人才，提供完善的保障，消除工作人员的后顾之忧。

B.33

合肥高新心血管病医院评估个案

一 基本情况

合肥高新心血管病医院（又名安徽红十字心血管病医院，原名合肥心血管病医院，以下简称医院）是安徽省目前最大、最专业的以主治心脑血管疾病为主的三级专科医院，是集医疗、教学、科研、预防、保健和康复于一体的专科特色医院。凭借过硬的专业实力和良好的社会形象，医院成为安徽省、合肥市医保定点医院及新农合定点医院。医院业务主管单位是安徽省卫生厅，登记管理官机关是安徽省民政厅。

医院根据安徽省民政厅《关于开展全省性行业协会商会评估工作的通知》（民管字〔2012〕82 号）的文件精神，经认真对照评估规定，认为医院自2002 年成立，已经取得民办非企业单位登记证书满 2 年，并在 2011 年和 2012 年两个年度年度检查合格，上年度和本年度未受到政府有关部门的处罚，也未参加过社会组织评估，具备社会组织评估申报条件，因此决定申请参加全省性民办非企业单位评估。省民政厅随后对其进行了全面考核，最终认定合肥高新心血管病医院获得了 4A 等级。

医院建筑面积 8000 平方米，规划床位 500 张，现开放床位 175 张。现有职工 230 人，卫生技术人员 167 名，其中高级职称 17 人，中级职称 26 人。开设内科、外科、介入放射科、儿科、耳鼻喉科、眼科、口腔科、妇科、中医科、急诊科、ICU、手术室、麻醉科等十多个临床科室和放射科、药械科、检验科、超声室、心电图室、脑电图室、供应室等医技科室。医院建立了党支部，积极组织党员活动，并得到了上级党委的高度认可。医院基础条件良好，规模适当，内部科室机构设置合理。

二　工作特色与经验

1. 特色项目

其一，完善医院制度建设，引导、规范和监督医护行为。2011～2012年是医院诚信品牌建设年。建立科学、有效、全面的制度是医院实现这一目标的有力保障。在两年的时间里，医院相继制定并实施了多项管理制度，在抗菌药物临床应用、医疗服务价格管理、采购流程管理以及医护优质服务等方面起到了有效引导、全面规范和有力监督的作用。医院印发《关于印发〈关于在全院开展抗菌药物临床应用专项整治活动方案〉》的通知，并进行动员布置，与各临床科室签订责任状，以促进医护人员合理安排用药；制定《关于进一步加强和规范我院医疗服务价格管理规定》，加强对医疗服务价格的监管。对住院患者，只要患者提出要求即提供一日清单，让患者明白消费，提高患者的满意度；制定了《采购流程管理细则》，严格把好药品、器械、耗材和试剂的进货渠道，确保医疗用品的质量；按照卫生部开展“优质护理服务示范工程”的要求，制订了医院《优质护理服务示范工程活动方案》。护理部组织开展“优质服务月”活动，对各科室的服务行为、服务语言、服务流程进行检查、监督，并对在服务过程中表现突出的人员给予表彰。

其二，优化内部机构设置，加快硬件更新速度。为适应医院发展，医院加紧在机构改革和硬件建设方面进行优化整合和淘汰更新。在保持现有科室的基础上，增设普外科、口腔科，同时将心内科由一个病区拓展为两个病区。另外，医院健全三级医护质量管理组织，成立了医疗、护理、输血、病案、药事等专门管理委员会，要求专门管理委员会每季度定期召开相关会议。为进一步提高医疗服务水平，医院先后对中心供氧、中心供气等进行改造，添置了等离子过氧化氢消毒柜、心电监护仪等设备。

2. 工作经验

第一，加强社会外部监督。医院对照《全国民营医院诚信自律规范》（十条），逐项加以落实，开展创建“全国诚信民营医院”活动。聘请了省人大常委，省政协委员，高新区社会事业发展局、天乐社居委、《安徽商报》、合肥论坛及企业的代表担任社会监督员，接受社会监督。

第二，推行集体学习制度。医院要求在每周医院业务周会（院科负责人会议）上，均安排参会人员就法律法规、媒体新闻、卫生政策、医改前沿等内容进行集中学习。同时印发《关于组织学习〈中国医师宣言〉的通知》，要求各科利用早会、科务会组织学习。

第三，参与社会公益活动。医院依托专业技术优势，坚持为社会提供志愿服务。青海玉树地区发生地震后，医院决定2012年开展“玉树爱心暖冬行”活动，其中救助玉树州囊谦县13名患先天性心脏病的儿童。这次活动引起了很大的社会反响，扩大了医院的影响力，得到了安徽省、合肥市以及卫生主管部门领导的赞许。

三　存在问题及完善建议

经评估认为，合肥高新心血管病医院组织机制健全，法人治理结构合理，各项规章制度、备案材料完整规范，有与其业务相适应的办公场所和工作人员，各项活动正常开展，财务管理规范，按照《民间非营利组织会计制度》建账。然而，在评估中也发现了以下几个问题，需要引起注意。

（1）工资福利水平有待进一步提高。工资福利水平的高低对社会组织人员工作的积极性、主动性具有重要影响，对人才引进和留住人才具有深远影响。建议医院根据自身财务状况和绩效考核结果，提高员工工资福利水平，增强内部凝聚力和组织认同感，为创建“三好一满意”（服务好、医德好、质量好，让患者满意）医院提供良好的组织环境。

（2）未按规定进行年度资产审计。年度资产审计可以提高组织的财务管理和会计工作水平，规范民办非企业单位的行为，提高民办非企业单位信息的公开、透明程度，加强政府部门监督，维护组织和会员的合法利益，建议医院做好年度资产审计，强化财务监督。

（3）国际影响力需要进一步扩大。国际影响力是衡量医院专业水平的一个重要标志。扩大国际影响力的主要方式之一就是开展国际交流合作活动。建议医院与国外同行组织签订合作协议，建立交流机制，提升自身的国际影响力。

B.34

宁波市交通技工学校评估个案

一　基本情况

宁波市交通技工学校（Ningbo Traffic Technological School，以下简称学校）成立于1995年，其前身是创立于1984年的宁波市公路运输技工学校。学校是隶属宁波公运集团股份有限公司、专门培养交通行业技能型人才的省级重点技工学校，也是目前宁波交通系统唯一一所全日制中等职业学校。学校业务主管单位为宁波市人力资源和社会保障局，登记管理机关为宁波市民政局。

作为集团公司的人才储备基地，学校为公司输送了大量的优质技术人才。为了进一步推动学校规范化办学，提高学校的社会影响力，根据《宁波市社会组织评估管理办法》的要求，学校申请参加评估。随后宁波市民政局对其进行了评估，最终认定宁波市交通技工学校获得5A等级。

学校法定代表人由出资方宁波公运集团股份有限公司指定任命，产生程序符合章程规定。学校拥有独立的银行账户，2012年年末净资产高于注册资金，符合法律法规要求。办公条件良好，拥有数万平方米的办公场所，各类办公设备齐全，能够满足教师学生的工作学习需求。章程制定、修改以及名称、业务范围、住所等变更登记均符合规定程序。学校能够及时参加年检，年度检查报告书完整翔实，结果基本合格。总之，学校基础条件良好，能够满足各项业务活动开展和师生生活工作学习的需要。

学校能够按照章程，及时召开教职工代表大会、董事会中监事会。董事会中有员工代表，监事会不含董事和财务负责人，符合章程规定。学校设校长一名，副校长三名，下设办公室、教务科、培训科、安保科、车队、鉴定所等部门，运行情况良好。成立党支部，坚持“三会一课”，积极组织党员活动，指导共青团员参加活动。总体上看，组织机构完善，运行机制顺畅，能够确保机构高效运转。

目前学校在册员工 58 人，其中 21 人拥有本科及以上学历，15 人拥有中级及以上职称。学校积极组织员工参加各类培训，参加业务研讨活动。学校负责人由董事长提名、董事会表决通过后任命，是专职负责人。学校有专人负责档案管理和印章管理工作，各类证书齐全有效且均在有效期内。

二　工作特色与经验

1. 特色项目

首先，实行联合办学模式。联合办学一方面可以使学校间相互学习对方先进的教育思想与理念以及教学方法，提高学校教育管理水平；另一方面也能够使学校培养出高水平的专业技术人才。目前，学校与省内其他学校合作实施“2 +3”五年制高级工层次办学模式，主要开设汽车维修、筑路机械操作与维修、公路施工与养护等专业，近三年来通过联合培养向社会输送了百余名高水平专业技术人才。另外，2012 年学校还与宁波其他教育机构合作开办汽车检测与维修技术、汽车技术服务与营销大专班，为社会提供高质量的专业技术人才。

其次，加强校外交流合作。学校积极参加各种合作交流活动。2011 年组织教师参加省人社厅和财政厅联合组织开展的“金蓝领”国外培训交流活动，2012 年参加省职业介绍服务指导中心组织的浙江省技能人才校企合作交流大会，积极与浙江规模企业就校企对接、订单培训、实训基地等进行合作谈判。学校还响应宁波市人社局的政策要求，积极开展企业优秀青年职工进修培训和紧缺高技能人才培训。另外，学校还与宁波市机动车维修行业协会和段塘街道汽车 4S 行业协会合作开展机动车维修培训。

最后，组织社会公益活动，提高社会影响力。学校依据以往经验，分别在 2011 年和 2012 年免费为宁波市机动车维修从业人员举办行业法规、行业发展趋势、汽车故障诊断、维修高新技术等不同主题的专题讲座。2012 年学校还免费承办了宁波市首届高速公路收费员职业技能大赛，大力支持交通行业发展。2012 年上海世博会期间以及其他节假日期间，学校积极组织青年志愿者到客运站提供志愿服务。

2. 工作经验

其一，强化学生实习工作。实习是学校进行系统性知识的讲解和演示、培养学生实践操作能力的重要方式。学校通过建立实习工厂和校企合作的方式，积极为学生实习提供便利。学校建立实习实训基地，主要分布于汽车南站、汽车中心站、汽车修造厂等7个单位。除了建立实习工厂外，还与浙江汽车生产和维修企业签订校企合作协议。学生通过实习，将理论知识与操作实践相结合，极大地提高了职业技能水平。2011年学校汽修代表队参加了浙江省人力资源和社会保障厅与省总工会联合组织的汽车修理技能大赛，并获得了团体第一名的好成就。

其二，注重自身专业特色。作为宁波公运集团股份有限公司下属的组织，学校紧紧围绕宁波交通行业的发展趋势，注重发挥自身技术优势。截至2013年，学校建成汽车维修、交通客服和公路运输三个专业群以及汽车检测与维修、汽车技术服务与营销、城市轨道交通运输与管理等8个专业方向。学校在这些专业领域处于领先地位，其中学校开设的客运服务专业，填补了宁波市的市场空白，有力地推动了汽车培训行业的发展。

三　存在问题及完善建议

宁波市交通技工学校历史悠久，办学方向明确，有完备的教学场地和实训示范基地，硬件条件良好，师资力量雄厚，内设机构健全，职责分工明确，制度建设规范。学校多年来围绕宁波市交通行业发展方向，坚持多层次、多功能办学，在技能型人才培养方面发挥了积极作用。不过，学校也存在一些不足和问题，主要表现在以下几个方面。

（1）财务管理方面。《民间非营利组织会计制度》是指导社会组织财务管理工作的基本制度之一。建议学校严格按照该制度进行会计科目设置；学校的财务会计人员应当具有中级以上专业技术职称；加强财务人员培训，提高财务人员的职业水平。

（2）人事管理制度方面。尽管学校是由宁波公运集团股份有限公司出资成立的，但学校作为独立的法人机构，不宜将出资人的规章制度直接拿来应用。学校应该根据自身特点和发展需要，借鉴出资人的规章制度，制定出具有学校特色的人员任职管理、员工聘用及薪酬分配制度。

（3）对外宣传方面。学校在做大做强的基础上，要充分利用橱窗、媒体、网络等平台加大宣传力度，发挥品牌效应，努力建成具有鲜明特色的民办非企业单位标杆。

B.35

宁波市皮革行业协会评估个案

一　基本情况

宁波市皮革行业协会（Ningbo Leather Association，以下简称协会）成立于2009年7月，是由宁波地区皮革行业企业和科研机构自发组织的行业性社会团体，其业务主管单位是宁波市经济委员会，登记管理机关为宁波市民政局。协会自成立以来，根据《宁波市促进行业协会发展规定》精神，主动联系和团结制革、制鞋、皮衣、箱包、皮件、皮制运动用品、毛皮及其制品，以及皮革化工、皮革机械、皮革五金、皮革模塑、鞋用材料、合成革、人造革等行业的从业者，积极履行行业管理职能，逐步履行评估认证、技能资源考核、职能评定、行业准入及统计等工作职能，在会员和政府间较好地发挥了桥梁纽带的作用。

宁波市皮革行业协会于2011年6月30日前在宁波市民政局注册，2011年、2012年的年度检查为合格，而且并未参加过社会组织评估，2012年度也未受到登记管理机关的处罚，符合宁波市社会组织评估的基本规定。为进一步提升组织规范化运行的能力、提高社会公信力，协会提出参加宁波市2013年评估的申请。宁波市民政局随后组织专家对其基础条件、内部治理、工作绩效和社会评价四个方面进行了全面考核，最终认定宁波市皮革行业协会获得了3A等级。

协会的法定代表人能够按照章程有关规定产生，并且不兼任其他社团的法定代表人。协会拥有50平方米以上的独立办公用房，配备了传真机、电脑等办公设备，办公条件良好。章程制定和核准符合国家有关规定。协会名称牌匾的悬挂符合要求，年末净资产不低于注册资金。这些评估指标得到评估专家组的认可，充分反映出协会基础条件良好，能够满足办公需求和业务活动开展的需要。

协会能够按照章程规定召开会员代表大会、理事会会议和常务理事会，其中会员代表大会最近分别于2011年12月、2012年1月召开，会议纪要规范。截至2012年，协会拥有会员企业104家，会费收缴率达到80%以上。协会建立了党组织，党组织活动丰富；建立了完善的人事管理和工资管理制度。

二　工作特色与经验

1. 特色项目

首先，组织企业开展对外交流活动。对外交流有助于企业获得最新信息，促进企业发展壮大。协会积极组织企业开展对外交流活动，主要包括参观专业展会和考察投资环境。在2011年初，协会协调多家企业前往欧洲，参观在意大利举行的、专业性非常高的米兰皮革展，让企业了解世界皮革制品流行趋势，帮助企业了解新款产品设计，进行行业信息交流，促进中国企业掌握开拓欧洲市场的专业信息。除此之外，2011年8月协会还组织多家企业到平湖参观国际箱包城，2011年10月到安徽宿州参观开发区，2012年3月到香港国际会议展览中心考察“亚太区皮革展——原料及制造技术展”，2012年7月到江苏泗洪考察投资环境，2012年9月到上海参观“中国国际皮革展”、“中国国际鞋类展”、“中国国际箱包展”等。这些活动为行业内的企业进行投资开发提供了丰富的信息。

其次，围绕企业开展培训活动。为充分做好适应经济方式转变的准备，进一步提高企业管理能力，协会开展了一系列培训活动。协会在过去的两年里，组织了8次主要培训活动，主要内容涉及企业能力、商业模式、工业设计、品牌战略、企业文化、电子商务、团队管理和执行策略等。如2011年2月协会举办“企业能力建设高级研修班”，通过培训使企业形成系统的工作思路以及相对完善的管理流程，提升学员个人职业能力、企业组织核心能力和绩效实现能力；2011年3月举办“企业工业设计与品牌战略高级研修班”，旨在通过培训提高企业品牌建设水平，引导企业在工业设计过程中，让消费者通过视觉和体验理解企业文化，将企业品牌文化融入产品中，从而促进企业品牌建设。

2. 工作经验

其一，主动为会员服务。为会员服务是协会存在的基础和发展的动力。协会为会员服务的主要方式主要有以下三种：第一，协会秘书处经常走访企业，听取企业反映的诉求，协助企业解决问题；第二，协会搭建交流平台，支持会员间的走访活动，加强企业间的相互了解和信息交换，促进组织间的有效合作；第三，协会与宁波工程学院、浙江纺织服装职业技术学院等单位签订合作协议，促进学校与行业企业在企业技术改造和优秀人才培养等方面的合作。

其二，制定执行行规行约。规范行业市场秩序，促进企业良性竞争，是协会落实行业自治权的主要形式和促进行业健康发展的重要手段。协会在过去的两年里，主要制定了《宁波市皮革行业自律公约》和《宁波市皮革行业协会诚信公约》，并积极宣传公约内容，监督敦促会员贯彻落实，从而避免企业恶性竞争，侵犯消费者和其他组织的合法权益，推动企业可持续发展和行业规模扩大。

其三，开展行业评比。进行行业评比有助于激励会员企业做好榜样，引导其他行业企业自觉提升自身建设水平。协会每年都会进行行业评比活动，并对评选出的优秀企业进行表彰。目前，协会开展了行业优秀企业家、技术创新企业、朝阳企业、优秀会员等多个项目的评选。行业评比活动得到了行业企业的积极响应和大力支持，取得了良好的社会效果和经济效果。

三　存在问题及完善建议

宁波市皮革行业协会自成立以来，为行业发展做出了积极努力，尤其是在服务服务会员方面，如开展培训、组织参展观展、促进节能减排等。不过，协会也存在一些不足和问题，主要表现在以下几个方面。

（1）组织机构不健全。协会未设立监事会（或监事），内部缺少监督；尚未建立稳定的办事机构，影响协会内部日常事务的处理。建议协会严格按照章程和其他制度的要求，建立健全办事机构和监督机构，建成设置合理、职责明确、运转协调的组织机构。

（2）财务管理存在不足。目前协会在财务人员的配备、财务人员任职资格、执行《民间非营利组织会计制度》、会计科目设置和核算、税务登记和资产管理等方面存在一些问题。建议协会按照规定配备专门的会计、出纳，提高财务人员的专业技术水平，确保财会人员具备中级以上专业技术职称，按照《民间非营利组织会计制度》进行会计核算，尽快实现会计电算化，做好纳税登记和申报工作，实现资产造册管理，做到账实相符。

B.36

山西省孝义市扶贫基金会评估个案

一 基本情况

山西省孝义市扶贫基金会（Shanxi Xiaoyi Foundation for Poverty Alleviation，以下简称基金会）是2009年6月经山西省农业厅、省民政厅批准成立的一家公募基金会。自成立以来，基金会坚持“以扶贫济困为己任，为建设和谐社会服务”的宗旨，积极扶持贫困乡村农民脱贫致富，主动扶助特困学生和特困居民，并开展多种形式的募捐活动，支持和服务社会公益事业。

基金会属于社会组织评估规定中“在本通知下发之日起（2013年——编者注）登记满两年的社会组织”，2011年、2012年年度检查为合格，2012年度也未受到政府部门处罚，符合山西省民政厅关于参与社会组织评估的规定，因此基金会提出参加山西省2013年社会组织评估申请。山西省民政厅随后对其进行了全面考核，最终认定基金会获得了4A等级。

基金会基础条件较好，组织架构合理，人力资源充足，为组织运作提供了必要支持。法人资格、章程、登记备案、年检等比较规范，具备成立公募基金会所要求的原始基金，有独立的办公场所和办公设备，能够满足基金会办公需求。目前，基金会有9名理事、2名监事、1名秘书长；内设一室三部，即办公室，项目部、财务部、义工部，建立了党组织，组织机构较为健全，办事机构分工合理。基金会有工作人员18名，其中专职工作人员22名，工作人员配备合理，能够满足工作需求。

基金会工作绩效较高。基金会的主要收入来源有四个，分别是孝义市人民政府的资助，山西省政府有关部门、组织、团体、企事业单位和个人的捐赠，在核准的业务范围内开展活动和服务的收益，其他合法收入。基金会2011年的捐赠收入为380多万元，2012年度捐赠收入达230多万元，年人均接受捐赠金额10万元以上，年度收入较高，捐赠情况良好。基金会2012年公益事业支出占上年度总收入的比例为70.3%，符合《基金会管理条例》中公募基金会70%的规定。基金会2012年工作人员工资福利和行政办公支出占总支出的比例为8.97%，符合《基金会管理条例》中“基金会工作人员工资福利和行政办公支出不得超过当年总支出10%”的规定。

二　工作特色与经验

1. 特色项目

首先，积极争取项目，实施医疗扶贫救助。为防止大病重病患者特别是残疾人等弱势群体因贫困治疗不起或因病返贫，基金会在2012年申报“特殊群体医疗救助示范”项目并获批。该项目资金共计140万元，其中中央财政支持70万元，基金会自筹70万元。该项目对社区老年人、残疾人、城市流动人口等人群中的贫困家庭或因病返贫的癌症、白血病、脑中风、心梗、尿毒症五种疾病患者进行认真摸底、调查、核实，确定了100户救助对象，分别按2万、1.5万、1万、0.6万元几个类别给予救助。

其次，资助贫苦学子，彰显社会爱心暖意。孝义市每年中考、高考都有不少学子因为家庭贫困而面临失学的可能。为帮助学子圆求学梦，基金会与工商联合会合作，动员企业捐助，同时与教育局、中学联合调查摸底，与义工联等组织联合，核实家庭情况并确定贫困家庭学生，分别以1000元、2000元、3000元几个类别给予帮扶救助。

最后，开展项目扶持，改善生产生活条件。项目扶持是增强贫困群众自我造血功能的有效办法和途径。它不仅可以为项目被扶持者带来增收致富的机会，而且为吸纳劳动力、增加就业人数提供脱贫的机遇。基金会通过投入巨额资金帮助扶持项目建设，最终使项目经营户和参与作业户脱贫致富。

2. 工作经验

第一，紧贴社会基层现实开展资助。作为县级市扶贫基金会，基金会在开展资助过程中，紧密结合社会基层，在充分了解公众需求后，才进行社会救助扶持，比如扶持农村农业种、养、加工以及有科技含量的小型项目，资助贫困学子。这样做不仅有利于紧缺的公益慈善资源的效用最大化，而且能有效化解社会矛盾，促进社会和谐稳定。

第二，利用基金投资，实现基金有效增值。基金会本着“依法管理，民主决策，合理支配，谨慎运作”的原则，按照《基金会管理条例》规范基金运作行为，坚持以信用建设为平台，以风险防范机制为基础，选择与社会公益事业有关的企业为对象，进行基金投放，企业创收后再捐赠给基金会，作为新的捐赠收入。通过基金会的有效管理，实现了资金的保值增值，为开展扶贫济困和实施中央财政支持的项目创造了条件，奠定了基础。

第三，工作认真负责，组织协调能力强。基金会在选择资助对象的时候，往往会亲自或者协调其他组织实地考察资助对象是否符合资助要求，提高了资助项目的利用效率。另外，基金会还经常与工商联、教育局、学校、义工联等组织联合行动，这种协作的工作模式极大地提高了基金会的工作效率，更快地满足资助对象的需求。

三　存在问题及完善建议

民政部门评估专家在考察后认为，基金会总体运行情况良好；不过，还存在一些可以提升的空间，主要表现在制度方面。尽管目前基金会建立了规章制度，但部分制度的内容不够详细，比如志愿者队伍的相关规定还不够完善，因此，建议基金会按照《基金会管理条例》等相关法律法规和规章的规定，建立健全相关的管理制度。

问题与建议

Questions & Suggestions

B.37

社会组织评估存在的问题

近年来，在相关政府部门的积极倡导和大力推进下，社会组织评估工作取得重大的成绩。社会组织评估既是政府对社会组织进行管理的手段之一，也是"以评促建"、引导社会组织健康发展的重要措施之一，对社会组织的发展意义重大。评估可以弥补社会组织在动力、压力和能力方面的先天不足，可以通过激励机制形成社会组织发展的外部动力体系；通过社会组织评估结果的比较，创造人为竞争环境，形成社会组织发展的压力机制；帮助社会组织诊断存在的问题，促进社会组织的能力提升，形成社会组织发展的能力机制（邓国胜，2009）。

从 2013 年社会组织评估情况来看，社会组织评估的科学性得以提升，评估范围不断扩大，评估工作有序开展，但是也存在以下问题：社会组织的整体参评率需要提升、社会组织评估指标需要完善、第三方评估机构有待培育、社会组织评估激励机制需进一步完善。本报告在分析问题的基础上，从加强对社会组织的综合监管、强化评估结果的应用、培育第三方评估机构、完善社会组织评估研究方面，提出社会组织评估的对策建议。

1. 社会组织评估存在的问题

第一，社会组织的整体参评率需要提升。虽然相关政府部门大力推进社会组织评估工作，但是全国性社会组织和地方性社会组织的参评率存在一定的差距，社会组织的整体参评率还需要提升。数据显示，从 2007 年开展全国性社会组织评估至今，已累计评估 900 多家全国性社会组织，占符合参评条件的全国性社会组织的近 70%，其中符合条件的基金会和民办非企业单位都参加了评估，而全国性行业协会商会的参评数量也逐步增加，至今已占全国性行业协会商会总数的 80%（廖鸿，2014）。可见，全国性社会组织的参评率较高。但是地方性社会组织的参评率较低。以社会组织发展较为领先的上海为例，截止到 2013 年 11 月，上海市社会组织共有 11338 家，其中市级社会组织 1725 家，区（县）级社会组织 9613 家，符合评估条件的社会组织共计 8320 家。据初步统计，已评估 892 家，评估率为 10.7%，到年底，预计能评估 1060 家；其中，市级符合评估条件的社会组织有 1260 家，已评估 305 家，评估率为 24.2%；区（县）符合评估条件的社会组织有 7060 家，已经评估 587 家，评估率为 8.3%。总体而言，社会组织参评率较低有几个方面的原因：一是社会组织对评估重要性的认识不到位、主动性不足，对社会组织评估规范组织发展、推动行业建设的重要意义认识不到位，也不愿意投入大量人力对以往工作做针对性的梳理，以迎接社会组织评估；二是有些社会组织认为，评估结果未给机构带来政府购买、基金会资助、免检、免税等实质性利益，社会组织评估可有可无（徐家良、廖鸿，2013：224）；三是社会组织评估指标不能适用于所有的社会组织，部分社会组织认为评估指标无法给予机构适当的评价，而未主动申请评估。

第二，社会组织评估指标需要完善。《社会组织评估管理办法》规定，“对社会组织评估，按照组织类型的不同，实行分类评估。社会团体、基金会实行综合评估，评估内容包括基础条件、内部治理、工作绩效和社会评价。民办非企业单位实行规范化建设评估，评估内容包括基础条件、内部治理、业务活动和诚信建设、社会评价”。民政部先后制定了八类全国性社会组织评估指标，对基金会、全国性行业协会商会、民办非企业单位、全国性学术性社团、全国性公益类社团等给出了评估具体指标。但是，部分省区市在评估实践中发现，部分指标和当地社会组织的实际情况存在脱节现象。例如，上海市在评估实践中发现，修订后的《上海市社会组织规范化建设评估指标》（2012 版）中的部分评估指标与本市社会组织的实际情况存在脱节现象，特别是针对某些具有专业性的行业领域，现有指标不能完全客观、科学地衡量本市社会组织的实际情况，需要在评估实践中总结、提炼，进一步修订。广西在评估中发现，“代表本行业反倾销、反补贴和保障措施的应诉”、“行业性集体谈判”等相关指标，经评估实践检验，80% 以上的被评机构并不认可，认为不符合行业协会商会的实际情况。选择评估指标的内容是制定评估体系的难点，以基金会为例，在基金会评估内容体系背后是设定者对基金会的定位；指标体系在涵盖设定者的价值理念的基础上，还应该力求科学性，具体说明评估所使用的方法，揭示基金会运作的一般特性，探讨其运行规律。

第三，第三方评估机构有待培育。目前，部分省区市已经积极探索委托第三方机构开展社会组织评估的工作。北京市在评估方式的选择上，主要采取委托社会机构进行评估的办法，在全市具备资质条件的单位中选聘了北京市管理科学院、北京大学公民社会研究中心、北京明德社会组织能力建设促进中心等六家单位作为第三方社会组织评估机构，负责实地考察和评估。另外，云南委托第三方社会组织评估中心、广东委托社会组织评估中心、安徽委托安徽省社会组织联合会等负责社会组织评估日常工作，组织专家进行实地考察和初评并向评估委员会报送初评结论。2014 年 3 月，广东省民政厅发布《社会组织等级评估工作第三方评估机构遴选公告》，4 月 3 日组织召开省级社会组织等级评估第三方机构评审会，公开、透明地遴选承接社会组织等级评估职能的第三方机构。参加本次评审的共有 4 个社会组织，分别是广东省社会组织评估中心、广东省社会组织总会、广东省生产力学会与广东省循环经济和资源综合利用协会（广东省社会组织管理局，2014）。经评审，广东省社会组织总会通过公开遴选获得省民政厅委托的全省性社会组织等级第三方评估资质（广东省社会组织总会，2014）。但是，大多数省区市的社会组织评估仍然由政府部门主导。政府培育第三方评估机构，给予民间第三方评估机构相应的授权、监管和资金支持，既能减轻政府部门开展社会组织评估工作的压力，保证评估的客观性和权威性，又能培育社会组织之间的服务产业链，提高第三方评估机构的专业性。

第四，社会组织评估激励机制需进一步完善。《社会组织评估管理办法》规定："获得3A以上评估等级的社会组织，可以优先接受政府职能转移，可以优先获得政府购买服务，可以优先获得政府奖励。"部分省区市已经把社会组织评估结果与政府购买服务相结合，将评估等级结果作为政府转移职能和购买服务的重要依据，且规定3A及以上等级的社会组织可以优先作为政府转移职能和政府购买服务的对象。但从普遍情况看，全国范围内各级相关政府部门把社会组织评估结果与政府购买服务、政府扶持、税收优惠等政策挂钩的力度还不大，激励政策比较零散，政策上的规定在实际中的落实程度有待提高，这些在一定程度上影响了社会组织参与评估的积极性。

2. 完善社会组织评估的对策建议

第一，建立社会组织年检与评估联动机制，加强对社会组织的综合监管。年检是社会组织登记管理机关的职责，有助于登记管理机关了解社会组织的运行情况、审核并纠正其存在的问题，推动社会组织规范发展。年检结果是社会组织每年运行情况的集中反映。而社会组织评估则针对社会组织治理结构、内部管理、服务能力、公信力建设等方面进行综合、全面的考核，有助于推动社会组织规范化建设，提高社会公信力，为政府购买服务、税收优惠等政策的实施提供更为完整的评估依据。社会组织年检是具有强制性的依法监管方式，是被动监管方式；而社会组织评估是一种主动监管的方式，具有可准确感知和掌握社会组织的内部发展态势、评估结果更客观真实、可作为等级管理的基础等优点（温庆云，2013）。社会组织年检和社会组织评估都是加强社会组织管理的基本手段，两者互相补充、相互促进。

第二，强化评估结果的应用，进一步探索评估激励机制的建立。相关政府部门应该把社会组织等级评估结果在一定范围和固定平台上进行公示、通报，并对评估等级进行指定复查和随机抽查，建立退出机制，使跟踪评估的动态管理机制得到完善。注重在日常管理中应用评估结果，对一定等级的社会组织简化年检程序。此外，把社会组织评估等级与政府职能转移、购买服务、税收优惠、评比表彰等工作结合起来，加快相应政策的落实，在以上方面向评估等级较高的社会组织倾斜，进一步调动社会组织参与评估的积极性。其中，尤其应该把评估结果与政府职能转移相关联。把适合通过市场和社会提供的政府事务性管理工作，以适当的方式交给社会组织等社会力量来承担，已经越来越成为人们的共识。对政府转移职能来说，评估是一种筛选与甄别机制。政府购买社会组织公共服务的力度越来越大，把评估结果与政府购买服务相联系，作为政府购买服务的先决条件，有利于社会组织自觉规范发展，提升服务质量和效率，促进社会组织发展。

第三，培育第三方评估机构，建立健全社会组织第三方评估机制。李学举部长于2005年在全国民政工作会议上强调，要“建立政府指导、社会参与、独立运作的民间组织综合评估机制”。多数省区市社会组织评估基本由政府相关部门牵头组织，缺乏专业的第三方评估机构的参与。然而评估主体是评估关键，直接影响评估的信度和效度。因此，有必要借鉴西方先发展国家评估主体的实践活动，实现评估主体的多元化，使评估主体中既有民间力量，也有专业性、学术性，具有客观中立的态度，管理科学、信息透明，获得社会较高的认同（孙录宝，2014）。大力培育第三方评估机构，有助于分担相关政府部门的评估任务、扩大社会组织评估的覆盖范围、促进社会组织专业性的提升，也有利于推动公益行业自我监管和行业自律。政府部门可以从以下几个方面着手培育与规范第三方评估机构：首先，加大对第三方评估机构服务的购买力度。目前，由于第三方评估市场还在培育之中，第三方评估机构缺乏稳定的资金来源，生存遇到困难，不利于推动我国社会组织评估工作全面开展（徐家良、廖鸿，2013：226）。通过确保稳定、充足的社会组织评估经费来购买第三方评估机构的服务，推动第三方评估机构数量的增加和能力的提升，形成多元的评估服务和评估管理的竞争主体。其次，建立针对第三方评估机构的资质认证和监管体系。社会组织评估是一种监管方式，评估结果对被评估的社会组织有较大的影响，因而必须是专业性强、客观公正的第三方评估机构才能实施。相关政府部门要对第三方评估机构的资质进行认证，从机构资质、人员素质、专业性、公信力等方面遴选合格的评估机构。而且，对评估机构的评估工作，要加强日常管理、跟踪调查、奖励处罚、投诉受理等，形成对第三方评估机构的动态管理。最后，举办第三方评估经验交流会。社会组织评估对业务能力的要求很高，需要行业内经常交流、学习。政府部门可以定期组织以第三方评估为主题的论坛、沙龙、研讨会，从总体上提升第三方评估机构的评估能力，规范评估市场，营造评估氛围，推动评估工作。

第四，开展社会组织评估研究，推动社会组织评估科学发展。社会组织评估是专业性很强的工作，评估理论、评估方法和评估指标都涉及较多的专业知识。目前，社会组织评估过程中遇到的评估指标不完善的问题，就和评估研究不足相关。政府有关部门在实践中也逐渐认识到，社会组织类型多种多样，涉及范围较宽，发展阶段各有不同，规模大小差别很大，除社会团体、民办非企业单位、基金会三种基本分类外，可以依据宗教、法律、文化、教育、工商服务、社会服务、农业及农村发展、体育、职业及从业者组织、卫生、生态环境、科学研究、国际及涉外组织等分为 14 个大类。面对社会组织如此众多的类别和形态，分类评估已经成为最基本的要求（温庆云，2013）。对不同组织类型、不同领域、不同发展阶段的社会组织进行细化分析，才能制定有针对性的考核和引导性指标。而对同一类型、同一领域、同一发展阶段、同一区域的社会组织的评估实践进行总结，有助于全面、具体地了解我国社会组织的发展状况，完善社会组织评估。显然，开展社会组织评估研究，不仅具有学术意义，而且是评估实践和评估发展的需要。

参考文献

邓国胜：《民间组织评估的几点思考》，《学会》2009 年第 2 期。

广东省社会组织管理局：《广东省召开省级社会组织等级评估第三方机构评审会》，http：//www. gdmz. gov. cn/mjzz/201404/t20140408_ 36949. htm，2014 年 4 月 8 日。

广东省社会组织总会：《关于邀请推荐广东省全省性社会组织评估专家库专家人选的函》，http：//www. gdngo. org. cn/news – view. asp？ NID = 1243，2014 年 8 月 22 日。

廖鸿主编《社会组织评估指引》，北京：中国社会出版社，2012。

廖鸿：《2013 年度社会组织评估在不断规范化与标准化中扎实推进》，《中国社会组织》2014 年第 10 期。

孙录宝：《社会组织评估机制创新初探》，《学会》2014 年第 8 期。

温庆云：《对社会组织评估工作的再认识》，《中国社会组织》2013 年第 2 期。

徐家良编著《行业协会组织治理》，上海：上海交通大学出版社，2014。

徐家良、廖鸿主编《中国社会组织评估发展报告（2013）》，社会科学文献出版社，2013。

B.38 促进社会组织发展的建议

1. 理顺政府与社会组织的关系，发挥社会组织在社会治理中的作用

传统计划经济体制下，政府、市场与社会三者的关系相对而言比较简单，政府掌握所有社会资源，市场和社会依附于政府，没有自主性和独立性。随着市场经济体制改革的深入，政府、市场和社会的关系也在发生转变。西方在20世纪90年代兴起公共治理理论，公共治理理论主张建立政府与社会合作的公共管理模式，认为治理是各类机构管理其事务的诸多方式的总和。治理是国家与社会之间的合作、公共机构与私人机构之间的合作，是一个上下全方位互动的管理过程，通过合作、协商、伙伴关系、确立认同和共同的目标等方式对公共事务进行管理（李军鹏，2013）。我国政府、市场与社会的关系应该逐步厘清，建立相互合作的体制，实现对公共服务的有效供给。市场在资源配置中起着决定性作用；社会中主要是社会组织积极参与社会管理、提供公共服务，关爱特殊人群和困难人群，调和各种社会矛盾，维护社会和谐。但是目前来看，社会组织生存和发展的空间还受到限制，政府承担了很多本应该由社会组织履行的职能。

促进社会组织可持续发展，关键要明确政府和社会组织各自的职责，理顺政府和社会组织的关系，实现政府和社会组织的职能归位。政府部门应加快实现相关职能的转移，结合行政体制改革，将政府事务性管理工作、适合由社会组织提供的公共服务、社会组织通过自律能够解决的事项转移给社会组织承担，发挥社会力量在公共事务管理中的积极作用（王建军，2013）。政府应出台向社会组织转移职能的指导性意见，编制转移事项目录，将符合条件的社会组织纳入政府发展扶持的政策范围，加大政府购买服务、税收优惠、人才培养等的力度，多方面培育社会组织参与公共服务，充分发挥社会组织在社会管理中的积极作用。十八大以来，中央对社会组织改革做出一系列重大决策部署，提出加快形成政社分开、权责明确、依法自治的现代社会组织体系。社会组织可持续发展的顶层制度的确立，为社会组织健康、有序发展指明了方向，给出了社会组织改革发展的目标和任务。

2. 建立政府向社会组织购买服务的制度，构建政府对社会组织的多元资助体系

美国霍普金斯大学著名学者萨拉蒙教授在分析政府与社会组织的关系时，提出了第三方治理理论，重新解读了在美国广泛存在的政府与社会组织之间伙伴关系的内在逻辑：由于社会组织和政府在功能上拥有不同的优势，存在一些不足，二者需要合作，才能形成第三方治理机制。第三方治理理论中，三方指的是：第一方是美国联邦政府，主要扮演的是“资金和指导的提供者”和“服务监督者”的角色；第二方是公众，即接受服务者；第三方则是州、市、县、大学、医院、行业协会和其他非营利组织等。在第一方的职能转变主要是提供资金、监督服务的情况下，其他的功能则依靠第三方来提供，即通过第三方机构来实施政府功能。“第三方治理模式”——在公共服务资金支出与公共权威运用上，政府与第三方分享治理权，有助于减少政府机构和政府工作人员，避免庞大官僚机构的出现，也有助于实现非营利组织的使命，及时发现公众的需求，更高效地服务公众（Salamon，1995）。

在公共服务领域，第三方治理理论为政府购买社会组织服务提供了思路。政府的职责主要是把部分事务与职能委托给适合的主体，优化公共服务，加强市场监管，维护市场秩序。政府借助市场和社会组织的力量，厘清公共服务领域资金提供者、服务提供者、指导与监督者三种角色，把服务提供者的职能让渡给市场和社会组织，政府仅仅扮演资金提供者和指导与监督者的角色，制定管理规则与监管制度，转变政府职能，购买市场和社会组织提供的公共服务，提高效率，更好地满足公众需求。

具体实践中，需要建立健全政府向社会组织购买服务和财政资金支持社会组织的制度，通过委托管理、购买服务、合同立项等方式，健全向社会组织提供资助的机制，设立政府向社会组织购买服务专项资金，制定针对不同类型社会组织的财政补贴政策。此外，我国社会组织处于初级发展阶段，社会组织规模小、数量少、能力弱，政府有关部门承担着培育社会组织的重任。因此，政府购买社会组织公共服务，除了政府职能转移、培育多元的公共服务供给主体、提供优良的公共服务以满足公众需求外，还有必要通过给社会组织提供各种奖励、提升社会组织能力建设、允许社会组织在合理范围内留存发展资金等措施来培养和扶持社会组织。通过建立政府向社会组织购买服务的制度，长远规划、综合分析，构建政府对社会组织的多元资助体系，促进社会组织可持续发展。

3. 加强社会组织人才培养，推动社会组织从业人员的职业化发展

进入21世纪以后，社会组织数量发展迅速，从业人员增多。《民政部发布2013年社会服务发展统计公报》显示，截至2013年底，全国共有社会组织54.7万家，比上年增长9.6%；社会各类从业人员636.6万人，比上年增加3.8%；社会组织固定资产1496.6亿元；社会组织增加值为571.1亿元，比上年增长8.7%，占第三产业增加值比重为0.22%；接收各类社会捐赠458.8亿元（中华人民共和国民政部，2014）。随着政府职能的转变、社会经济的转型，越来越多的优秀人才进入社会组织。但是，目前社会组织人才队伍建设存在专业人才缺乏、人员流动性大、职业培训体系不健全等诸多问题。我国社会组织的发展仍然面临各种制约因素，其中，缺乏健全、合理、可持续的社会组织人才培养体系是核心症结（王名，2014）。

《国家中长期人才发展规划纲要（2010～2020年）》〔以下简称《纲要（2010～2020年）》〕规定“实施鼓励社会组织人才发展政策”。《纲要（2010～2020年）》强调“把非公有制经济组织、新社会组织人才开发纳入各级政府人才发展规划。制定加强非公有制经济组织、新社会组织人才队伍建设意见。政府在人才培养、吸引、评价、使用等方面的各项政策，非公有制经济组织、新社会组织人才平等享受”。明确了社会组织人才培养的目标和任务，为不同类型的社会组织落实人才培养规划打下了坚实的基础。

具体而言，社会组织人才培养可从以下几个方面着手：第一，倡导和支持高校毕业生进入社会组织工作。2014年5月13日国务院办公厅印发《关于做好2014年全国普通高等学校毕业生就业创业工作的通知》（国办发〔2014〕22号），规定“充分挖掘社会组织吸纳高校毕业生就业潜力，对到省会及省会以下城市的社会团体、基金会、民办非企业单位就业的高校毕业生，所在地的公共就业人才服务机构要协助办理落户手续，在技术职称评定方面享受与国有企事业单位同类人员同等待遇”。这对社会组织人才培养是重大利好。此外，从人才补贴、政策优惠等角度倡导和支持高校毕业生进入社会组织、开展社会服务，可使更多高素质人才进入社会组织，提升社会组织的整体实力。第二，完善社会组织从业人员的福利待遇体系。对社会组织从业人员的薪酬待遇、岗位设置、职称评定及社会保障、考核表彰等方面进行职业化、制度化建设，解决社会组织从业人员面临的诸多问题，为社会组织从业人员提供职业化和制度化保障。第三，完善社会组织在职人员职业培训体系。制定社会组织人才教育培训规划，使培训既能有效果，又可持续。设立专项培训基金，加大培训力度。不同类型的社会组织根据各自的特点，采取自学、远程教育等方式，也可通过举办培训班、委托培训、出国考察等不同形式，推动社会组织人才队伍的专业化、职业化、年轻化进程（廖鸿、刘宝泉，2010）。第四，健全社会组织人才职业资格认证体系。不断规范与明确社会组织人员岗位设置、健全社会组织职业制度、完善社会组织人才继续教育制度，使专业人才培养与职业资格衔接（李长文、赵淑英，2014）。《中华人民共和国职业分类大典》新增“社会组织工作师”“劝募师”、“会员管理师”，可进一步完善社会组织相关职业资格认证体系，完善社会组织人才职称评定工作，在工资待遇或福利方面向持证上岗人员倾斜。

4. 完善社会组织内部治理，加快社会组织能力建设

社会组织要想完善内部治理，首先需要有一部好的社会组织章程，确立章程在社会组织内部治理方面的最高权威。章程是社会组织的根本制度，是组织治理的基本依据，在社会组织治理中具有最高的权威性，应严格按照章程规范社会组织内部治理，增强社会组织人员遵守章程的意识。其次，有效发挥社会组织权力机构、执行机构和监督机构的作用。在内部治理结构上，社会组织应形成决策权、执行权、监督权相互分离、相互制约的权力制衡格局，建立科学民主的决策机制。再次，完善内部治理机制，提高社会组织运作的规范性。社会组织内部治理机制包括决策治理机制、财务治理机制、人事治理机制、信息披露机制四个方面的核心内容；通过决策治理机制、人事治理机制和信息披露机制以降低代理成本，避免机会主义等道德风险行为；通过财务治理机制保证各机制运行过程中财务的合规性（徐家良，2014：75）。最后，依据社会组织的使命和愿景，加强自律机制和公信力建设。目前，有些社会组织的使命和愿景不清晰，没有制定组织发展规划，组织的营利性偏重，规范的规章制度缺乏，这使社会组织逐渐偏离正常的公益轨道。为确保社会组织的公益性和互益性，需要明晰社会组织的发展方向，树立以人为本的观念，加强组织和个人自律，建立健全组织规章，加强组织管理，以提高社会组织的公信力。

此外，社会组织需要开展能力建设，提高自身的核心竞争力。社会组织能力是社会组织运作、实现组织既定宗旨和目标所具有的特定能力的有机组合（张冉，2013：99）。基于社会组织的不同组织形式，国内学者从资源获取（康晓光，1997）、核心能力（沈亚平、陆明远，2006）、社会资本（林闽钢，2007）等不同的角度研究社会组织能力。国外学者更多地从开放和系统论的视角来界定能力，例如，Paul Connolly 和 Peter York（2002）认为，非营利组织能力是一个多维、随着外部环境持续进化的系统，包括组织使命与战略、项目活动及影响、战略关系、资源开发、内部运作和管理等模块。社会组织的能力建设成为学界日益关注的问题。近年来，政府有关部门加快职能转变，把适合由社会组织提供公共服务的政府事务性工作转移给社会组织承担。但是，在转移职能的过程中，存在寻找不到合适的社会组织、社会组织工作人员素质低、社会组织能力弱、社会组织对政府资助购买的依赖性强等一系列问题，一定程度上削弱了政府转移相关职能的力度。社会组织应抓住政府购买服务、委托、授权等机遇，综合提升社会组织在内部治理、团队建设、专业服务、资源筹集、品牌建设、应急管理、信息公开等方面的能力，尤其是提升服务能力，不断研发、完善组织的核心产品和服务，给服务对象提供优质服务，提升组织的核心价值。另外，社会组织应加强自主性，开拓筹资渠道，探索与政府、企业、基金会、个人等不同主体合作的模式，增强组织综合发展的能力。

5. 规范社会组织可持续发展，建立社会组织优胜劣汰的竞争机制

在培育社会组织有序发展的同时，政府需要完善社会组织监管机制，规范社会组织可持续发展，并健全社会组织评估机制，结合社会组织评估等措施，培育优秀的、有潜力的、发挥积极作用的社会组织，淘汰违法、内部治理混乱、社会公信力差的社会组织，建立社会组织优胜劣汰的竞争机制。在政府购买公共服务的过程中，把监督管理放在第一位，完善事前、事中和事后的监管体系，注重购买服务的结果和过程评估，严格遵守相关的财务管理规定，确保政府购买资金的规范管理和使用。对于违反规定、截留和挪用政府购买资金的受托社会组织要进行整改、公示、处罚，进行严格处理。对评估结果较好、社会效益较大的社会组织，给予各种优惠政策，包括宣传和奖励。

创新和完善社会组织综合监管体系。按照“统一登记、各司其职、协调配合、分级负责、依法监管”的原则，在调整社会组织登记管理制度、降低登记管理门槛的同时，加大事中和事后监管的力度。清晰界定登记管理机关、业务主管单位、业务指导单位和相关职能部门的职责，明确各自承担的监管责任。建立多部门联合执法机制，依法查处不同类型社会组织的违法行为，依法取缔非法社会组织（李立国，2014）。因此，有必要探索社会组织分类管理制度，改进管理方式和手段，建立社会组织年检和社会组织评估的联动机制，不断加强对社会组织的日常管理和规范引导。在社会组织年检和社会组织评估的基础上，建立社会组织信用体系，加强社会组织的自律管理和社会的监督管理，并根据评估结果和信用等级采取不同的管理措施，实施不同的扶持政策。

参考文献

邓国胜：《民间组织评估的几点思考》，《学会》2009 年第 2 期。

广东省社会组织管理局：《广东省召开省级社会组织等级评估第三方机构评审会》，http：//www. gdmz. gov. cn/mjzz/201404/t20140408_ 36949. htm，2014 年 4 月 8 日。

广东省社会组织总会：《关于邀请推荐广东省全省性社会组织评估专家库专家人选的函》，http：//www. gdngo. org. cn/news - view. asp? NID = 1243，2014 年 8 月 22 日。

康晓光：《创造希望——中国青少年发展基金会研究》，桂林：广西师范大学出版社，1997。

李长文、赵淑英：《社会组织人才培养体系初探》，《中国民政》2014 年第 3 期。

李军鹏：《政府购买公共服务的学理因由、典型模式与推进策略》，《改革》2013 年第 12 期。

李立国：《改革社会组织管理制度　激发和释放社会发展活力》，http：//www. mca. gov. cn/article/zwgk/mzyw/201405/20140500638814. shtml，2014 年 5 月 16 日。

廖鸿主编《社会组织评估指引》，北京：中国社会出版社，2012。

廖鸿：《2013 年度社会组织评估在不断规范化与标准化中扎实推进》，《中国社会组织》2014 年第 10 期。

廖鸿、刘宝泉：《做好社会组织人才服务工作　推动社会组织人才战略实施》，《社团管理研究》2010 年第 8 期。

林闽钢：《社会资本视野下的非营利组织能力建设》，《中国行政管理》2007 年第 1 期。

卢玮静、赵小平、陶传进、朱照南：《基金会评估：理论体系与实践》，北京：社会科学文献出版社，2014。

沈亚平、陆明远：《公益与效率：中国非营利组织的目标体系研究》，《学会》2006 年第 5 期。

孙录宝：《社会组织评估机制创新初探》，《学会》2014 年第 8 期。

王建军：《社会组织发展面临新机遇新挑战——专访民政部民间组织管理局局长王建军》，http：//www. scsnmz. gov. cn/E_ ReadNews. asp? NewsID =6348，2013 年 3 月 7 日。

王名：《建立健全社会组织人才培养体系》，《经济界》2014 年第 3 期。

温庆云：《对社会组织评估工作的再认识》，《中国社会组织》2013 年第 2 期。

徐家良编著《行业协会组织治理》，上海：上海交通大学出版社，2014。

徐家良、廖鸿主编《中国社会组织评估发展报告（2013）》，北京：社会科学文献出版社，2013。

张冉编著《行业协会能力建设》，上海：上海交通大学出版社，2013。

中华人民共和国民政部：《民政部发布 2013 年社会服务发展统计公报》，http：//www. mca. gov. cn/article/zwgk/mzyw/201406/20140600654488. shtml，2014 年 6 月 17 日。

Connolly, Paul & Peter York. 2002. Evaluating Capacity-Building Efforts for Nonprofit Organizations. *OD Practitioner*, Vol. 34, No. 4.

Salamon, Lester M. 1995. *Partners in Public Service: Government-Nonprofit Relations in the Modern Welfare State*. The Johns Hopkins University Press.

附　录

Appendix

B.39

中国社会组织评估大事记（2013年1～12月）

2013年1月8日　长沙市2012年度社会组织评估工作启动，此次评估对象为符合参评条件的职业技能培训学校（中心）、民办学校等民办非企业单位以及尚未参加评估的行业协会商会等。

2013年1月18日　全国性社团业务主管单位年检工作暨业务工作通报会议在京召开，民政部副部长顾朝曦出席会议并讲话。会上，文化部办公厅副主任、社团办主任熊远明、国资委行业协会联系办公室副主任张涛就社团评估、年检和日常管理工作进行了交流发言，民间组织管理局副局长李勇、廖鸿、贾晓九、刘振国就年检、评估、执法和购买社会组织服务项目等相关业务工作分别做了介绍。

2013年1月18日　深圳市坪山区率先开展的社区社会组织评估工作结束，坪山区社会建设局委托深圳市现代公益组织研究与评估中心承担了此次评估工作，主要对坪山区38家登记备案的社区社会组织在内部治理、基础条件、工作绩效和社会评价四方面进行评估。这是坪山区首次尝试对社区社会组织开展评估工作，在深圳市尚属首次。

2013 年 1 月 20 日 辽宁省公布《2013 年度全省性社会组织评估等级公告》。

2013 年 3 月 8 日 河南省民政厅开展 2013 年度社会组织评估工作。2010 年 6 月 1 日前在河南省民政厅登记成立的社会组织，均须参加 2013 年度社会组织评估，未参加评估的社会组织视为无评估等级。评估专家组根据参评社会组织所属类型的评估指标，从基础条件、内部治理、工作绩效、社会评价四个方面对参评社会组织做了实地考察。

2013 年 4 月 25 日 浙江省 2013 年全省性社会组织评估培训班在杭举办，共有全省性社会团体、民办非企业单位和基金会 130 多家社会组织参加了培训班。

2013 年 4 月 27 日 全国性社会组织评估委员会全体会议在京召开。社会组织评估委员会主任、民政部民间组织管理局局长王建军参加会议并讲话。评估委员对 2012 年度 136 家参评社会组织的初评成绩和拟订等级进行了认真审议，并签署了表决意见书。

2013 年 5 月 3 日 贵阳市召开 2013 年度社会组织建设工作会议，29 家社会组织被评为该市首批 3A 及以上等级社会组织。

2013 年 5 月 4 ~5 日 由民政部民间组织服务中心举办的全国性学术类社团、行业协会商会评估工作会议在京召开。会议对 2013 年度社会组织评估工作进行了动员，对全国性学术类社团和全国性行业协会商会的评估指标与标准做了详细解读，社会组织评估专家、部分业务主管单位代表以及准备参评的社会组织代表共 400 多人参加了会议。

2013 年 5 月 6 日 由江苏省社会组织评估委员会举办的 2013 年评估工作会议召开，本次会议对 17 家社会组织做了评定，其中 3A 等级 3 家、4A 等级 2 家、5A 等级 12 家。至此，经江苏省社会组织评估委员会评定的社会组织中 5A 等级的社会组织已达 49 家。

2013 年 5 月 8 日 湖北省民间组织管理局开展 2013 年度社会组织评估工作，凡经登记满两年、未参加过评估的全省性社会组织均可自愿参加。

2013 年 5 月 14 ~15 日 民政部民间组织服务中心在北京召开基金会评估工作会议，有 100 多位基金会评估专家、公募基金会及非公募基金会负责人参加会议。会议对基金会的评估指标和标准做了解读，并对基金会治理结构与运作模式、基金会筹款项目设计与管理、基金会治理结构与运作模式、基金会的社会声誉与品牌建设、基金的保值增值等专题做了交流和讨论。

2013 年 6 月 8 日　《光明日报》刊文《让评估成为衡量社会组织的“一杆好秤”》。文章对是否所有社会组织“都要上秤”、谁做“掌秤人”、如何“调准秤”做了讨论。

2013 年 6～9 月　贵州省在资格审查、第三方初评、省社会组织评估委员会终评以及社会公示的基础上，对 382 家社会组织进行了等级评定，其中 3A 及以上等级 296 家。而自 2010 年评估工作开展以来，贵州全省性社会组织累计评估已达 480 家，其中符合评估条件的社会组织为 566 家，评估率为 84.8%。

2013 年 6 月 9 日　上海市召开“社团规范化建设评估培训会”，会议由社团管理局社团管理处与社会组织服务处和民间组织服务中心共同举办。会上，对拟申报参加规范化建设评估的社团进行了动员，并就评估规则、指标、条件以及评估程序和申报条件做了解读并提出了要求。

2013 年 6 月 25～28 日　全国社会组织评估工作培训班在贵州正式开班。这是民政部首次针对评估工作举办的专项培训班，共有来自全国各省、自治区、直辖市和计划单列市民间组织管理局的代表 100 多人参加了此次培训。国家民间组织管理局副局长廖鸿对评估工作开展七年来的情况进行了总结，并就今后的工作进行了部署。

2013 年 7 月 1 日　兰州市全面开展 2013 年度市属社会组织评估工作。要求取得登记证书满两个年度且符合评估条件的市属社会组织均参加 2013 年度评估。

2013 年 7 月 3 日　广州市民政局举行广州市社会组织评估授牌仪式，向获得 3A 及以上等级的 14 家社会组织授予牌匾和证书，并部署全面推进社会组织评估工作。

2013 年 7 月 19 日　海南省民政厅发布《关于省级民办非企业单位评估等级的决定》。按照公开、公平、公正的原则，经过参评单位自评、专家组评估、评估委员会投票和向社会公示等程序，经厅长办公会议研究同意，共有 11 家省级民办非企业单位被评为 3A 及以上等级。

2013 年 8 月 19 日 山东省召开省管社会组织评估委员会复核委员会第一次会议。会议组织学习了社会组织评估的有关规定，通报了省管社会组织评估工作的总体安排，公布了两个委员会的职责和人员组成，听取了评估办公室对评估工作的赋分标准、流程和具体评估方法等情况的汇报。

2013 年 9 月 16 日 天津市民办非企业单位评估工作会议召开。天津市社团管理局副局长张宝甫在会上做了动员讲话，有关部门领导就今年民办非企业单位评估工作的相关文件、组织流程、申报程序等事宜进行了说明和讲解。

2013 年 10 月 11 日 黑龙江全省性社会组织评估工作启动。会上简要介绍了黑龙江省社会组织的发展现状，并对下一阶段社会组织工作的重点进行了部署。

2013 年 11 月 5 日 上海市社团局召开上海市枢纽型组织及第三方评估机构培训交流会。上海市社团局服务处处长、上海市社会组织规范化建设评估委员会办公室副主任贾勇做了讲话，强调评估工作是一项系统工程，只有坚持政府主导、社会参与、独立运作原则，才能建成常态化的综合管理体系。

2013 年 11 月 13 日 宁波市启动 2013 年社会组织评估实地考察工作，市民政局社会组织评估专家组考察了先进社会组织，讨论交流了实地评估程序、材料审查、打分标准和评估意见撰写等事项，并达成一致意见，标志着宁波市 2013 年社会组织评估工作由申报进入了具体实施阶段。

2013 年 11 月 22 日 由上海市社团局社团管理处、社会组织服务处和民间组织服务中心主办的“社会团体规范化建设评估现场培训会”在沪召开，20 多家市级社会团体负责人出席了培训会。

2013 年 12 月 17 日 江西省公布 2013 年全省性学术类社会团体评估等级结果，共评出 3A 等级 1 家、4A 等级 3 家、5A 等级 1 家。

2013 年 12 月 20 日 湖北省公布 2013 年全省性社会组织评估结果，经组织专家实地考察，根据基础条件、内部治理、工作绩效和社会评价四个方面对

41 家社会组织做了评估，共评出 2A 等级 2 家、3A 等级 10 家、4A 等级 18 家和 5A 等级 11 家。

2013 年 12 月 26 日 吉林省公示 2013 年社会组织评估等级结果。

2013 年 12 月 30 日 江苏省召开 2013 年度第二次社会组织评估工作会议。省社会组织评估小组对 2013 年下半年申报评估的社会组织进行了审核，在评定的 22 家社会组织中，有 18 家获得 5A 等级，4 家获得 4A 等级。

中国皮书网

www.pishu.cn

发布皮书研创资讯，传播皮书精彩内容
引领皮书出版潮流，打造皮书服务平台

栏目设置：

- □ 资讯：皮书动态、皮书观点、皮书数据、 皮书报道、皮书新书发布会、电子期刊
- □ 标准：皮书评价、皮书研究、皮书规范、皮书专家、编撰团队
- □ 服务：最新皮书、皮书书目、重点推荐、在线购书
- □ 链接：皮书数据库、皮书博客、皮书微博、出版社首页、在线书城
- □ 搜索：资讯、图书、研究动态
- □ 互动：皮书论坛

中国皮书网依托皮书系列“权威、前沿、原创”的优质内容资源，通过文字、图片、音频、视频等多种元素，在皮书研创者、使用者之间搭建了一个成果展示、资源共享的互动平台。

自2005年12月正式上线以来，中国皮书网的IP访问量、PV浏览量与日俱增，受到海内外研究者、公务人员、商务人士以及专业读者的广泛关注。

2008年、2011年中国皮书网均在全国新闻出版业网站荣誉评选中获得“最具商业价值网站”称号。

2012年，中国皮书网在全国新闻出版业网站系列荣誉评选中获得“出版业网站百强”称号。

社会科学文献出版社

皮书系列

“皮书”起源于十七、十八世纪的英国，主要指官方或社会组织正式发表的重要文件或报告，多以“白皮书”命名。在中国，“皮书”这一概念被社会广泛接受，并被成功运作、发展成为一种全新的出版形态，则源于中国社会科学院社会科学文献出版社。

皮书是对中国与世界发展状况和热点问题进行年度监测，以专业的角度、专家的视野和实证研究方法，针对某一领域或区域现状与发展态势展开分析和预测，具备权威性、前沿性、原创性、实证性、时效性等特点的连续性公开出版物，由一系列权威研究报告组成。皮书系列是社会科学文献出版社编辑出版的蓝皮书、绿皮书、黄皮书等的统称。

皮书系列的作者以中国社会科学院、著名高校、地方社会科学院的研究人员为主，多为国内一流研究机构的权威专家学者，他们的看法和观点代表了学界对中国与世界的现实和未来最高水平的解读与分析。

自 20 世纪 90 年代末推出以《经济蓝皮书》为开端的皮书系列以来，社会科学文献出版社至今已累计出版皮书千余部，内容涵盖经济、社会、政法、文化传媒、行业、地方发展、国际形势等领域。皮书系列已成为社会科学文献出版社的著名图书品牌和中国社会科学院的知名学术品牌。

皮书系列在数字出版和国际出版方面成就斐然。皮书数据库被评为“2008~2009 年度数字出版知名品牌”;《经济蓝皮书》《社会蓝皮书》等十几种皮书每年还由国外知名学术出版机构出版英文版、俄文版、韩文版和日文版，面向全球发行。

2011 年，皮书系列正式列入“十二五”国家重点出版规划项目；2012 年，部分重点皮书列入中国社会科学院承担的国家哲学社会科学创新工程项目；2014 年，35 种院外皮书使用“中国社会科学院创新工程学术出版项目”标识。

权威·前沿·原创

社会科学文献出版社

皮书系列

2014年

盘点年度资讯 预测时代前程

社会科学文献出版社 学术传播中心 编制

社长致辞

我们是图书出版者，更是人文社会科学内容资源供应商；

我们背靠中国社会科学院，面向中国与世界人文社会科学界，坚持为人文社会科学的繁荣与发展服务；

我们精心打造权威信息资源整合平台，坚持为中国经济与社会的繁荣与发展提供决策咨询服务；

我们以读者定位自身，立志让爱书人读到好书，让求知者获得知识；

我们精心编辑、设计每一本好书以形成品牌张力，以优秀的品牌形象服务读者，开拓市场；

我们始终坚持“创社科经典，出传世文献”的经营理念，坚持“权威、前沿、原创”的产品特色；

我们“以人为本”，提倡阳光下创业，员工与企业共享发展之成果；

我们立足于现实，认真对待我们的优势、劣势，我们更着眼于未来，以不断的学习与创新适应不断变化的世界，以不断的努力提升自己的实力；

我们愿与社会各界友好合作，共享人文社会科学发展之成果，共同推动中国学术出版乃至内容产业的繁荣与发展。

社会科学文献出版社社长

中国社会学会秘书长

2014年1月

“皮书”起源于十七、十八世纪的英国，主要指官方或社会组织正式发表的重要文件或报告，多以“白皮书”命名。在中国，“皮书”这一概念被社会广泛接受，并被成功运作、发展成为一种全新的出版形态，则源于中国社会科学院社会科学文献出版社。

皮书是对中国与世界发展状况和热点问题进行年度监测，以专家和学术的视角，针对某一领域或区域现状与发展态势展开分析和预测，具备权威性、前沿性、原创性、实证性、时效性等特点的连续性公开出版物，由一系列权威研究报告组成。皮书系列是社会科学文献出版社编辑出版的蓝皮书、绿皮书、黄皮书等的统称。

皮书系列的作者以中国社会科学院、著名高校、地方社会科学院的研究人员为主，多为国内一流研究机构的权威专家学者，他们的看法和观点代表了学界对中国与世界的现实和未来最高水平的解读与分析。

自 20 世纪 90 年代末推出以经济蓝皮书为开端的皮书系列以来，至今已出版皮书近 1000 余部，内容涵盖经济、社会、政法、文化传媒、行业、地方发展、国际形势等领域。皮书系列已成为社会科学文献出版社的著名图书品牌和中国社会科学院的知名学术品牌。

皮书系列在数字出版和国际出版方面成就斐然。皮书数据库被评为“2008~2009 年度数字出版知名品牌”；经济蓝皮书、社会蓝皮书等十几种皮书每年还由国外知名学术出版机构出版英文版、俄文版、韩文版和日文版，面向全球发行。

2011 年，皮书系列正式列入“十二五”国家重点出版规划项目，一年一度的皮书年会升格由中国社会科学院主办；2012 年，部分重点皮书列入中国社会科学院承担的国家哲学社会科学创新工程项目。

经　济　类

经济类皮书涵盖宏观经济、城市经济、大区域经济，
提供权威、前沿的分析与预测

经济蓝皮书

2014 年中国经济形势分析与预测

李　扬 / 主编　　2013 年 12 月出版　　定价 :69.00 元

◆　本书课题为“总理基金项目”，由著名经济学家李扬领衔，联合数十家科研机构、国家部委和高等院校的专家共同撰写，对 2013 年中国宏观及微观经济形势，特别是全球金融危机及其对中国经济的影响进行了深入分析，并且提出了 2014 年经济走势的预测。

世界经济黄皮书

2014 年世界经济形势分析与预测

王洛林　张宇燕 / 主编　　2014 年 1 月出版　　定价 :69.00 元

◆　2013 年的世界经济仍旧行进在坎坷复苏的道路上。发达经济体经济复苏继续巩固，美国和日本经济进入低速增长通道，欧元区结束衰退并呈复苏迹象。本书展望 2014 年世界经济，预计全球经济增长仍将维持在中低速的水平上。

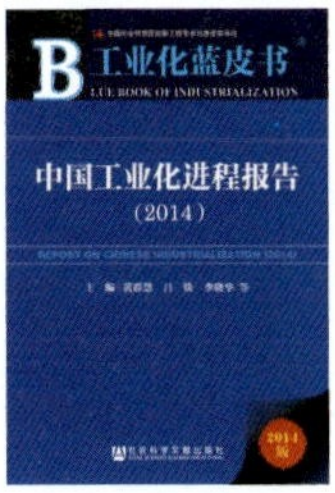

工业化蓝皮书

中国工业化进程报告（2014）

黄群慧　吕　铁　李晓华　等 / 著　2014 年 11 月出版　估价 :89.00 元

◆　中国的工业化是事关中华民族复兴的伟大事业，分析跟踪研究中国的工业化进程，无疑具有重大意义。科学评价与客观认识我国的工业化水平，对于我国明确自身发展中的优势和不足，对于经济结构的升级与转型，对于制定经济发展政策，从而提升我国的现代化水平具有重要作用。

金融蓝皮书

中国金融发展报告（2014）

李　扬　王国刚 / 主编　2013 年 12 月出版　　定价 :65.00 元

◆　由中国社会科学院金融研究所组织编写的《中国金融发展报告（2014）》，概括和分析了 2013 年中国金融发展和运行中的各方面情况，研讨和评论了 2013 年发生的主要金融事件。本书由业内专家和青年精英联合编著，有利于读者了解掌握 2013 年中国的金融状况，把握 2014 年中国金融的走势。

城市竞争力蓝皮书

中国城市竞争力报告 No.12

倪鹏飞 / 主编　　2014 年 5 月出版　　定价 :89.00 元

◆　本书由中国社会科学院城市与竞争力研究中心主任倪鹏飞主持编写，汇集了众多研究城市经济问题的专家学者关于城市竞争力研究的最新成果。本报告构建了一套科学的城市竞争力评价指标体系，采用第一手数据材料，对国内重点城市年度竞争力格局变化进行客观分析和综合比较、排名，对研究城市经济及城市竞争力极具参考价值。

中国省域竞争力蓝皮书

“十二五”中期中国省域经济综合竞争力发展报告

李建平　李闽榕　高燕京 / 主编　　2014 年 3 月出版　定价 :198.00 元

◆　本书充分运用数理分析、空间分析、规范分析与实证分析相结合、定性分析与定量分析相结合的方法，建立起比较科学完善、符合中国国情的省域经济综合竞争力指标评价体系及数学模型，对 2011~2012 年中国内地 31 个省、市、区的经济综合竞争力进行全面、深入、科学的总体评价与比较分析。

农村经济绿皮书

中国农村经济形势分析与预测 (2013~2014)

中国社会科学院农村发展研究所　国家统计局农村社会经济调查司 / 著

2014 年 4 月出版　　定价 :69.00 元

◆　本书对 2013 年中国农业和农村经济运行情况进行了系统的分析和评价，对 2014 年中国农业和农村经济发展趋势进行了预测，并提出相应的政策建议，专题部分将围绕某个重大的理论和现实问题进行多维、深入、细致的分析和探讨。

西部蓝皮书

中国西部发展报告（2014）

姚慧琴　徐璋勇 / 主编　　2014 年 7 月出版　　定价 :89.00 元

◆　本书由西北大学中国西部经济发展研究中心主编，汇集了源自西部本土以及国内研究西部问题的权威专家的第一手资料，对国家实施西部大开发战略进行年度动态跟踪，并对 2014 年西部经济、社会发展态势进行预测和展望。

气候变化绿皮书

应对气候变化报告（2014）

王伟光　郑国光 / 主编　　2014 年 11 月出版　　估价 :79.00 元

◆　本书由社科院城环所和国家气候中心共同组织编写，各篇报告的作者长期从事气候变化科学问题、社会经济影响，以及国际气候制度等领域的研究工作，密切跟踪国际谈判的进程，参与国家应对气候变化相关政策的咨询，有丰富的理论与实践经验。

就业蓝皮书

2014 年中国大学生就业报告

麦可思研究院 / 编著　王伯庆　周凌波 / 主审
2014 年 6 月出版　定价 :98.00 元

◆　本书是迄今为止关于中国应届大学毕业生就业、大学毕业生中期职业发展及高等教育人口流动情况的视野最为宽广、资料最为翔实、分类最为精细的实证调查和定量研究；为我国教育主管部门的教育决策提供了极有价值的参考。

企业社会责任蓝皮书

中国企业社会责任研究报告（2014）

黄群慧　彭华岗　钟宏武　张　蒽 / 编著
2014 年 11 月出版　估价 :69.00 元

◆　本书系中国社会科学院经济学部企业社会责任研究中心组织编写的《企业社会责任蓝皮书》2014 年分册。该书在对企业社会责任进行宏观总体研究的基础上，根据 2013 年企业社会责任及相关背景进行了创新研究，在全国企业中观层面对企业健全社会责任管理体系提供了弥足珍贵的丰富信息。

社 会 政 法 类

社会政法类皮书聚焦社会发展领域的热点、难点问题，
提供权威、原创的资讯与视点

社会蓝皮书

2014 年中国社会形势分析与预测

李培林　陈光金　张　翼 / 主编　2013 年 12 月出版　定价 :69.00 元

◆　本报告是中国社会科学院“社会形势分析与预测”课题组 2014 年度分析报告，由中国社会科学院社会学研究所组织研究机构专家、高校学者和政府研究人员撰写。对 2013 年中国社会发展的各个方面内容进行了权威解读，同时对 2014 年社会形势发展趋势进行了预测。

法治蓝皮书

中国法治发展报告 No.12（2014）

李　林　田　禾 / 主编　　2014 年 2 月出版　　定价 :98.00 元

◆　本年度法治蓝皮书一如既往秉承关注中国法治发展进程中的焦点问题的特点，回顾总结了 2013 年度中国法治发展取得的成就和存在的不足，并对 2014 年中国法治发展形势进行了预测和展望。

民间组织蓝皮书

中国民间组织报告（2014）

黄晓勇 / 主编　　2014 年 11 月出版　　估价 :69.00 元

◆　本报告是中国社会科学院“民间组织与公共治理研究”课题组推出的第五本民间组织蓝皮书。基于国家权威统计数据、实地调研和广泛搜集的资料，本报告对 2013 年以来我国民间组织的发展现状、热点专题、改革趋势等问题进行了深入研究，并提出了相应的政策建议。

社会保障绿皮书

中国社会保障发展报告（2014）No.6

王延中 / 主编　2014 年 9 月出版　定价 :79.00 元

◆　社会保障是调节收入分配的重要工具，随着社会保障制度的不断建立健全、社会保障覆盖面的不断扩大和社会保障资金的不断增加，社会保障在调节收入分配中的重要性不断提高。本书全面评述了 2013 年以来社会保障制度各个主要领域的发展情况。

环境绿皮书

中国环境发展报告（2014）

刘鉴强 / 主编　2014 年 5 月出版　定价 :79.00 元

◆　本书由民间环保组织“自然之友”组织编写，由特别关注、生态保护、宜居城市、可持续消费以及政策与治理等版块构成，以公共利益的视角记录、审视和思考中国环境状况，呈现 2013 年中国环境与可持续发展领域的全局态势，用深刻的思考、科学的数据分析 2013 年的环境热点事件。

教育蓝皮书

中国教育发展报告（2014）

杨东平 / 主编　2014 年 5 月出版　定价 :79.00 元

◆　本书站在教育前沿，突出教育中的问题，特别是对当前教育改革中出现的教育公平、高校教育结构调整、义务教育均衡发展等问题进行了深入分析，从教育的内在发展谈教育，又从外部条件来谈教育，具有重要的现实意义，对我国的教育体制的改革与发展具有一定的学术价值和参考意义。

反腐倡廉蓝皮书

中国反腐倡廉建设报告 No.3

李秋芳 / 主编　2014 年 1 月出版　定价 :79.00 元

◆　本书抓住了若干社会热点和焦点问题，全面反映了新时期新阶段中国反腐倡廉面对的严峻局面，以及中国共产党反腐倡廉建设的新实践新成果。根据实地调研、问卷调查和舆情分析，梳理了当下社会普遍关注的与反腐败密切相关的热点问题。

行业报告类

行业报告类皮书立足重点行业、新兴行业领域，
提供及时、前瞻的数据与信息

房地产蓝皮书

中国房地产发展报告 No.11（2014）

魏后凯　李景国 / 主编　　2014 年 5 月出版　　定价 :79.00 元

◆　本书由中国社会科学院城市发展与环境研究所组织编写，秉承客观公正、科学中立的原则，深度解析 2013 年中国房地产发展的形势和存在的主要矛盾，并预测 2014 年及未来 10 年或更长时间的房地产发展大势。观点精辟，数据翔实，对关注房地产市场的各阶层人士极具参考价值。

旅游绿皮书

2013~2014 年中国旅游发展分析与预测

宋　瑞 / 主编　2013 年 12 月出版　　定价 :79.00 元

◆　如何从全球的视野理性审视中国旅游，如何在世界旅游版图上客观定位中国，如何积极有效地推进中国旅游的世界化，如何制定中国实现世界旅游强国梦想的线路图？本年度开始，《旅游绿皮书》将围绕"世界与中国"这一主题进行系列研究，以期为推进中国旅游的长远发展提供科学参考和智力支持。

信息化蓝皮书

中国信息化形势分析与预测（2014）

周宏仁 / 主编　2014 年 8 月出版　　定价 :98.00 元

◆　本书在以中国信息化发展的分析和预测为重点的同时，反映了过去一年间中国信息化关注的重点和热点，视野宽阔，观点新颖，内容丰富，数据翔实，对中国信息化的发展有很强的指导性，可读性很强。

企业蓝皮书

中国企业竞争力报告（2014）

金　碚 / 主编　　2014 年 11 月出版　　估价 :89.00 元

◆　中国经济正处于新一轮的经济波动中，如何保持稳健的经营心态和经营方式并进一步求发展，对于企业保持并提升核心竞争力至关重要。本书利用上市公司的财务数据，研究上市公司竞争力变化的最新趋势，探索进一步提升中国企业国际竞争力的有效途径，这无论对实践工作者还是理论研究者都具有重大意义。

食品药品蓝皮书

食品药品安全与监管政策研究报告（2014）

唐民皓 / 主编　　2014 年 11 月出版　　估价 :69.00 元

◆　食品药品安全是当下社会关注的焦点问题之一，如何破解食品药品安全监管重点难点问题是需要以社会合力才能解决的系统工程。本书围绕安全热点问题、监管重点问题和政策焦点问题，注重于对食品药品公共政策和行政监管体制的探索和研究。

流通蓝皮书

中国商业发展报告（2013~2014）

荆林波 / 主编　　2014 年 5 月出版　　定价 :89.00 元

◆　《中国商业发展报告》是中国社会科学院财经战略研究院与香港利丰研究中心合作的成果，并且在 2010 年开始以中英文版同步在全球发行。蓝皮书从关注中国宏观经济出发，突出中国流通业的宏观背景反映了本年度中国流通业发展的状况。

住房绿皮书

中国住房发展报告（2013~2014）

倪鹏飞 / 主编　　2013 年 12 月出版　　定价 :79.00 元

◆　本报告从宏观背景、市场主体、市场体系、公共政策和年度主题五个方面，对中国住宅市场体系做了全面系统的分析、预测与评价，并给出了相关政策建议，并在评述 2012~2013 年住房及相关市场走势的基础上，预测了 2013~2014 年住房及相关市场的发展变化。

国别与地区类

国别与地区类皮书关注全球重点国家与地区，
提供全面、独特的解读与研究

亚太蓝皮书

亚太地区发展报告（2014）

李向阳 / 主编　　2014 年 1 月出版　　定价 :59.00 元

◆　本书是由中国社会科学院亚太与全球战略研究院精心打造的又一品牌皮书，关注时下亚太地区局势发展动向里隐藏的中长趋势，剖析亚太地区政治与安全格局下的区域形势最新动向以及地区关系发展的热点问题，并对 2014 年亚太地区重大动态作出前瞻性的分析与预测。

日本蓝皮书

日本研究报告（2014）

李　薇 / 主编　　2014 年 3 月出版　　定价 :69.00 元

◆　本书由中华日本学会、中国社会科学院日本研究所合作推出，是以中国社会科学院日本研究所的研究人员为主完成的研究成果。对 2013 年日本的政治、外交、经济、社会文化作了回顾、分析与展望，并收录了该年度日本大事记。

欧洲蓝皮书

欧洲发展报告 (2013~2014)

周　弘 / 主编　　2014 年 6 月出版　　定价 :89.00 元

◆　本年度的欧洲发展报告，对欧洲经济、政治、社会、外交等方面的形势进行了跟踪介绍与分析。力求反映作为一个整体的欧盟及 30 多个欧洲国家在 2013 年出现的各种变化。

拉美黄皮书

拉丁美洲和加勒比发展报告（2013~2014）

吴白乙 / 主编　2014 年 4 月出版　定价 :89.00 元

◆　本书是中国社会科学院拉丁美洲研究所的第 13 份关于拉丁美洲和加勒比地区发展形势状况的年度报告。本书对 2013 年拉丁美洲和加勒比地区诸国的政治、经济、社会、外交等方面的发展情况做了系统介绍，对该地区相关国家的热点及焦点问题进行了总结和分析，并在此基础上对该地区各国 2014 年的发展前景做出预测。

澳门蓝皮书

澳门经济社会发展报告（2013~2014）

吴志良　郝雨凡 / 主编　2014 年 4 月出版　定价 :79.00 元

◆　本书集中反映 2013 年本澳各个领域的发展动态，总结评价近年澳门政治、经济、社会的总体变化，同时对 2014 年社会经济情况作初步预测。

日本经济蓝皮书

日本经济与中日经贸关系研究报告（2014）

王洛林　张季风 / 主编　2014 年 5 月出版　定价 :79.00 元

◆　本书对当前日本经济以及中日经济合作的发展动态进行了多角度、全景式的深度分析。本报告回顾并展望了 2013~2014 年度日本宏观经济的运行状况。此外，本报告还收录了大量来自于日本政府权威机构的数据图表，具有极高的参考价值。

美国蓝皮书

美国研究报告（2014）

黄　平　倪　峰 / 主编　2014 年 7 月出版　定价 :89.00 元

◆　本书是由中国社会科学院美国所主持完成的研究成果，它回顾了美国 2013 年的经济、政治形势与外交战略，对 2013 年以来美国内政外交发生的重大事件以及重要政策进行了较为全面的回顾和梳理。

地方发展类

地方发展类皮书关注大陆各省份、经济区域，
提供科学、多元的预判与咨政信息

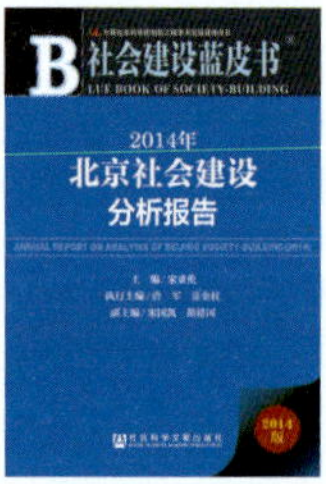

社会建设蓝皮书

2014 年北京社会建设分析报告

宋贵伦　冯　虹 / 主编　2014 年 7 月出版　　定价 :79.00 元

◆　本书依据社会学理论框架和分析方法，对北京市的人口、就业、分配、社会阶层以及城乡关系等社会学基本问题进行了广泛调研与分析，对广受社会关注的住房、教育、医疗、养老、交通等社会热点问题做出了深刻的了解与剖析，对日益显现的征地搬迁、外籍人口管理、群体性心理障碍等内容进行了有益探讨。

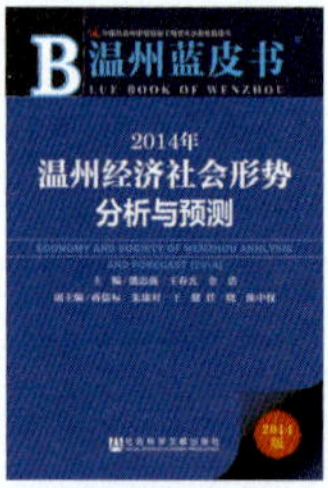

温州蓝皮书

2014 年温州经济社会形势分析与预测

潘忠强　王春光　金　浩 / 主编　　2014 年 4 月出版　定价 : 69.00 元

◆　本书是由中共温州市委党校与中国社会科学院社会学研究所合作推出的第七本“温州经济社会形势分析与预测”年度报告，深入全面分析了 2013 年温州经济、社会、政治、文化发展的主要特点、经验、成效与不足，提出了相应的政策建议。

上海蓝皮书

上海资源环境发展报告（2014）

周冯琦　汤庆合　任文伟 / 著　　2014 年 1 月出版　定价 : 69.00 元

◆　本书在上海所面临资源环境风险的来源、程度、成因、对策等方面作了些有益的探索，希望能对有关部门完善上海的资源环境风险防控工作提供一些有价值的参考，也让普通民众更全面地了解上海资源环境风险及其防控的图景。

广州蓝皮书

2014 年中国广州社会形势分析与预测

张 强 陈怡霓 杨 秦 / 主编 2014 年 5 月出版 定价 :69.00 元

◆ 本书由广州大学与广州市委宣传部、广州市人力资源和社会保障局联合主编，汇集了广州科研团体、高等院校和政府部门诸多社会问题研究专家、学者和实际部门工作者的最新研究成果，是关于广州社会运行情况和相关专题分析与预测的重要参考资料。

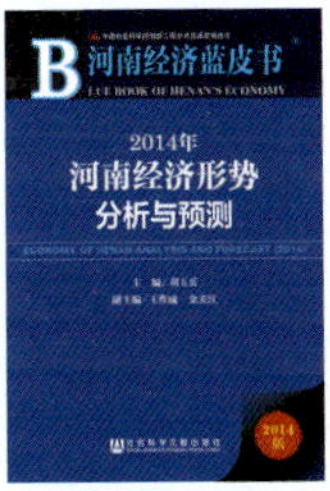

河南经济蓝皮书

2014 年河南经济形势分析与预测

胡五岳 / 主编 2014 年 3 月出版 定价 :69.00 元

◆ 本书由河南省统计局主持编纂。该分析与展望以 2013 年最新年度统计数据为基础，科学研判河南经济发展的脉络轨迹、分析年度运行态势；以客观翔实、权威资料为特征，突出科学性、前瞻性和可操作性，服务于科学决策和科学发展。

陕西蓝皮书

陕西社会发展报告（2014）

任宗哲 石 英 牛 昉 / 主编 2014 年 2 月出版 定价 :65.00 元

◆ 本书系统而全面地描述了陕西省 2013 年社会发展各个领域所取得的成就、存在的问题、面临的挑战及其应对思路，为更好地思考 2014 年陕西发展前景、政策指向和工作策略等方面提供了一个较为简洁清晰的参考蓝本。

上海蓝皮书

上海经济发展报告（2014）

沈开艳 / 主编 2014 年 1 月出版 定价 :69.00 元

◆ 本书系上海社会科学院系列之一，报告对 2014 年上海经济增长与发展趋势的进行了预测，把握了上海经济发展的脉搏和学术研究的前沿。

广州蓝皮书

广州经济发展报告（2014）

李江涛　朱名宏 / 主编　2014 年 5 月出版　定价 :69.00 元

◆　本书是由广州市社会科学院主持编写的“广州蓝皮书”系列之一，本报告对广州 2013 年宏观经济运行情况作了深入分析，对 2014 年宏观经济走势进行了合理预测，并在此基础上提出了相应的政策建议。

文化传媒类

文化传媒类皮书透视文化领域、文化产业，
探索文化大繁荣、大发展的路径

新媒体蓝皮书

中国新媒体发展报告 No.4(2013)

唐绪军 / 主编　2014 年 6 月出版　定价 :79.00 元

◆　本书由中国社会科学院新闻与传播研究所和上海大学合作编写，在构建新媒体发展研究基本框架的基础上，全面梳理 2013 年中国新媒体发展现状，发表最前沿的网络媒体深度调查数据和研究成果，并对新媒体发展的未来趋势做出预测。

舆情蓝皮书

中国社会舆情与危机管理报告（2014）

谢耘耕 / 主编　2014 年 8 月出版　定价 :98.00 元

◆　本书由上海交通大学舆情研究实验室和危机管理研究中心主编，已被列入教育部人文社会科学研究报告培育项目。本书以新媒体环境下的中国社会为立足点，对 2013 年中国社会舆情、分类舆情等进行了深入系统的研究，并预测了 2014 年社会舆情走势。

经济类

产业蓝皮书
中国产业竞争力报告（2014） No.4
著(编)者:张其仔　2014年11月出版 / 估价:79.00元

长三角蓝皮书
2014年率先基本实现现代化的长三角
著(编)者:刘志彪　2014年11月出版 / 估价:120.00元

城市竞争力蓝皮书
中国城市竞争力报告No.12
著(编)者:倪鹏飞　2014年5月出版 / 定价:89.00元

城市蓝皮书
中国城市发展报告No.7
著(编)者:潘家华 魏后凯　2014年9月出版 / 估价:69.00元

城市群蓝皮书
中国城市群发展指数报告(2014)
著(编)者:刘士林 刘新静　2014年10月出版 / 估价:59.00元

城乡统筹蓝皮书
中国城乡统筹发展报告（2014）
著(编)者:程志强、潘晨光　2014年9月出版 / 估价:59.00元

城乡一体化蓝皮书
中国城乡一体化发展报告（2014）
著(编)者:汝信 付崇兰　2014年11月出版 / 估价:59.00元

城镇化蓝皮书
中国新型城镇化健康发展报告（2014）
著(编)者:张占斌　2014年5月出版 / 定价:79.00元

低碳发展蓝皮书
中国低碳发展报告（2014）
著(编)者:齐晔　2014年3月出版 / 定价:89.00元

低碳经济蓝皮书
中国低碳经济发展报告（2014）
著(编)者:薛进军 赵忠秀　2014年5月出版 / 定价:69.00元

东北蓝皮书
中国东北地区发展报告（2014）
著(编)者:马克　黄文艺　2014年8月出版 / 定价:79.00元

发展和改革蓝皮书
中国经济发展和体制改革报告No.7
著(编)者:邹东涛　2014年11月出版 / 估价:79.00元

工业化蓝皮书
中国工业化进程报告（2014）
著(编)者: 黄群慧 吕铁 李晓华 等
2014年11月出版 / 估价:89.00元

工业设计蓝皮书
中国工业设计发展报告（2014）
著(编)者: 王晓红　于炜　张立群
2014年9月出版 / 估价:98.00元

国际城市蓝皮书
国际城市发展报告（2014）
著(编)者:屠启宇　2014年1月出版 / 定价:69.00元

国家创新蓝皮书
国家创新发展报告（2014）
著(编)者:陈劲　2014年9月出版 / 定价:59.00元

宏观经济蓝皮书
中国经济增长报告（2014）
著(编)者:张平 刘霞辉　2014年10月出版 / 估价:69.00元

金融蓝皮书
中国金融发展报告（2014）
著(编)者:李扬 王国刚　2013年12月出版 / 定价:65.00元

经济蓝皮书
2014年中国经济形势分析与预测
著(编)者:李扬　2013年12月出版 / 定价:69.00元

经济蓝皮书春季号
2014年中国经济前景分析
著(编)者:李扬　2014年5月出版 / 定价:79.00元

经济蓝皮书夏季号
中国经济增长报告（2013~2014）
著(编)者:李扬　2014年7月出版 / 定价:69.00元

经济信息绿皮书
中国与世界经济发展报告（2014）
著(编)者:杜平　2013年12月出版 / 定价:79.00元

就业蓝皮书
2014年中国大学生就业报告
著(编)者:麦可思研究院　2014年6月出版 / 定价:98.00元

流通蓝皮书
中国商业发展报告（2013~2014）
著(编)者:荆林波　2014年5月出版 / 定价:89.00元

民营经济蓝皮书
中国民营经济发展报告No.10（2013～2014）
著(编)者:黄孟复　2014年9月出版 / 估价:69.00元

民营企业蓝皮书
中国民营企业竞争力报告No.7（2014）
著(编)者:刘迎秋　2014年9月出版 / 估价:79.00元

农村绿皮书
中国农村经济形势分析与预测（2013~2014）
著(编)者:中国社会科学院农村发展研究所
国家统计局农村社会经济调查司 著
2014年4月出版 / 定价:69.00元

农业应对气候变化蓝皮书
气候变化对中国农业影响评估报告No.1
著(编)者:矫梅燕　2014年8月出版 / 定价:98.00元

企业公民蓝皮书
中国企业公民报告No.4
著(编)者:邹东涛　2014年11月出版 / 估价:69.00元

企业社会责任蓝皮书
中国企业社会责任研究报告（2014）
著(编)者:黄群慧 彭华岗 钟宏武 等
2014年11月出版 / 估价:59.00元

气候变化绿皮书
应对气候变化报告（2014）
著(编)者:王伟光 郑国光　2014年11月出版 / 估价:79.00元

区域蓝皮书
中国区域经济发展报告（2013~2014）
著(编)者:梁昊光　2014年4月出版 / 定价:79.00元

人口与劳动绿皮书
中国人口与劳动问题报告No.15
著(编)者:蔡昉　2014年11月出版 / 估价:69.00元

生态经济（建设）绿皮书
中国经济（建设）发展报告（2013~2014）
著(编)者:黄浩涛 李周　2014年10月出版 / 估价:69.00元

世界经济黄皮书
2014年世界经济形势分析与预测
著(编)者:王洛林 张宇燕　2014年1月出版 / 定价:69.00元

西北蓝皮书
中国西北发展报告（2014）
著(编)者:张进海 陈冬红 段庆林
2013年12月出版 / 定价:69.00元

西部蓝皮书
中国西部发展报告（2014）
著(编)者:姚慧琴 徐璋勇　2014年7月出版 / 定价:89.00元

新型城镇化蓝皮书
新型城镇化发展报告（2014）
著(编)者:沈体雁 李伟 宋敏　2014年9月出版 / 估价:69.00元

新兴经济体蓝皮书
金砖国家发展报告（2014）
著(编)者:林跃勤 周文　2014年7月出版 / 定价:79.00元

循环经济绿皮书
中国循环经济发展报告（2013~2014）
著(编)者:齐建国　2014年12月出版 / 估价:69.00元

中部竞争力蓝皮书
中国中部经济社会竞争力报告（2014）
著(编)者:教育部人文社会科学重点研究基地
南昌大学中国中部经济社会发展研究中心
2014年11月出版 / 估价:59.00元

中部蓝皮书
中国中部地区发展报告（2014）
著(编)者:朱有志　2014年10月出版 / 估价:59.00元

中国省域竞争力蓝皮书
“十二五”中期中国省域经济综合竞争力发展报告
著(编)者:李建平 李闽榕 高燕京　2014年3月出版 / 定价:198.00元

中三角蓝皮书
长江中游城市群发展报告（2013~2014）
著(编)者:秦尊文　2014年11月出版 / 估价:69.00元

中小城市绿皮书
中国中小城市发展报告（2014）
著(编)者:中国城市经济学会中小城市经济发展委员会
《中国中小城市发展报告》编纂委员会
2014年10月出版 / 估价:98.00元

中原蓝皮书
中原经济区发展报告（2014）
著(编)者:李英杰　2014年6月出版 / 定价:88.00元

社会政法类

殡葬绿皮书
中国殡葬事业发展报告（2014）
著(编)者:朱勇 副主编 李伯森　2014年9月出版 / 估价:59.00元

城市创新蓝皮书
中国城市创新报告（2014）
著(编)者:周天勇 旷建伟　2014年8月出版 / 定价:69.00元

城市管理蓝皮书
中国城市管理报告2014
著(编)者:谭维克 刘林　2014年11月出版 / 估价:98.00元

城市生活质量蓝皮书
中国城市生活质量指数报告（2014）
著(编)者:张平　2014年11月出版 / 估价:59.00元

城市政府能力蓝皮书
中国城市政府公共服务能力评估报告（2014）
著(编)者:何艳玲　2014年11月出版 / 估价:59.00元

创新蓝皮书
创新型国家建设报告（2013~2014）
著(编)者:詹正茂　2014年5月出版 / 定价:69.00元

慈善蓝皮书
中国慈善发展报告（2014）
著(编)者:杨团　2014年5月出版 / 定价:79.00元

法治蓝皮书
中国法治发展报告No.12（2014）
著(编)者:李林 田禾　2014年2月出版 / 定价:98.00元

反腐倡廉蓝皮书
中国反腐倡廉建设报告No.3
著(编)者:李秋芳　2014年1月出版 / 定价:79.00元

非传统安全蓝皮书
中国非传统安全研究报告（2013~2014）
著(编)者:余潇枫 魏志江　2014年6月出版 / 定价:79.00元

妇女发展蓝皮书
福建省妇女发展报告（2014）
著(编)者:刘群英　2014年10月出版 / 估价:58.00元

妇女发展蓝皮书
中国妇女发展报告No.5
著(编)者:王金玲　2014年9月出版 / 定价:148.00元

妇女教育蓝皮书
中国妇女教育发展报告No.3
著(编)者:张李玺　2014年10月出版 / 估价:69.00元

公共服务满意度蓝皮书
中国城市公共服务评价报告（2014）
著(编)者:胡伟　2014年11月出版 / 估价:69.00元

公共服务蓝皮书
中国城市基本公共服务力评价（2014）
著(编)者:侯惠勤 辛向阳 易定宏
2014年10月出版 / 估价:55.00元

公民科学素质蓝皮书
中国公民科学素质报告（2013~2014）
著(编)者:李群　许佳军　2014年3月出版 / 定价:79.00元

公益蓝皮书
中国公益发展报告（2014）
著(编)者:朱健刚　2014年11月出版 / 估价:78.00元

管理蓝皮书
中国管理发展报告（2014）
著(编)者:张晓东　2014年9月出版 / 估价:79.00元

国际人才蓝皮书
中国国际移民报告（2014）
著(编)者:王辉耀　2014年1月出版 / 定价:79.00元

国际人才蓝皮书
中国海归创业发展报告（2014）No.2
著(编)者:王辉耀 路江涌　2014年10月出版 / 估价:69.00元

国际人才蓝皮书
中国留学发展报告（2014） No.3
著(编)者:王辉耀　2014年9月出版 / 估价:59.00元

国际人才蓝皮书
海外华侨华人专业人士报告（2014）
著(编)者:王辉耀　苗绿　2014年8月出版 / 定价:69.00元

国家安全蓝皮书
中国国家安全研究报告（2014）
著(编)者:刘慧　2014年5月出版 / 定价:98.00元

行政改革蓝皮书
中国行政体制改革报告（2013）No.3
著(编)者:魏礼群　2014年3月出版 / 定价:89.00元

华侨华人蓝皮书
华侨华人研究报告（2014）
著(编)者:丘进　2014年11月出版 / 估价:128.00元

环境竞争力绿皮书
中国省域环境竞争力发展报告（2014）
著(编)者:李建平 李闽榕 王金南
2014年12月出版 / 估价:148.00元

环境绿皮书
中国环境发展报告（2014）
著(编)者:刘鉴强　2014年5月出版 / 定价:79.00元

基金会蓝皮书
中国基金会发展报告（2013）
著(编)者:刘忠祥　2014年6月出版 / 定价:69.00元

基本公共服务蓝皮书
中国省级政府基本公共服务发展报告（2014）
著(编)者:孙德超　2014年3月出版 / 定价:69.00元

基金会透明度蓝皮书
中国基金会透明度发展研究报告（2014）
著(编)者:基金会中心网　清华大学廉政与治理研究中心
2014年9月出版 / 定价:78.00元

教师蓝皮书
中国中小学教师发展报告（2014）
著(编)者:曾晓东　2014年11月出版 / 估价:59.00元

教育蓝皮书
中国教育发展报告（2014）
著(编)者:杨东平　2014年5月出版 / 定价:79.00元

科普蓝皮书
中国科普基础设施发展报告（2014）
著(编)者:任福君　2014年6月出版 / 估价:79.00元

劳动保障蓝皮书
中国劳动保障发展报告（2014）
著(编)者:刘燕斌　2014年9月出版 / 估价:89.00元

老龄蓝皮书
中国老龄事业发展报告（2014）
著(编)者:吴玉韶　2014年9月出版 / 估价:59.00元

连片特困区蓝皮书
中国连片特困区发展报告（2014）
著(编)者:丁建军　冷志明　游俊　2014年9月出版 / 估价:79.00元

民间组织蓝皮书
中国民间组织报告（2014）
著(编)者:黄晓勇　2014年11月出版 / 估价:69.00元

民调蓝皮书
中国民生调查报告（2014）
著(编)者:谢耕耘　2014年5月出版 / 定价:128.00元

民族发展蓝皮书
中国民族区域自治发展报告（2014）
著(编)者:郝时远　2014年11月出版 / 估价:98.00元

女性生活蓝皮书
中国女性生活状况报告No.8（2014）
著(编)者:韩湘景　2014年4月出版 / 定价:79.00元

汽车社会蓝皮书
中国汽车社会发展报告（2014）
著(编)者:王俊秀　2014年9月出版 / 估价:59.00元

青年蓝皮书
中国青年发展报告（2014）No.2
著(编)者:廉思　2014年4月出版 / 定价:59.00元

全球环境竞争力绿皮书
全球环境竞争力发展报告（2014）
著(编)者:李建平　李闽榕　王金南　2014年11月出版 / 估价:69.00元

青少年蓝皮书
中国未成年人新媒体运用报告（2014）
著(编)者:李文革　沈杰　季为民　2014年11月出版 / 估价:69.00元

区域人才蓝皮书
中国区域人才竞争力报告No.2
著(编)者:桂昭明 王辉耀　2014年11月出版 / 估价:69.00元

人才蓝皮书
中国人才发展报告（2014）
著(编)者:黄晓勇　潘晨光　2014年8月出版 / 定价:85.00元

人权蓝皮书
中国人权事业发展报告No.4（2014）
著(编)者:李君如　2014年8月出版 / 定价:99.00元

世界人才蓝皮书
全球人才发展报告No.1
著(编)者:孙学玉　张冠梓　2014年11月出版 / 估价:69.00元

社会保障绿皮书
中国社会保障发展报告（2014）No.6
著(编)者:王延中　2014年6月出版 / 定价:79.00元

社会工作蓝皮书
中国社会工作发展报告（2013~2014）
著(编)者:王杰秀　邹文开　2014年11月出版 / 估价:59.00元

社会管理蓝皮书
中国社会管理创新报告No.3
著(编)者:连玉明　2014年11月出版 / 估价:79.00元

社会蓝皮书
2014年中国社会形势分析与预测
著(编)者:李培林　陈光金　张翼 2013年12月出版 / 定价:69.00元

社会体制蓝皮书
中国社会体制改革报告No.2（2014）
著(编)者:龚维斌　2014年4月出版 / 定价:79.00元

社会心态蓝皮书
2014年中国社会心态研究报告
著(编)者:王俊秀 杨宜音　2014年9月出版 / 估价:59.00元

生态城市绿皮书
中国生态城市建设发展报告（2014）
著(编)者:刘科举　孙伟平　胡文臻　2014年6月出版 / 定价:98.00元

生态文明绿皮书
中国省域生态文明建设评价报告（ECI 2014）
著(编)者:严耕　2014年9月出版 / 估价:98.00元

世界创新竞争力黄皮书
世界创新竞争力发展报告（2014）
著(编)者:李建平 李闽榕 赵新力　2014年11月出版 / 估价:128.00元

水与发展蓝皮书
中国水风险评估报告（2014）
著(编)者:苏杨　2014年11月出版 / 估价:69.00元

土地整治蓝皮书
中国土地整治发展报告No.1
著(编)者:国土资源部土地整治中心　2014年5月出版 / 定价:89.00元

危机管理蓝皮书
中国危机管理报告（2014）
著(编)者:文学国 范正青　2014年11月出版 / 估价:79.00元

形象危机应对蓝皮书
形象危机应对研究报告（2013~2014）
著(编)者:唐钧　2014年6月出版 / 定价:149.00元

行政改革蓝皮书
中国行政体制改革报告（2013）No.3
著(编)者:魏礼群　2014年3月出版 / 定价:89.00元

医疗卫生绿皮书
中国医疗卫生发展报告No.6（2013~2014）
著(编)者:申宝忠　韩玉珍　2014年4月出版 / 定价:75.00元

政治参与蓝皮书
中国政治参与报告（2014）
著(编)者:房宁　2014年7月出版 / 定价:105.00元

政治发展蓝皮书
中国政治发展报告（2014）
著(编)者:房宁 杨海蛟　2014年5月出版 / 定价:88.00元

宗教蓝皮书
中国宗教报告（2014）
著(编)者:金泽 邱永辉　2014年11月出版 / 估价:59.00元

社会组织蓝皮书
中国社会组织评估报告（2014）
著(编)者:徐家良　2014年9月出版 / 估价:69.00元

政府绩效评估蓝皮书
中国地方政府绩效评估报告（2014）
著(编)者:贠杰　2014年9月出版 / 估价:69.00元

行业报告类

保健蓝皮书
中国保健服务产业发展报告No.2
著(编)者:中国保健协会 中共中央党校
2014年11月出版 / 估价:198.00元

保健蓝皮书
中国保健食品产业发展报告No.2
著(编)者:中国保健协会
中国社会科学院食品药品产业发展与监管研究中心
2014年11月出版 / 估价:198.00元

保健蓝皮书
中国保健用品产业发展报告No.2
著(编)者:中国保健协会 2014年9月出版 / 估价:198.00元

保险蓝皮书
中国保险业竞争力报告（2014）
著(编)者:罗忠敏 2014年9月出版 / 估价:98.00元

餐饮产业蓝皮书
中国餐饮产业发展报告（2014）
著(编)者:邢影 2014年6月出版 / 定价:69.00元

测绘地理信息蓝皮书
中国地理信息产业发展报告（2014）
著(编)者:徐德明 2014年12月出版 / 估价:98.00元

茶业蓝皮书
中国茶产业发展报告 （2014）
著(编)者:杨江帆 李闽榕 2014年9月出版 / 估价:79.00元

产权市场蓝皮书
中国产权市场发展报告（2014）
著(编)者:曹和平 2014年9月出版 / 估价:69.00元

产业安全蓝皮书
中国烟草产业安全报告（2014）
著(编)者:李孟刚 杜秀亭 2014年1月出版 / 定价:69.00元

产业安全蓝皮书
中国出版与传媒安全报告（2014）
著(编)者:北京交通大学中国产业安全研究中心
2014年9月出版 / 估价:59.00元

产业安全蓝皮书
中国医疗产业安全报告（2013~2014）
著(编)者:李孟刚 高献书 2014年1月出版 / 定价:59.00元

产业安全蓝皮书
中国文化产业安全蓝皮书(2014)
著(编)者:北京印刷学院文化产业安全研究院
2014年4月出版 / 定价:69.00元

产业安全蓝皮书
中国出版传媒产业安全报告（2014）
著(编)者:北京印刷学院文化产业安全研究院
2014年4月出版/ 定价:89.00元

典当业蓝皮书
中国典当行业发展报告（2013~2014）
著(编)者:黄育华 王力 张红地
2014年10月出版 / 估价:69.00元

电子商务蓝皮书
中国城市电子商务影响力报告（2014）
著(编)者:荆林波 2014年11月出版 / 估价:69.00元

电子政务蓝皮书
中国电子政务发展报告（2014）
著(编)者:洪毅 王长胜 2014年9月出版 / 估价:59.00元

杜仲产业绿皮书
中国杜仲橡胶资源与产业发展报告（2014）
著(编)者:杜红岩 胡文臻 俞瑞
2014年9月出版 / 估价:99.00元

房地产蓝皮书
中国房地产发展报告No.11（2014）
著(编)者:魏后凯 李景国 2014年5月出版 / 定价:79.00元

服务外包蓝皮书
中国服务外包产业发展报告（2014）
著(编)者:王晓红 刘德军 2014年6月出版 / 定价:89.00元

高端消费蓝皮书
中国高端消费市场研究报告
著(编)者:依绍华 王雪峰 2014年9月出版 / 估价:69.00元

会展蓝皮书
中外会展业动态评估年度报告（2014）
著(编)者:张敏 2014年11月出版 / 估价:68.00元

互联网金融蓝皮书
中国互联网金融发展报告（2014）
著(编)者:芮晓武 刘烈宏 2014年8月出版 / 定价:79.00元

基金会绿皮书
中国基金会发展独立研究报告（2014）
著(编)者:基金会中心网 2014年8月出版 / 定价:88.00元

金融监管蓝皮书
中国金融监管报告（2014）
著(编)者:胡滨 2014年5月出版 / 定价:69.00元

金融蓝皮书
中国商业银行竞争力报告（2014）
著(编)者:王松奇 2014年11月出版 / 估价:79.00元

金融蓝皮书
中国金融发展报告（2014）
著(编)者:李扬 王国刚 2013年12月出版 / 定价:65.00元

金融信息服务蓝皮书
金融信息服务业发展报告（2014）
著(编)者:鲁广锦 2014年11月出版 / 估价:69.00元

抗衰老医学蓝皮书
抗衰老医学发展报告（2014）
著(编)者:罗伯特·高德曼 罗纳德·科莱兹
尼尔·布什 朱敏 金大鹏 郭弋
2014年11月出版 / 估价:69.00元

客车蓝皮书
中国客车产业发展报告（2014）
著(编)者:姚蔚 2014年12月出版 / 估价:69.00元

科学传播蓝皮书
中国科学传播报告（2013~2014）
著(编)者:詹正茂 2014年7月出版 / 定价:69.00元

流通蓝皮书
中国商业发展报告（2013~2014）
著(编)者:荆林波 2014年5月出版 / 定价:89.00元

临空经济蓝皮书
中国临空经济发展报告（2014）
著(编)者:连玉明 2014年9月出版 / 估价:69.00元

旅游安全蓝皮书
中国旅游安全报告（2014）
著(编)者:郑向敏 谢朝武 2014年5月出版 / 定价:98.00元

旅游绿皮书
2013~2014年中国旅游发展分析与预测
著(编)者:宋瑞 2014年9月出版 / 定价:79.00元

民营医院蓝皮书
中国民营医院发展报告（2014）
著(编)者:朱幼棣 2014年10月出版 / 估价:69.00元

闽商蓝皮书
闽商发展报告（2014）
著(编)者:李闽榕 王日根 2014年12月出版 / 估价:69.00元

能源蓝皮书
中国能源发展报告（2014）
著(编)者:崔民选 王军生 陈义和
2014年8月出版 / 定价:79.00元

农产品流通蓝皮书
中国农产品流通产业发展报告（2014）
著(编)者:贾敬敦 王炳南 张玉玺 张鹏毅 陈丽华
2014年9月出版 / 估价:89.00元

期货蓝皮书
中国期货市场发展报告（2014）
著(编)者:荆林波 2014年6月出版 / 估价:98.00元

企业蓝皮书
中国企业竞争力报告（2014）
著(编)者:金碚 2014年11月出版 / 估价:89.00元

汽车安全蓝皮书
中国汽车安全发展报告（2014）
著(编)者:中国汽车技术研究中心
2014年4月出版 / 估价:79.00元

汽车蓝皮书
中国汽车产业发展报告（2014）
著(编)者:国务院发展研究中心产业经济研究部
中国汽车工程学会 大众汽车集团（中国）
2014年7月出版 / 定价:128.00元

清洁能源蓝皮书
国际清洁能源发展报告（2014）
著(编)者:国际清洁能源论坛（澳门）
2014年9月出版 / 估价:89.00元

群众体育蓝皮书
中国群众体育发展报告（2014）
著(编)者:刘国永 杨桦 2014年8月出版 / 定价:69.00元

人力资源蓝皮书
中国人力资源发展报告（2014）
著(编)者:吴江 2014年9月出版 / 估价:69.00元

软件和信息服务业蓝皮书
中国软件和信息服务业发展报告（2014）
著(编)者:洪京一 工业和信息化部电子科学技术情报研究所
2014年11月出版 / 估价:98.00元

商会蓝皮书
中国商会发展报告 No.4（2014）
著(编)者:黄孟复 2014年9月出版 / 估价:59.00元

上市公司蓝皮书
中国上市公司非财务信息披露报告（2014）
著(编)者:钟宏武 张旺 张蒽 等
2014年12月出版 / 估价:59.00元

食品药品蓝皮书
食品药品安全与监管政策研究报告（2014）
著(编)者:唐民皓 2014年11月出版 / 估价:69.00元

世界旅游城市绿皮书
世界旅游城市发展报告（2013）（中英文双语）
著(编)者:周正宇 鲁勇 2014年6月出版 / 定价:88.00元

世界能源蓝皮书
世界能源发展报告（2014）
著(编)者:黄晓勇 2014年6月出版 / 定价:99.00元

私募市场蓝皮书
中国私募股权市场发展报告（2014）
著(编)者:曹和平 2014年9月出版 / 估价:69.00元

体育蓝皮书
中国体育产业发展报告（2014）
著(编)者:阮伟 钟秉枢 2014年7月出版 / 定价:69.00元

体育蓝皮书·公共体育服务
中国公共体育服务发展报告（2014）
著(编)者:戴健 2014年12月出版 / 估价:69.00元

投资蓝皮书
中国企业海外投资发展报告（2013~2014）
著(编)者:陈文晖 薛誉华 2014年9月出版 / 定价:69.00元

物联网蓝皮书
中国物联网发展报告（2014）
著(编)者:龚六堂　2014年9月出版 / 估价:59.00元

西部工业蓝皮书
中国西部工业发展报告（2014）
著(编)者:方行明 刘方健 姜凌等
2014年9月出版 / 估价:69.00元

西部金融蓝皮书
中国西部金融发展报告（2013~2014）
著(编)者:李忠民　2014年8月出版 / 定价:75.00元

新能源汽车蓝皮书
中国新能源汽车产业发展报告（2014）
著(编)者:中国汽车技术研究中心
日产（中国）投资有限公司
东风汽车有限公司
2014年8月出版 / 定价:69.00元

信托蓝皮书
中国信托投资报告（2014）
著(编)者:杨金龙　刘屹　2014年11月出版 / 估价:69.00元

信托市场蓝皮书
中国信托业市场报告（2013~2014）
著(编)者:李旸　2014年1月出版 / 定价:198.00元

信息化蓝皮书
中国信息化形势分析与预测（2014）
著(编)者:周宏仁　2014年8月出版 / 定价:98.00元

信用蓝皮书
中国信用发展报告（2014）
著(编)者:章政 田侃　2014年9月出版 / 估价:69.00元

休闲绿皮书
2014年中国休闲发展报告
著(编)者:刘德谦　唐兵　宋瑞
2014年11月出版 / 估价:59.00元

养老产业蓝皮书
中国养老产业发展报告（2013~2014年）
著(编)者:张车伟　2014年9月出版 / 估价:69.00元

移动互联网蓝皮书
中国移动互联网发展报告（2014）
著(编)者:官建文　2014年6月出版 / 定价:79.00元

医药蓝皮书
中国医药产业园战略发展报告（2013~2014）
著(编)者:裴长洪　房书亭　吴滌心
2014年3月出版 / 定价:89.00元

医药蓝皮书
中国药品市场报告（2014）
著(编)者:程锦锥 朱恒鹏　2014年12月出版 / 估价:79.00元

中国总部经济蓝皮书
中国总部经济发展报告（2013~2014）
著(编)者:赵弘　2014年5月出版 / 定价:79.00元

珠三角流通蓝皮书
珠三角商圈发展研究报告（2014）
著(编)者:王先庆 林至颖　2014年11月出版 / 定价:69.00元

住房绿皮书
中国住房发展报告（2013~2014）
著(编)者:倪鹏飞　2013年12月出版 / 定价:79.00元

资本市场蓝皮书
中国场外交易市场发展报告（2013~2014）
著(编)者:高峦　2014年8月出版 / 定价:79.00元

资产管理蓝皮书
中国资产管理行业发展报告（2014）
著(编)者:郑智　2014年7月出版 / 定价:79.00元

支付清算蓝皮书
中国支付清算发展报告（2014）
著(编)者:杨涛　2014年5月出版 / 定价:45.00元

中国上市公司蓝皮书
中国上市公司发展报告（2014）
著(编)者:许雄斌　张平　2014年9月出版 / 定价:98.00元

文化传媒类

传媒蓝皮书
中国传媒产业发展报告（2014）
著(编)者:崔保国　2014年4月出版 / 定价:98.00元

传媒竞争力蓝皮书
中国传媒国际竞争力研究报告（2014）
著(编)者:李本乾　2014年9月出版 / 估价:69.00元

创意城市蓝皮书
武汉市文化创意产业发展报告（2014）
著(编)者:张京成　黄永林　2014年10月出版 / 估价:69.00元

电视蓝皮书
中国电视产业发展报告（2014）
著(编)者:卢斌　2014年9月出版 / 估价:79.00元

电影蓝皮书
中国电影出版发展报告（2014）
著(编)者:卢斌　2014年9月出版 / 估价:79.00元

动漫蓝皮书
中国动漫产业发展报告（2014）
著(编)者:卢斌　郑玉明　牛兴侦　2014年7月出版 / 定价:79.00元

广电蓝皮书
中国广播电影电视发展报告（2014）
著(编)者: 杨明品　2014年7月出版 / 估价:98.00元

广告主蓝皮书
中国广告主营销传播趋势报告N0.8
著(编)者:中国传媒大学广告主研究所
中国广告主营销传播创新研究课题组
黄升民　杜国清　邵华冬等
2014年11月出版 / 估价:98.00元

国际传播蓝皮书
中国国际传播发展报告（2014）
著(编)者:胡正荣　李继东　姬德强
2014年7月出版 / 定价:89.00元

纪录片蓝皮书
中国纪录片发展报告（2014）
著(编)者:何苏六　2014年10月出版 / 估价:89.00元

两岸文化蓝皮书
两岸文化产业合作发展报告（2014）
著(编)者:胡惠林 李保宗　2014年7月出版 / 定价:79.00元

媒介与女性蓝皮书
中国媒介与女性发展报告（2014）
著(编)者:刘利群　2014年11月出版 / 估价:69.00元

全球传媒蓝皮书
全球传媒产业发展报告（2014）
著(编)者:胡正荣　2014年12月出版 / 估价:79.00元

视听新媒体蓝皮书
中国视听新媒体发展报告（2014）
著(编)者:庞井君　2014年11月出版 / 估价:148.00元

文化创新蓝皮书
中国文化创新报告（2014）No.5
著(编)者:于平　傅才武　2014年4月出版 / 定价:79.00元

文化科技蓝皮书
文化科技融合与创意城市发展报告（2014）
著(编)者:李凤亮　于平　2014年11月出版 / 估价:79.00元

文化蓝皮书
中国文化产业发展报告（2014）
著(编)者:张晓明　王家新　章建刚
2014年4月出版 / 定价:79.00元

文化蓝皮书
中国文化产业供需协调增长测评报（2014）
著(编)者:王亚楠　2014年2月出版 / 定价:79.00元

文化蓝皮书
中国城镇文化消费需求景气评价报告（2014）
著(编)者:王亚南　张晓明　祁述裕
2014年11月出版 / 估价:79.00元

文化蓝皮书
中国公共文化服务发展报告（2014）
著(编)者:于群　李国新　2014年10月出版 / 估价:98.00元

文化蓝皮书
中国文化消费需求景气评价报告（2014）
著(编)者:王亚南 张晓明 祁述裕 郝朴宁
2014年11月出版 / 估价:79.00元

文化蓝皮书
中国乡村文化消费需求景气评价报告（2014）
著(编)者:王亚南　2014年11月出版 / 估价:79.00元

文化蓝皮书
中国中心城市文化消费需求景气评价报告（2014）
著(编)者:王亚南　2014年11月出版 / 估价:79.00元

文化蓝皮书
中国少数民族文化发展报告（2014）
著(编)者:武翠英 张晓明 张学进
2014年11月出版 / 估价:69.00元

文化建设蓝皮书
中国文化发展报告（2013）
著(编)者:江畅　孙伟平　戴茂堂
2014年4月出版 / 定价:138.00元

文化品牌蓝皮书
中国文化品牌发展报告（2014）
著(编)者:欧阳友权　2014年4月出版 / 定价:79.00元

文化遗产蓝皮书
中国文化遗产事业发展报告（2014）
著(编)者:刘世锦　2014年9月出版 / 估价:79.00元

文学蓝皮书
中国文情报告（2013~2014）
著(编)者:白烨　2014年5月出版 / 定价:49.00元

新媒体蓝皮书
中国新媒体发展报告No.5（2014）
著(编)者:唐绪军　2014年6月出版 / 定价:79.00元

移动互联网蓝皮书
中国移动互联网发展报告（2014）
著(编)者:官建文　2014年6月出版 / 定价:79.00元

游戏蓝皮书
中国游戏产业发展报告（2014）
著(编)者:卢斌　2014年9月出版 / 估价:79.00元

舆情蓝皮书
中国社会舆情与危机管理报告（2014）
著(编)者:谢耘耕　2014年8月出版 / 定价:98.00元

粤港澳台文化蓝皮书
粤港澳台文化创意产业发展报告（2014）
著(编)者:丁未　2014年9月出版 / 估价:69.00元

地方发展类

安徽蓝皮书
安徽社会发展报告（2014）
著(编)者:程桦　2014年4月出版 / 定价:79.00元

安徽经济蓝皮书
皖江城市带承接产业转移示范区建设报告（2014）
著(编)者:丁海中　2014年4月出版 / 定价:69.00元

安徽社会建设蓝皮书
安徽社会建设分析报告（2014）
著(编)者:黄家海 王开玉 蔡宪　2014年9月出版 / 估价:69.00元

北京蓝皮书
北京公共服务发展报告（2013~2014）
著(编)者:施昌奎　2014年2月出版 / 定价:69.00元

北京蓝皮书
北京经济发展报告（2013~2014）
著(编)者:杨松　2014年4月出版 / 定价:79.00元

北京蓝皮书
北京社会发展报告（2013~2014）
著(编)者:缪青　2014年5月出版 / 定价:79.00元

北京蓝皮书
北京社会治理发展报告（2013~2014）
著(编)者:殷星辰　2014年4月出版 / 定价:79.00元

北京蓝皮书
中国社区发展报告（2013~2014）
著(编)者:于燕燕　2014年6月出版 / 定价:69.00元

北京蓝皮书
北京文化发展报告（2013~2014）
著(编)者:李建盛　2014年4月出版 / 定价:79.00元

北京旅游绿皮书
北京旅游发展报告（2014）
著(编)者:北京旅游学会　2014年7月出版 / 定价:88.00元

北京律师蓝皮书
北京律师发展报告No.2（2014）
著(编)者:王隽 周塞军　2014年9月出版 / 估价:79.00元

北京人才蓝皮书
北京人才发展报告（2014）
著(编)者:于淼　2014年10月出版 / 估价:89.00元

北京社会心态蓝皮书
北京社会心态分析报告（2013~2014）
著(编)者:北京社会心理研究所
2014年9月出版 / 估价:79.00元

城乡一体化蓝皮书
中国城乡一体化发展报告·北京卷（2014）
著(编)者:张宝秀 黄序　2014年11月出版 / 估价:79.00元

创意城市蓝皮书
北京文化创意产业发展报告（2014）
著(编)者:张京成 王国华　2014年10月出版 / 估价:69.00元

创意城市蓝皮书
重庆创意产业发展报告（2014）
著(编)者:程宇宁　2014年4月出版 / 定价:89.00元

创意城市蓝皮书
青岛文化创意产业发展报告（2013~2014）
著(编)者:马达 张丹妮　2014年6月出版 / 定价:79.00元

创意城市蓝皮书
无锡文化创意产业发展报告（2014）
著(编)者:庄若江 张鸣年　2014年11月出版 / 估价:75.00元

服务业蓝皮书
广东现代服务业发展报告（2014）
著(编)者:祁明 程晓　2014年11月出版 / 估价:69.00元

甘肃蓝皮书
甘肃舆情分析与预测（2014）
著(编)者:陈双梅 郝树声　2014年1月出版 / 定价:69.00元

甘肃蓝皮书
甘肃县域经济综合竞争力报告（2014）
著(编)者:刘进军　2014年1月出版 / 定价:69.00元

甘肃蓝皮书
甘肃县域社会发展评价报告（2014）
著(编)者:魏胜文　2014年9月出版 / 估价:69.00元

甘肃蓝皮书
甘肃经济发展分析与预测（2014）
著(编)者:朱智文 罗哲　2014年1月出版 / 定价:69.00元

甘肃蓝皮书
甘肃社会发展分析与预测（2014）
著(编)者:安文华 包晓霞　2014年1月出版 / 定价:69.00元

甘肃蓝皮书
甘肃文化发展分析与预测（2014）
著(编)者:王福生 周小华　2014年1月出版 / 定价:69.00元

广东蓝皮书
广东省电子商务发展报告（2014）
著(编)者:黄建明 祁明　2014年11月出版 / 估价:69.00元

广东蓝皮书
广东社会工作发展报告（2014）
著(编)者:罗观翠　2014年6月出版 / 定价:89.00元

广东外经贸蓝皮书
广东对外经济贸易发展研究报告（2014）
著(编)者:陈万灵　2014年6月出版 / 定价:79.00元

广西北部湾经济区蓝皮书
广西北部湾经济区开放开发报告（2014）
著(编)者:广西北部湾经济区规划建设管理委员会办公室
广西社会科学院 广西北部湾发展研究院
2014年11月出版 / 估价:69.00元

广州蓝皮书
2014年中国广州经济形势分析与预测
著(编)者:庾建设 沈奎 郭志勇 2014年6月出版 / 定价:79.00元

广州蓝皮书
2014年中国广州社会形势分析与预测
著(编)者:张强 陈怡霓 2014年5月出版 / 定价:69.00元

广州蓝皮书
广州城市国际化发展报告（2014）
著(编)者:朱名宏 2014年9月出版 / 估价:59.00元

广州蓝皮书
广州创新型城市发展报告（2014）
著(编)者:李江涛 2014年7月出版 / 定价:69.00元

广州蓝皮书
广州经济发展报告（2014）
著(编)者:李江涛 朱名宏 2014年5月出版 / 定价:69.00元

广州蓝皮书
广州农村发展报告（2014）
著(编)者:李江涛 汤锦华 2014年8月出版 / 定价:69.00元

广州蓝皮书
广州青年发展报告（2014）
著(编)者:魏国华 张强 2014年9月出版 / 估价:65.00元

广州蓝皮书
广州汽车产业发展报告（2014）
著(编)者:李江涛 2014年10月出版 / 估价:69.00元

广州蓝皮书
广州商贸业发展报告（2014）
著(编)者:李江涛 王旭东 荀振英
2014年6月出版 / 定价:69.00元

广州蓝皮书
广州文化创意产业发展报告（2014）
著(编)者:甘新 2014年8月出版 / 定价:79.00元

广州蓝皮书
中国广州城市建设发展报告（2014）
著(编)者:董皞 冼伟雄 李俊夫
2014年11月出版 / 估价:69.00元

广州蓝皮书
中国广州科技和信息化发展报告（2014）
著(编)者:邹采荣 马正勇 冯元 2014年7月出版 / 定价:79.00元

广州蓝皮书
中国广州文化创意产业发展报告（2014）
著(编)者:甘新 2014年10月出版 / 估价:59.00元

广州蓝皮书
中国广州文化发展报告（2014）
著(编)者:徐俊忠 陆志强 顾涧清
2014年6月出版 / 定价:69.00元

广州蓝皮书
中国广州城市建设与管理发展报告（2014）
著(编)者:董皞 冯伟雄 2014年7月出版 / 定价:69.00元

贵州蓝皮书
贵州法治发展报告（2014）
著(编)者:吴大华 2014年3月出版 / 定价:69.00元

贵州蓝皮书
贵州人才发展报告（2014）
著(编)者:于杰 吴大华 2014年3月出版 / 定价:69.00元

贵州蓝皮书
贵州社会发展报告（2014）
著(编)者:王兴骥 2014年3月出版 / 定价:69.00元

贵州蓝皮书
贵州农村扶贫开发报告（2014）
著(编)者:王朝新 宋明 2014年9月出版 / 估价:69.00元

贵州蓝皮书
贵州文化产业发展报告（2014）
著(编)者:李建国 2014年9月出版 / 估价:69.00元

海淀蓝皮书
海淀区文化和科技融合发展报告（2014）
著(编)者:陈名杰 孟景伟 2014年11月出版 / 估价:75.00元

海峡西岸蓝皮书
海峡西岸经济区发展报告（2014）
著(编)者:福建省人民政府发展研究中心
2014年9月出版 / 估价:85.00元

杭州蓝皮书
杭州妇女发展报告（2014）
著(编)者:魏颖 2014年6月出版 / 定价:75.00元

杭州都市圈蓝皮书
杭州都市圈发展报告（2014）
著(编)者:董祖德 沈翔 2014年5月出版 / 定价:89.00元

河北经济蓝皮书
河北省经济发展报告（2014）
著(编)者:马树强 金浩 张贵 2014年4月出版 / 定价:79.00元

河北蓝皮书
河北经济社会发展报告（2014）
著(编)者:周文夫 2014年1月出版 / 定价:69.00元

河南经济蓝皮书
2014年河南经济形势分析与预测
著(编)者:胡五岳 2014年3月出版 / 定价:69.00元

河南蓝皮书

2014年河南社会形势分析与预测
著(编)者:刘道兴 牛苏林 2014年1月出版 / 定价:69.00元

河南蓝皮书
河南城市发展报告（2014）
著(编)者:谷建全 王建国 2014年1月出版 / 定价:59.00元

河南蓝皮书
河南法治发展报告（2014）
著(编)者:丁同民 闫德民 2014年3月出版 / 定价:69.00元

河南蓝皮书
河南金融发展报告（2014）
著(编)者:喻新安 谷建全 2014年4月出版 / 定价:69.00元

河南蓝皮书
河南经济发展报告（2014）
著(编)者:喻新安 2013年12月出版 / 定价:69.00元

河南蓝皮书
河南文化发展报告（2014）
著(编)者:卫绍生 2014年1月出版 / 定价:69.00元

河南蓝皮书
河南工业发展报告（2014）
著(编)者:龚绍东 2014年1月出版 / 定价:69.00元

河南蓝皮书
河南商务发展报告（2014）
著(编)者:焦锦淼 穆荣国 2014年5月出版 / 定价:88.00元

黑龙江产业蓝皮书
黑龙江产业发展报告（2014）
著(编)者:于渤 2014年10月出版 / 估价:79.00元

黑龙江蓝皮书
黑龙江经济发展报告（2014）
著(编)者:张新颖 2014年1月出版 / 定价:69.00元

黑龙江蓝皮书
黑龙江社会发展报告（2014）
著(编)者:艾书琴 2014年1月出版 / 定价:69.00元

湖南城市蓝皮书
城市社会管理
著(编)者:罗海藩 2014年10月出版 / 估价:59.00元

湖南蓝皮书
2014年湖南产业发展报告
著(编)者:梁志峰 2014年4月出版 / 定价:128.00元

湖南蓝皮书
2014年湖南电子政务发展报告
著(编)者:梁志峰 2014年4月出版 / 定价:128.00元

湖南蓝皮书
2014年湖南法治发展报告
著(编)者:梁志峰 2014年9月出版 / 估价:79.00元

湖南蓝皮书
2014年湖南经济展望
著(编)者:梁志峰 2014年4月出版 / 定价:128.00元

湖南蓝皮书
2014年湖南两型社会发展报告
著(编)者:梁志峰 2014年4月出版 / 定价:128.00元

湖南蓝皮书
2014年湖南社会发展报告
著(编)者:梁志峰 2014年4月出版 / 定价:128.00元

湖南蓝皮书
2014年湖南县域经济社会发展报告
著(编)者:梁志峰 2014年4月出版 / 定价:128.00元

湖南县域绿皮书
湖南县域发展报告No.2
著(编)者:朱有志 袁准 周小毛 2014年11月出版 / 估价:69.00元

沪港蓝皮书
沪港发展报告（2014）
著(编)者:尤安山 2014年9月出版 / 估价:89.00元

吉林蓝皮书
2014年吉林经济社会形势分析与预测
著(编)者:马克 2014年1月出版 / 定价:79.00元

济源蓝皮书
济源经济社会发展报告（2014）
著(编)者:喻新安 2014年4月出版 / 定价:69.00元

江苏法治蓝皮书
江苏法治发展报告No.3（2014）
著(编)者:李力 龚廷泰 2014年11月出版 / 估价:88.00元

京津冀蓝皮书
京津冀发展报告（2014）
著(编)者:文魁 祝尔娟 2014年3月出版 / 定价:79.00元

经济特区蓝皮书
中国经济特区发展报告（2013）
著(编)者:陶一桃 2014年4月出版 / 定价:89.00元

辽宁蓝皮书
2014年辽宁经济社会形势分析与预测
著(编)者:曹晓峰 张晶 2014年1月出版 / 定价:79.00元

流通蓝皮书
湖南省商贸流通产业发展报告No.2
著(编)者:柳思维 2014年10月出版 / 估价:75.00元

内蒙古蓝皮书
内蒙古反腐倡廉建设报告No.1
著(编)者:张志华 无极 2013年12月出版 / 定价:69.00元

浦东新区蓝皮书
上海浦东经济发展报告（2014）
著(编)者:沈开艳 陆沪根 2014年1月出版 / 估价:59.00元

侨乡蓝皮书
中国侨乡发展报告（2014）
著(编)者:郑一省　2014年9月出版 / 估价:69.00元

青海蓝皮书
2014年青海经济社会形势分析与预测
著(编)者:赵宗福　2014年2月出版 / 定价:69.00元

人口与健康蓝皮书
深圳人口与健康发展报告（2014）
著(编)者:陆杰华　江捍平　2014年10月出版 / 估价:98.00元

山东蓝皮书
山东经济形势分析与预测（2014）
著(编)者:张华　唐洲雁　2014年6月出版 / 定价:89.00元

山东蓝皮书
山东社会形势分析与预测（2014）
著(编)者:张华　唐洲雁　2014年6月出版 / 定价:89.00元

山东蓝皮书
山东文化发展报告（2014）
著(编)者:张华　唐洲雁　2014年6月出版 / 定价:98.00元

山西蓝皮书
山西资源型经济转型发展报告（2014）
著(编)者:李志强　2014年5月出版 / 定价:98.00元

陕西蓝皮书
陕西经济发展报告（2014）
著(编)者:任宗哲　石英　裴成荣　2014年2月出版 / 定价:69.00元

陕西蓝皮书
陕西社会发展报告（2014）
著(编)者:任宗哲　石英　牛昉　2014年2月出版 / 定价:65.00元

陕西蓝皮书
陕西文化发展报告（2014）
著(编)者:任宗哲　石英　王长寿　2014年3月出版 / 定价:59.00元

陕西蓝皮书
丝绸之路经济带发展报告（2014）
著(编)者:任宗哲　石英　白宽犁　2014年8月出版 / 定价:79.00元

上海蓝皮书
上海传媒发展报告（2014）
著(编)者:强荧　焦雨虹　2014年1月出版 / 定价:79.00元

上海蓝皮书
上海法治发展报告（2014）
著(编)者:叶青　2014年4月出版 / 定价:69.00元

上海蓝皮书
上海经济发展报告（2014）
著(编)者:沈开艳　2014年1月出版 / 定价:69.00元

上海蓝皮书
上海社会发展报告（2014）
著(编)者:卢汉龙　周海旺　2014年1月出版 / 定价:69.00元

上海蓝皮书
上海文化发展报告（2014）
著(编)者:蒯大申　2014年1月出版 / 定价:69.00元

上海蓝皮书
上海文学发展报告（2014）
著(编)者:陈圣来　2014年1月出版 / 定价:69.00元

上海蓝皮书
上海资源环境发展报告（2014）
著(编)者:周冯琦　汤庆合　任文伟
2014年1月出版 / 定价:69.00元

上饶蓝皮书
上饶发展报告（2013~2014）
著(编)者:朱寅健　2014年3月出版 / 定价:128.00元

社会建设蓝皮书
2014年北京社会建设分析报告
著(编)者:宋贵伦　冯虹　2014年7月出版 / 定价:79.00元

深圳蓝皮书
深圳经济发展报告（2014）
著(编)者:张骁儒　2014年7月出版 / 定价:79.00元

深圳蓝皮书
深圳劳动关系发展报告（2014）
著(编)者:汤庭芬　2014年6月出版 / 定价:75.00元

深圳蓝皮书
深圳社会发展报告（2014）
著(编)者:吴忠　余智晟　2014年11月出版 / 估价:69.00元

深圳蓝皮书
深圳社会建设与发展报告（2014）
著(编)者:叶民辉　张骁儒　2014年7月出版 / 定价:89.00元

四川蓝皮书
四川文化产业发展报告（2014）
著(编)者:侯水平　2014年2月出版 / 定价:69.00元

四川蓝皮书
四川企业社会责任研究报告（2014）
著(编)者:侯水平　盛毅　2014年4月出版 / 定价:79.00元

温州蓝皮书
2014年温州经济社会形势分析与预测
著(编)者:潘忠强　王春光　金浩　2014年4月出版 / 定价:69.00元

温州蓝皮书
浙江温州金融综合改革试验区发展报告（2013~2014）
著(编)者:钱水土　王去非　李义超
2014年9月出版 / 估价:69.00元

扬州蓝皮书
扬州经济社会发展报告（2014）
著(编)者:张爱军　2014年9月出版 / 估价:78.00元

义乌蓝皮书
浙江义乌市国际贸易综合改革试验区发展报告（2013~2014）
著(编)者:马淑琴 刘文革 周松强
2014年9月出版 / 估价:69.00元

云南蓝皮书
中国面向西南开放重要桥头堡建设发展报告（2014）
著(编)者:刘绍怀　2014年12月出版 / 估价:69.00元

长株潭城市群蓝皮书
长株潭城市群发展报告（2014）
著(编)者:张萍　2014年10月出版 / 估价:69.00元

郑州蓝皮书
2014年郑州文化发展报告
著(编)者:王哲　2014年11月出版 / 估价:69.00元

国别与地区类

G20国家创新竞争力黄皮书
二十国集团（G20）国家创新竞争力发展报告（2014）
著(编)者:李建平 李闽榕 赵新力
2014年9月出版 / 估价:118.00元

阿拉伯黄皮书
阿拉伯发展报告（2013~2014）
著(编)者:马晓霖　2014年4月出版 / 定价:79.00元

澳门蓝皮书
澳门经济社会发展报告（2013~2014）
著(编)者:吴志良 郝雨凡　2014年4月出版 / 定价:79.00元

北部湾蓝皮书
泛北部湾合作发展报告（2014）
著(编)者:吕余生　2014年11月出版 / 估价:79.00元

大湄公河次区域蓝皮书
大湄公河次区域合作发展报告（2014）
著(编)者:刘稚　2014年11月出版 / 估价:79.00元

大洋洲蓝皮书
大洋洲发展报告（2013~2014）
著(编)者:喻常森　2014年8月出版 / 定价:89.00元

德国蓝皮书
德国发展报告（2014）
著(编)者:郑春荣 伍慧萍 等　2014年6月出版 / 定价:69.00元

东北亚黄皮书
东北亚地区政治与安全报告（2014）
著(编)者:黄凤志 刘雪莲　2014年11月出版 / 估价:69.00元

东盟黄皮书
东盟发展报告（2013）
著(编)者:崔晓麟　2014年5月出版 / 定价:75.00元

东南亚蓝皮书
东南亚地区发展报告（2013~2014）
著(编)者:王勤　2014年4月出版 / 定价:79.00元

俄罗斯黄皮书
俄罗斯发展报告（2014）
著(编)者:李永全　2014年7月出版 / 估价:79.00元

非洲黄皮书
非洲发展报告No.16（2013~2014）
著(编)者:张宏明　2014年7月出版 / 定价:79.00元

国际形势黄皮书
全球政治与安全报告（2014）
著(编)者:李慎明 张宇燕　2014年1月出版 / 定价:69.00元

韩国蓝皮书
韩国发展报告（2014）
著(编)者:牛林杰 刘宝全　2014年11月出版 / 估价:69.00元

加拿大蓝皮书
加拿大发展报告（2014）
著(编)者:仲伟合　2014年4月出版 / 定价:89.00元

柬埔寨蓝皮书
柬埔寨国情报告（2014）
著(编)者:毕世鸿　2014年11月出版 / 估价:79.00元

拉美黄皮书
拉丁美洲和加勒比发展报告（2013~2014）
著(编)者:吴白乙　2014年4月出版 / 定价:89.00元

老挝蓝皮书
老挝国情报告（2014）
著(编)者:卢光盛 方芸 吕星　2014年11月出版 / 估价:79.00元

美国蓝皮书
美国研究报告（2014）
著(编)者:黄平 郑秉文 2014年7月出版 / 定价:89.00元

缅甸蓝皮书
缅甸国情报告（2014）
著(编)者:李晨阳 2014年8月出版 / 定价:79.00元

欧洲蓝皮书
欧洲发展报告（2013~2014）
著(编)者:周弘 2014年6月出版 / 定价:89.00元

葡语国家蓝皮书
巴西发展与中巴关系报告2014（中英文）
著(编)者:张曙光 David T. Ritchie
2014年11月出版 / 估价:69.00元

日本经济蓝皮书
日本经济与中日经贸关系研究报告（2014）
著(编)者:王洛林 张季风 2014年5月出版 / 定价:79.00元

日本蓝皮书
日本发展报告（2014）
著(编)者:李薇 2014年3月出版 / 定价:69.00元

上海合作组织黄皮书
上海合作组织发展报告（2014）
著(编)者:李进峰 吴宏伟 李伟 2014年9月出版 / 定价:89.00元

世界创新竞争力黄皮书
世界创新竞争力发展报告（2014）
著(编)者:李建平 2014年9月出版 / 估价:148.00元

世界社会主义黄皮书
世界社会主义跟踪研究报告（2013~2014）
著(编)者:李慎明 2014年3月出版 / 定价:198.00元

泰国蓝皮书
泰国国情报告（2014）
著(编)者:邹春萌 2014年11月出版 / 估价:79.00元

土耳其蓝皮书
土耳其发展报告（2014）
著(编)者:郭长刚 刘义 2014年9月出版 / 定价:89.00元

亚太蓝皮书
亚太地区发展报告（2014）
著(编)者:李向阳 2014年1月出版 / 定价:59.00元

印度蓝皮书
印度国情报告（2012~2013）
著(编)者:吕昭义 2014年5月出版 / 定价:89.00元

印度洋地区蓝皮书
印度洋地区发展报告（2014）
著(编)者:汪戎 2014年3月出版 / 定价:79.00元

中东黄皮书
中东发展报告No.15（2014）
著(编)者:杨光 2014年10月出版 / 估价:59.00元

中欧关系蓝皮书
中欧关系研究报告（2014）
著(编)者:周弘 2013年12月出版 / 定价:98.00元

中亚黄皮书
中亚国家发展报告（2014）
著(编)者:孙力 吴宏伟 2014年9月出版 / 定价:89.00元

皮书大事记

☆ 2014年8月，第十五次全国皮书年会（2014）在贵阳召开，第五届优秀皮书奖颁发，本届开始皮书及报告将同时评选。

☆ 2013年6月，依据《中国社会科学院皮书资助规定（试行）》公布2013年拟资助的40种皮书名单。

☆ 2012年12月，《中国社会科学院皮书资助规定（试行）》由中国社会科学院科研局正式颁布实施。

☆ 2011年，部分重点皮书纳入院创新工程。

☆ 2011年8月，2011年皮书年会在安徽合肥举行，这是皮书年会首次由中国社会科学院主办。

☆ 2011年2月，“2011年全国皮书研讨会”在北京京西宾馆举行。王伟光院长（时任常务副院长）出席并讲话。本次会议标志着皮书及皮书研创出版从一个具体出版单位的出版产品和出版活动上升为由中国社会科学院牵头的国家哲学社会科学智库产品和创新活动。

☆ 2010年9月，“2010年中国经济社会形势报告会暨第十一次全国皮书工作研讨会”在福建福州举行，高全立副院长参加会议并做学术报告。

☆ 2010年9月，皮书学术委员会成立，由我院李扬副院长领衔，并由在各个学科领域有一定的学术影响力、了解皮书编创出版并持续关注皮书品牌的专家学者组成。皮书学术委员会的成立为进一步提高皮书这一品牌的学术质量、为学术界构建一个更大的学术出版与学术推广平台提供了专家支持。

☆ 2009年8月，“2009年中国经济社会形势分析与预测暨第十次皮书工作研讨会”在辽宁丹东举行。李扬副院长参加本次会议，本次会议颁发了首届优秀皮书奖，我院多部皮书获奖。

社会科学文献出版社
SOCIAL SCIENCES ACADEMIC PRESS (CHINA)

社会科学文献出版社成立于1985年，是直属于中国社会科学院的人文社会科学专业学术出版机构。

成立以来，特别是1998年实施第二次创业以来，依托于中国社会科学院丰厚的学术出版和专家学者两大资源，坚持“创社科经典，出传世文献”的出版理念和“权威、前沿、原创”的产品定位，社科文献立足内涵式发展道路，从战略层面推动学术出版的五大能力建设，逐步走上了学术产品的系列化、规模化、数字化、国际化、市场化经营道路。

先后策划出版了著名的图书品牌和学术品牌“皮书”系列、“列国志”、“社科文献精品译库”、“中国史话”、“全球化译丛”、“气候变化与人类发展译丛”“近世中国”等一大批既有学术影响又有市场价值的系列图书。形成了较强的学术出版能力和资源整合能力，年发稿3.5亿字，年出版新书1200余种，承印发行中国社科院院属期刊近70种。

2012年，《社会科学文献出版社学术著作出版规范》修订完成。同年10月，社会科学文献出版社参加了由新闻出版总署召开加强学术著作出版规范座谈会，并代表50多家出版社发起实施学术著作出版规范的倡议。2013年，社会科学文献出版社参与新闻出版总署学术著作规范国家标准的起草工作。

依托于雄厚的出版资源整合能力，社会科学文献出版社长期以来一直致力于从内容资源和数字平台两个方面实现传统出版的再造，并先后推出了皮书数据库、列国志数据库、中国田野调查数据库等一系列数字产品。

在国内原创著作、国外名家经典著作大量出版，数字出版突飞猛进的同时，社会科学文献出版社在学术出版国际化方面也取得了不俗的成绩。先后与荷兰博睿等十余家国际出版机构合作面向海外推出了《经济蓝皮书》《社会蓝皮书》等十余种皮书的英文版、俄文版、日文版等。

此外，社会科学文献出版社积极与中央和地方各类媒体合作，联合大型书店、学术书店、机场书店、网络书店、图书馆，逐步构建起了强大的学术图书的内容传播力和社会影响力，学术图书的媒体曝光率居全国之首，图书馆藏率居于全国出版机构前十位。

作为已经开启第三次创业梦想的人文社会科学学术出版机构，社会科学文献出版社结合社会需求、自身的条件以及行业发展，提出了新的创业目标：精心打造人文社会科学成果推广平台，发展成为一家集图书、期刊、声像电子和数字出版物为一体，面向海内外高端读者和客户，具备独特竞争力的人文社会科学内容资源供应商和海内外知名的专业学术出版机构。

中国皮书网

发布皮书研创资讯，传播皮书精彩内容
引领皮书出版潮流，打造皮书服务平台

栏目设置：

- □ 资讯：皮书动态、皮书观点、皮书数据、 皮书报道、皮书新书发布会、电子期刊
- □ 标准：皮书评价、皮书研究、皮书规范、皮书专家、编撰团队
- □ 服务：最新皮书、皮书书目、重点推荐、在线购书
- □ 链接：皮书数据库、皮书博客、皮书微博、出版社首页、在线书城
- □ 搜索：资讯、图书、研究动态
- □ 互动：皮书论坛

www.pishu.cn

中国皮书网依托皮书系列“权威、前沿、原创”的优质内容资源，通过文字、图片、音频、视频等多种元素，在皮书研创者、使用者之间搭建了一个成果展示、资源共享的互动平台。

自2005年12月正式上线以来，中国皮书网的IP访问量、PV浏览量与日俱增，受到海内外研究者、公务人员、商务人士以及专业读者的广泛关注。

2008年10月，中国皮书网获得“最具商业价值网站”称号。

2011年全国新闻出版网站年会上，中国皮书网被授予“2011最具商业价值网站”荣誉称号。

皮书数据库

www.pishu.com.cn

皮书数据库三期即将上线

- 皮书数据库（SSDB）是社会科学文献出版社整合现有皮书资源开发的在线数字产品，全面收录“皮书系列”的内容资源，并以此为基础整合大量相关资讯构建而成。

- 皮书数据库现有中国经济发展数据库、中国社会发展数据库、世界经济与国际政治数据库等子库，覆盖经济、社会、文化等多个行业、领域，现有报告30000多篇，总字数超过5亿字，并以每年4000多篇的速度不断更新累积。2009年7月，皮书数据库荣获“2008～2009年中国数字出版知名品牌”。

- 2011年3月，皮书数据库二期正式上线，开发了更加灵活便捷的检索系统，可以实现精确查找和模糊匹配，并与纸书发行基本同步，可为读者提供更加广泛的资讯服务。

更多信息请登录

中国皮书网
http://www.pishu.cn

中国皮书网的BLOG [编辑]
http://blog.sina.com.cn/pishu

中国皮书网	皮书微博	皮书博客	皮书微信
http://www.pishu.cn	http://weibo.com/pishu	http://blog.sina.com.cn/pishu	皮书说

请到各地书店皮书专架 / 专柜购买，也可办理邮购

咨询 / 邮购电话： 010-59367028　59367070　　　**邮　　箱：** duzhe@ssap.cn

邮购地址： 北京市西城区北三环中路甲29号院3号楼华龙大厦13层读者服务中心

邮　　编： 100029

银行户名： 社会科学文献出版社

开户银行： 中国工商银行北京北太平庄支行

账　　号： 0200010019200365434

网上书店： 010-59367070　qq：1265056568

网　　址： www.ssap.com.cn　　www.pishu.cn